KB179831

신명순의

한국정치 보기

신명순의
한국정치 보기

민주화와 한국정치 · 칼럼과 평론

신명순

아현

이 책은 일간신문에 칼럼으로 게재되었던 필자의 글들과 월간지, 계간지 등의 시사교양지에 게재되었던 평론들 중에서 한국정치에 관련된 글만을 모은 것이다. 시기적으로 보면 일간신문의 칼럼은 1990년 4월부터 2007년 2월까지 쓴 글들이고 평론은 1985년 4월부터 2000년 3월까지 쓴 글들이다. 이 글들이 발표되었던 시기를 정권별로 보면 전두환정권 기간에 6편, 노태우정권 기간에 15편, 김영삼정권 기간에 24편, 김대중정권 기간에 8편, 그리고 노무현정권 기간에 1편이었다. 전두환정권 기간에 게재된 6편을 제외하면 모든 글들이 1987년 민주화가 시작된 이후에 쓴 글들이고 주로 노태우정권과 김영삼정권, 그리고 김대중정권 초기에 쓴 글들이기 때문에 민주화가 시작된 이후 10년 동안의 한국정치가 어떤 상황이었는지를 보여준다.

그러면 김대중정권의 중·후반기와 그 이후의 노무현, 이명박, 박근혜, 그리고 8개월밖에 지나지 않았지만 문재인정권 시기의 한국정치에 관한 글은 왜 없는가? 학자는 자신이 연구한 결과인 학술논문은 원하는 시기에 발표할 수 있지만 일간신문의 칼럼이나 시사교양지에 게재되는 평론은 언론사나 시사교양지 편집자가 짧은 집필기간을 주는 청탁을 받아서 쓰게 된다. 이 책에 1998년 이후의 한국정치에 관한 글이 없는 것은 저자가 그 시점 이후에는 한국정치와 관련된 글의 청탁을 받지 않았거나 또는 원고청탁을 수락하지 않았기 때문이다.

1998년은 저자가 미국에서 정치학박사 학위를 받고 연세대학교 교수가 된 후 16년이 지난 시점으로 50세를 넘긴 나이였다. 대학교수 16년 차쯤 되면 정교수로 승진한 후 몇 년이 지난 시기이고 학계에서는 중진이라는 소리를 듣기 시작할 때이다. 따라서 독자의 시선을 끌어야 하는 심적 부담이 있는 칼럼을 며칠 안 되는 짧은 기간에 청탁받아 완성해야 하는 부담을 회피하려는 때이기도 하다. 또 언론사로서는 바쁘다는 핑계로 원고청탁을 기꺼워하지 않는 50대 학자보다는 연부역강(年富力强)한 40대 학자를 선호하는 경향도 없지 않다. 개인적으로는 1998년 이후 대학에서 교학부총장 등의 보직을 맡으면서 9년 동안 학교행정에 몰두하느라 외부의 원고청탁을 받아 글을 쓸 여유가 없기도 했다. 이런 여러 가지가 저자의 일간신문 칼럼쓰기나 시사교양지에 평론쓰기가 1990년대 말에 끝난 이유들이다.

그렇다면 20년이나 지난 글들을 지금 새삼스레 책으로 내는 이유는 무엇인가? 어떻게 보면 20년이란 긴 세월 동안 한국의 현실정치는 완전히 변했기에 이 책의 칼럼이나 평론에서 이야기하는 것들은 모두 옛날이야기에 불과하고 현재의 한국정치에는 전혀 적실성이 없다고 생각할 수도 있다. 1998년 이후에도 정당들 사이의 정권교체가 두 번이나 있었고, 정권도 노무현, 이명박, 박근혜를 거쳐 문재인정권으로 네 번째 바뀌었다. 또한 20년 전까지는 거의 보이지도 않았던 보수와 진보의 이념적 대립과 양극화가 현재와 미래의 한국정치를 결정짓는 가장 중요한 요인으로 자리 잡을 만큼 세상이 많이 변했다.

민주화가 시작된 이후 10년 동안 한국정치에 대한 저자의 관심과 초점은 민주정치의 정착과 민주주의의 공고화에 있었으며, 그런 시각에서 정당정치, 의회정치, 선거정치 등 정치과정의 제도화와 대통령의 리더십이나 국민의 정치문화가 민주정치의 성공을 위해 어떻게 변해야 하는가에 관한 글들을 썼다. 그동안 한국정치는 민주정치의 정착과 제도화라는 면에서 많은 문제들이 개선되고 진전이 있었지만 또 한편으로는 이 책의 글들에서 언급했던 많은 문제들이 오늘의 한국정치에서도 그대로 지속되고 있다.

1987년에 민주화가 시작된 이후 30년이 지난 현재의 한국 민주주의에 대한 한국 정치학자들의 평가도 일부에서는 민주주의의 공고화가 완성되었다고 긍정적으로 평가하는 데 반해 다른 일부에서는 오히려 한국 민주주의가 위기에 봉착해 있다는 부정적 견해를 보이고 있다. 민주정치의 확립이나 정착이라는 과제는 눈앞에서 벌어지는 문제들을 해결한다고 해서 완성되는 것이 아니라 새롭게 제기되는 예기치 못했던 문제들에 계속해서 대처해 나가야 하는 끝이 없는 과정이라는 것을 실감한다.

이 책을 읽는 독자들이 민주화가 시작된 이후 한국정치는 민주정치 확립이라는 면에서 적지 않은 개선과 진전이 있었음을 알게 되기를 바라며, 그러면서도 다른 한편으로는 민주화 초기에는 생각조차 하지 않았던 문제들이 지속적으로 나타나 민주정치의 실현과 민주주의 정착을 어렵게 만들고 있음을 인식한다면 이 책의 출판이 기여하는 바가 있을 것이다.

2018년 1월
헤이리 아고라에서

Contents 신명순의
한국정치 보기

신명순의
한국정치 보기

신명순의
한국정치 보기

제**1**장

{ 일간신문 칼럼 }

신명순의

한국정치 보기

제도라도 바꿉시다

〈국민일보〉 - 국민시론 - 1990년 4월 20일

깜짝 쇼를 무색케 하는 3당합당[1]으로 시작된 1990년대의 우리 정치는 압력에 의한 후보자 사퇴와 불법과 타락으로 오염된 보궐선거를 거쳐 '공작정치' 대 '정치생명 끝장'으로 맞붙은 민주자유당 내분으로까지 이어졌다. 더 이상 3당합당에 대해 혈압을 올리는 사람도 없고, 무슨 수를 썼든 선거에서 당선이 되었으니 그것으로 그만이며, 집권당의 내분은 제2의 실력자가 잠시 한 발 물러서는 것으로 수습이 되었으니 이제 국민은 정치에 신경 쓰지 말고 생업에만 충실하면 되는 것인가?

그러나 대통령 임기가 끝나기도 전에 3당통합을 했을 때의 쇼크를

---

[1] 1990년 1월 22일 집권당인 민주정의당과 제2야당인 통일민주당, 제3야당 신민주공화당이 합당해 민주자유당을 창당한 사건

무색케 할 또 다른 '구국적 조치'가 앞으로 발생하지 않으리라는 보장도 없으려니와, 현재로서는 기약 없이 무기한 연기되어 버린 지방 자치선거가 시작되는 날이면 부정·불법·금권·타락선거의 망령은 어김없이 되돌아와 국민의 분통을 긁어 놓을 것이며, 이제는 끝난 것처럼 보이려고 애쓰는 민주자유당의 내분도 얼마 안 가서 또 다른 모습으로 재연될 것을 예상하는 것이 상식에 크게 어긋나지는 않을 듯싶다.

한치 앞을 예측할 수 없이 급격하게 변하고 있는 국내외 정치상황에서 근거 없이 비관적 전망만 하고 있다고 반박할지도 모르겠으나, 우리 정치를 규정하고 있는 모든 요소들이 하나도 변하지 않았는데 어떻게 내일의 정치가 오늘과 다를 것이라는 기대를 할 수 있겠는가? 앞으로 우리 정치가 어제나 오늘의 양상과 달라지기 위해서는 우선 정치하는 사람들의 얼굴이 바뀌어야 하는데 유신 때의 사람들, 5공화국 때의 사람들이 오히려 금의환향하고 있으니 어찌 앞날을 기대할 수 있겠는가? 그나마 민주주의를 표방하는 나라이니 5·16군부쿠데타 직후처럼 세대교체라는 명분으로 구정치인들을 밀어내 버릴 수도 없는 일이고, 우리 정치가 뭔가 새로운 모습을 보여 주게 될 날까지는 앞으로도 수십 년은 더 기다려야 하는 것이 아닌지 우려된다.

어차피 사람이 바뀌지 않을 거라면 차선책으로 그 사람들의 생각이라도 좀 바뀌었으면 하는 바람이다. 40년 야당생활을 청산하고 여당으로 변신한 김영삼 민주자유당 대표최고위원이 내린 '구국적 결단'의 기반이라고 한 새로운 사고라는 것이 무엇을 의미하는지 아직 실체화된 것이 아니어서, 그것이 말만이 아니라 행동으로 실천하고 있는 고르바초프의 신사고와 같은 것인지 다른 것인지를 속단하기가 주저된다. 김 대표최고위원이 이야기하는 새로운 사고란 것이, 대권을 차지할 승산 없는 게임에 얼마 남지 않은 여생을 허비하느니 호강이나 한 번 해보고 정치생활을 마감하겠다는 '한국식 새로운 사고'가 아니라 한국정치를 진정한 민주정치의 모습으로 바꾸어 보이겠다는 사고의 대전환이기를 바라는 마음 간절하다. 그러나 국민을 우습게 아는 것이 여당이 해야 할 일이라는 잘못된 전통을 체질화하려고 노력해 온 여당 사람들의 의식에 새로운 사고를 넣어 주겠다는 것이 어느 정도나 가능하고 또 얼마나 희망을 가져도 되는 것인지 자신이 서지 않는다.

아래는 무시하고 위에는 절대 복종하는 것이 우리 정치의 특성으로 체질화되어 버린 주된 이유 중의 하나는 아직 정당정치가 제대로 정착되어 있지 못했기 때문이다. 정당의 본래 의미는 정치에 뜻을 같이하는 사람들이 자신들이 추구하는 목적을 달성하기 위해 조직한 자발적 집단이라는 것이다. 그런데 이와는 관계없이 우리 정당은 불법적으로 정권을 잡은 사람들이 자신들의 정권을 영속화하기 위해 만들어 놓은 것이다. 그럼에도 불구하고 '알아서 잘들 해 줬으면' 하고 바라는 것은 우리 정치의 본질을 제대로 파악하지 못한 순진한 기대에 불과하다.

사람이 바뀔 가능성도 없고, 그들이 생각이라도 일신해 주었으면

하는 기대조차 하기 어려운 처지에서 마지막으로 기대를 걸 수밖에 없는 것이 바로 새로운 제도를 통한 개혁이다. 정당정치를 활성화하고 정당이 정치의 주체가 되게 하는 데 필수적인 과제는 정당 내 민주화를 확립하기 위한 제도적 개혁이다. 이를 위해서는 당내의 중요 직책을 당원이 참여하는 경선을 통해 선출해야 하며, 선거에 입후보할 후보자나 지구당위원장도 지구당의 당원들이 참가하는 투표를 통해 뽑아야 한다. 현재와 같이 당의 지도자가 모든 것을 결정하고 임명하는 상황에서 국민의 의사를 받들어 정치하겠다는 정치인들의 말은 공염불에 불과하다.

정당의 중요 직책을 맡을 사람이나 선거에 나설 후보자, 그리고 지구당을 맡을 위원장을 선거를 통해 뽑는 방식으로 제도화한다면 우리 정당정치의 병폐였던 '당원 없는 정당'의 면모가 새로운 모습으로 바뀌게 될 것이다. 현재와 같이 당원으로 가입해 봤자 당내에서 자기 의사 한 번 개진할 기회가 없는 여건에서는 자발적 당원 가입이 이루어질 수가 없고, 그러다 보니 선거 때만 되면 필요한 당원들을 돈을 주고 사다시피 하는 병폐가 계속되는 것이다. 이런 병폐를 제도적 개혁을 통해서나마 개선하려는 노력이 있어야 한다. 그것조차 안 된다면 1990년대의 우리 정치는 '정당 깨뜨리기와 새로 만들기', 부정·불법·타락으로 얼룩진 선거, 그리고 끊임없는 당내 분규만 계속하게 될 것이다.

내각제 개헌 의도와 야권통합

〈한겨레신문〉 - 더불어 생각하며 - 1990년 6월 2일

현재의 상황에서 야권통합이 왜 필요한가라는 문제는 다음 두 가지로 생각할 수 있다. 첫째는 조만간 민주자유당이 추진할 내각제로의 개헌에 관련된 정국의 면이며 둘째는 2년 뒤에 있을 14대 대통령 선거에서의 정권교체와 관련된 정국의 면이다. 이미 다 알고 있는 바와 같이 민주정의당, 통일민주당, 신민주공화당 등 3당이 합당한 가장 큰 이유와 목적 중 하나는 현행 헌법을 내각제로 개헌하기 위한 것이다. 현재 민주자유당 내의 3계파 가운데 통일민주당계가 내각제로의 개헌에 유보적 태도를 보이고 있기는 하지만 일정 시기가 되면 못 이기는 척하면서 동의할 가능성이 있다. 우리 정치 실정에서 내각제가 대통령제보다 더 좋은 제도인가에 대해서는 아직까지 제대로 논의된 적이 없고, 이에 대한 대답이 나와 있는 것도 아니다. 그럼에

도 불구하고 민주자유당은 내각제로의 개헌을 밀어붙일 것이며 과거에도 그랬던 것처럼 온갖 무리수를 써 가면서 이를 실현시키려 할 것이다. 이렇게 단정적으로 이야기하는 이유는, 만일 내각제로의 개헌이 필요 없었다면 3당합당을 무리하게 할 필요가 없었기 때문이다.

민주자유당이 내각제 개헌을 밀어붙이려는 것은 그것이 자신들의 집권을 가능하게 하는 가장 효과적인 수단이라고 생각하기 때문이다. 따라서 이런 의도를 명확히 간파하고 있는 야권이 이를 총력으로 저지할 것임을 쉽게 예상할 수 있다. 그런데 그러한 개헌정국을 맞았을 때, 야권이 평화민주당, 가칭 민주당, 재야세력 등으로 분열되어 있는 상황에서는 효과적으로 내각제개헌 반대운동을 해나갈 수 없을 것이다. 따라서 우선적으로는 조만간 우리 정국의 현안이 될 내각제 개헌 저지를 위한 효율적 세력의 규합이란 면에서 야권통합의 필요성이 제기될 것이다.

두 번째는 2년 뒤에 있을 대통령선거에서 정권교체를 실현하기 위한 야권통합의 필요성이다. 현재로서는 2년 후의 상황을 두 가지로 예측할 수 있다. 첫째는 민주자유당이 3당합당을 통해 국회 안팎으로 형성한 막강한 세력을 유지함으로써 다음 선거에서 재집권하는 것이다. 그러나 근래의 여론조사에서 밝혀진 바와 같이 민주자유당에 대한 국민들의 지지도는 10% 수준에 머물고 있어 오히려 야당들보다 낮은 지지도를 보이고 있다. 이런 사상 초유의 낮은 지지도가 초래된 원인에는 3당합당에 대한 본질적인 거부감과 반대도 있겠지만, 창당 3개월 동안 민주자유당이 보여 준 여러 자충수에도 근거한다. 그러나 앞으로 민주자유당이 면모를 일신해 국민이 기대하는 정당으로 탈바꿈한다면 지금의 막강한 세력을 기반으로 어렵지 않게 재집권할 수도 있을 것이다. 둘째는 민주자유당이 계속해서 국민의 의사를 무시하면서 국민이 반대하는 정치를 소신인 양 밀어붙이기 작전으로 나가는 경우이다. 이럴 경우 민주자유당은 다음 선거에서 참패해서 야당으로 전락하거나, 최선의 경우라고 해도 야당보다 박빙의 우위를 겨우 유지함으로써 팽팽한 양당정치를 유지하게 될 것이다.

결국 2년 뒤의 선거정국은 민주자유당이 어떻게 하느냐에 달려 있다. 그러나 여기서 야당이 명심해야 할 것은 여당이 실수하기만을 바라면서 야권 내에서 계속 분열과 대결만을 반복해서는 안 된다는 것이다. 만약 그렇지 않은 경우 개헌을 둘러싼 정국에서뿐만 아니라 민주자유당 정권교체를 위한 정국에서도 실패하게 되어 다시 한 번 좌절을 맛보게 될 것이다.

야권이 그들의 내부 사정 때문에 국민의 기대에 부응하지 못하고 통합에 실패한다 하더라도, 통합에 대한 국민적 요구는 개헌정국이 무르익을 때와 2년 후의 선거를 앞두고 다시 제기될 것이다. 그러나 그때 가서 야권통합이 이루어진다 해도 이미 대세는 민주자유당 쪽으로 기울어 있을 가능성이 높다. 이것은 과거에도 여러 차례 중요한 정국에서 야당이 통합에 실패함으로써 보여 준 역사적 교훈에서 잘 나타나 있다.

03

3. 정치사회화를 아시나요?

〈한국일보〉 - 시사칼럼 - 1992년 2월 27일

국민 여러분, 여러분은 정치에 무관심하고 아는 것도 별로 없습니까? 그렇다면 안 되지요. 국민이 정치에 관심이 없고 정치에 대해 아는 것이 없는 나라에서는 민주주의가 제대로 될 리가 없으니까요. 그것이 아니라면, 여러분은 정치에 관심이 많고 우리 정치의 실상도 잘 알고 있습니까? 그렇다고 생각하신다면 제가 한 가지 질문을 드리지요. 여러분은 정치문화가 무엇이고 정치사회화가 무슨 말인지 아십니까? 모르신다고요? 몰랐다고 해도 부끄러워할 것까지는 없습니다. 왜냐하면 몇 해 전에 국회의장이 신문에 인터뷰한 것을 보니까 "요즘 정치문화가 어떻고 하는데 난 그런 어려운 말은 모릅니다."라고 이야기하면서 전혀 부끄러워하지 않는 것을 본 기억이 있으니까요.

그래도 정치문화나 정치사회화란 단어는 대학의 정치학과에 입학하면 정치학개론에서 배우는 가장 기본적인 단어라는 것 정도는 알고 계시면 좋겠습니다. 그런 단어는 모르지만 YS가 대권을 장악하느냐 못 하느냐에 대해서는 확실한 일가견이 있다고요? 또 1노(盧)3김(金)의 권력함수라든가 TK[2]니 월계수[3]니 재벌당[4]이니, 친인척이니, 거기에다 공작정치 등등 우리 정치에 관해서는 모르는 게 없다고요? 그렇다면 여러분은 정치인들이 뇌물이나 받고 부패했다고, 국회에서는 싸움질이나 하는 저질들이며, 정치가 경제를 망쳐 놓았고, 다른 것은 모두 선진국 수준에 와 있는데 정치만 후진상태에서 벗어나지 못해서 나라꼴이 말이 아니라는 것도 잘 알고 있다고 자랑하시겠네요. 그런데도 정치사회화란 단어는 모르신다고요?

하긴 필부필부(匹夫匹婦)인 국민 여러분이 정치사회화는 몰라도 정치에 관해서는 관심도 많고 모르는 게 없다고 생각하시는 것도 이해는 갑니다. 올해는 4번의 중대선거가 있는 해라서 많은 기대 속에 새해가 밝았는데, 대통령이 2개의 선거는 안 한다고 한 마디 해 버리자 법도 정치도 어디로 가 버렸는지 이젠 누구도 그것에 관해 한마디 해야겠다고 언성을 높이는 일도 없군요. 그런데도 민주화의 공약은 달성되었다니 글쎄, 국민 여러분은 민주화가 된 나라에서는 대통령의 말 한마디면 법도, 국민에게 한 약속도 여·야 사이의 합의도 모두

◆
---

2) TK: 대구 경북 지역을 의미
3) 6공화국의 황태자라고 불리던 박철언 체육청소년부 장관이 고문으로 있던 단체
4) 정주영 현대그룹 명예회장이 만든 통일국민당

무시해 버려도 괜찮다는 말을 들어 보신 적이 있는지요? 그나마 대통령선거나 국회의원선거를 취소한 것이 아니라 지방자치단체장 선거를 안 하겠다고 한 것만으로도 민주화가 되었다는 증거이니 고마워하라고 한다면 그렇게 알아야겠지요.

이야기가 옆으로 빗나갔습니다만 제가 말씀 드리고자 하는 것은, 선거의 해를 맞으면서 사회 각계의 인사들이 라디오며 TV며 신문이며 잡지 등에 나와 좌담이니 토론이니 칼럼이니 하면서 일가견을 펴는데 그 대부분이 정치인을 꾸짖고 우리 정치를 매도하는 것이더군요. 그런데 이런 분들의 직업이 연극인, 시인, 소설가, 종교인 등이라는 것이 제게는 무척 이색적이었습니다. 교수나 학자들 중에서도 정치학자는 그런 자리에 끼는 경우가 별로 없고 철학자, 법학자, 사회학자, 심리학자들이 선거가 어떻고 국회가 어떻고 유권자가 어떻고 대권이 어떻고 하면서 이야기합니다.

그것을 보면서 정치를 연구하는 것이 본업인 저로서는 정치학개론을 한 번도 안 읽어보았을 사람들이 저렇게 자신만만하게 우리 정치를 전문가인 양 논하고 있으니 정치학자들 밥줄 떨어질 날이 가까운 것 아닌가 걱정이 되더군요. 하지만 국민 여러분도 정치에 관심이 많고 잘 알고 계시는데 사회 각계에서 내로라하는 인사들이 정치에 아는 것이 없어서 침묵을 지키고 있으리라고는 생각할 수 없겠지요.

그러나 제 생각으로는, 우리나라에서는 정치를 아무나 두드려도 되는 동네북 정도로 취급하고 정치인에 관한 가십에 가까운 이야기나 주워들은 것을 가지고 정치를 잘 아는 것으로 착각하고 있다는 것입니다. 또 민주정치는 어떻게 하는 것인지 제대로 알지도 못하면서 민주주의나 민주화를 신주 모시듯이 하는 속 빈 사람들이 너무나 많은 것 같습니다. 국민 여러분께서는 정치사회화란 말도 모르면서 정치를 질타하고 매도하면서 정치에 관해서는 모르는 것이 없는 전문가인양 하는 속 빈 인사들과 일부 국민들 때문에 우리 정치가 요 모양 요 꼴에서 헤어나지 못하고 있다고는 생각해 보신 적이 없습니까?

도대체 정치문화는 무엇이고 정치사회화는 또 무엇이냐고요? 정치문화란 국민이 정치에 관해 갖는 생각이나 의식, 그리고 이에 근거해서 형성된 태도를 말합니다. 또 이런 정치문화를 습득하는 과정을 정치사회화라고 하지요. 즉 정치인들이 부정하고 저질이고 비민주적인 행동을 하는 것은, 정치란 으레 그렇게 하는 것이라고 생각하면서 그런 태도를 갖게 되었기 때문이지요. 그리고 그러한 의식이나 태도를 갖게 된 것은 그 사람이 정치인으로 성장하는 과정에서 영향을 받은 가정, 학교, 사회단체, 직장, 그리고 사회 전체가 부정하고 저질이고 비민주적이었기 때문에 그것을 보고 배운 것에 불과합니다.

한마디로 말씀드리자면 우리의 정치와 정치인은 우리 사회와 국민 여러분의 생각이나 의식이 반영되어 나타난 것이지 우리 사회와 국민 여러분은 올바르고 청렴하고 민주적인데 정치만 돌연변이로 몹쓸 것이 된 것이 아니라는 이야기입니다. 민주정치는 국민이 정치에 관해 제대로 된 관심과 제대로 된 지식을 가질 때 가능해집니다. 만일 국민 여러분께서 바로 그런 국민이라고 생각하신다면, 올해 있을 두 번뿐인 선거에서 제대로 된 투표를 해서 제대로 된 국회의원과 대통령을 뽑는 것으로 증명해 보여 주십시오.

04

어떻게 당선되셨습니까?

〈한국일보〉 - 시사칼럼 - 1992년 3월 26일

14대 국회의원선거에서 당선된 여러분, 여러분의 당선을 축하드리기에 앞서 우선 한 가지 여쭤볼 게 있습니다. 여러분은 이번 선거에서 어떻게 당선되셨습니까?

혹시 이번 선거에서 망령처럼 되살아난 관권개입 덕분에 당선된 것은 아닙니까? 새벽 0시 30분까지 야당 후보자를 비방하는 흑색선전물을 아파트 우편함에 손수 투입하고 다니던 안기부 직원들 덕분에 당선된 것은 아닌지요? 무소속으로 출마하겠다고 큰소리치던 여권 정치인이 찍소리 한 마디 못하고 미국으로 도망가게 만든 공작정치의 덕을 본 것은 아닙니까? 여당이 압도적 지지를 받아 정치안정을 이뤄야 북한을 상대할 수 있다는 정신교육을 한 중대장이나, 여당 선거운동을 도울 구체적 지침을 대외비로 작성한 군청과 경찰서, 그리고 군청이 여당 후보자에게 특별히 가설해 준 행정전화나, 바르게살기운동협의회라는 이름으로 야당 비난광고를 낸 시장이나, 동사무소에 통반장과 지역주민을 모아 놓고 여당 후보자를 공공연하게 지지한 시의회의장, 또는 식당에 부녀자들을 모아 놓고 여당 후보자가 낙선하면 내 목이 떨어진다고 호소한 시장, 그것도 아니라면 이장 집에서 주민을 상대로 선거운동을 하다가 야당 운동원에게 발각되자 주민들과 합세해서 3시간 가까이 그들을 승용차에 감금했던 면장과 지서장 등이 저지른 공공연한 관권개입 덕분에 당선된 것은 아닙니까?

여러분은 혹시 망국병이라고 지탄받는 지역감정에 편승해서 당선된 것은 아닙니까? '이번 선거는 대통령선거와 뗄 수 없다. OOO와 함께 가자', '여러분이 힘을 주면 큰일을 도모하겠다'고 부르짖은 대권 희망자들에게 부화뇌동했거나 '부산·경남에 YS바람을 일으키자', '대구·경북에서도 싹쓸이를 해야 한다', '호남 푸대접은 여전하다', '우리도 모 씨처럼 땡깡을 부려서라도 JP를 대통령으로 만들자', '무대접의 강원도가 뜨거운 감자 맛을 보여 주자'는 식으로 지역감정을 부추긴 덕에 당선된 것은 아닙니까?

여러분은 혹시 금권선거와 타락선거에 힘입어 당선된 것은 아닌지요? 사랑방 좌담회에 하루 1천만 원 이상을 쓴 것이 주효했던 것은 아닙니까? 현금 90만 원과 10만 원짜리 수표 21장을 양말과 팬티 속에 숨기고 다니면서 2만 원씩 배부한 운동원, 현금 1백86만 원과 현금 배포 대상자 명단을 소지하고 가정집 문패를 확인하면서 현금봉투를 배달한 운동원, '개는 묶고 대문은 열어 놓되 밤 8시 이후에는 불을 꺼놓으라'는 요령까지 가르친 뒤에 노인은 2만 원, 아주머니는 3만 원이라는 정찰요금에 따라 현금을 살포한 운동원까지……. 셀 수 없이 많은 운동원들이 살포한 금권선거 덕에 당선된 것은 아닌지요?

여러분은 흑색선전을 절묘하게 이용해서 당선된 것은 아닙니까? '상대 후보는 여비서와 살림을 차리고 애까지 낳았다', '두 명의 첩을 데리고 산다'는 등의 여성 관련 흑색선전에서부터 '수백억 원의 토지 사기단과 결탁해서 재산을 모았고 그 돈으로 미국에서 박사학위를 샀다'는 등의 흑색선전물을 여성단체나 청년연합회 같은 유령단체 이름으로 가가호호에 뿌린 덕분에 당선된 것은 아닌지요? 아니면 불교신자에게는 예수를 찬양하고 기독교신자에게는 부처를 찬양하는 편지를 상대 후보자의 이름으로 보내거나, 상대 후보자의 족보까지 들춰내어 인신공격을 하거나, 상대 후보를 '인간쓰레기, 도둑놈, 사회주의자, 변절자, 배신자'라고 비방하면서 30분 정견 발표 시간 중 26분을 사용한 덕분에 당선된 것은 아닙니까?

여러분은 선거법을 완전히 무시하면서 불법선거와 탈법선거에 앞장선 덕분에 당선된 것은 아닙니까? 동창회, 계모임, 마을부녀회, 직능단체협의회 등의 회원을 모아 놓고 향응이나 식사대접으로 먹자판을 벌이고 거기에 더해 돈 봉투까지 돌리고, 버스 30대로 정당연설회에 청중을 동원하고, 선거관리위원회의 허가를 받지 않은 현수막을 무더기로 내걸거나 불법선거운동을 감시하는 공명선거추진협의회 관계자와 선거관리위원회 직원, 그리고 기자들을 집단적으로 폭행하고 카메라를 뺏거나 부수는 등의 불법·무법선거를 자행한 덕분에 당선된 것은 아닙니까?

위에 열거한 것은 모두 이번 선거운동 기간 동안 언론에 보도된 선거 관련 기사들을 모아 놓은 것입니다. 국회의원 당선자 여러분이 이 모든 것들 중에 한 가지도 안 했는데 당선되셨다면 여러분은 도대체 어떤 비법을 사용했기에 당선되셨습니까? 그 비법을 국회의원선거에 입후보하려는 모든 사람들에게 알려주어 앞으로의 선거에서는 관권개입, 지역감정, 금품 살포, 흑색선전, 인신공격, 불법·무법이 없는 깨끗하고 공명한 선거가 되게 만들 생각은 없으십니까? 아니면 나 혼자만 그 비법을 간직해서 나 혼자만 또 당선되고 다른 후보자는 관권개입, 지역감정, 금품 살포, 흑색선전, 인신공격, 불법·무법을 자행한 탓에 낙선하게 놓아 두실 생각입니까?

05

노심(盧心)과 경선(競選)

〈한국일보〉 - 시사칼럼 - 1992년 4월 23일

　야당이라고 해서 하나도 더 나을 것이 없지만, 요즘 민주자유당에서 진행되는 대통령 후보자 경선을 보면 한심하기 그지없다. 얼마 전까지는 경선의 경(競)자도 꺼내지 못했던 것을 생각하면 여당도 많이 발전했다고 좋게 보아주고도 싶지만, 지금 민주자유당이 하고 있는 것이 경선의 본질이라는 잘못된 인식이 선례가 되어 앞으로도 이런 식의 경선이 계속될까 봐 오히려 걱정이 된다.

　우선 노태우 대통령이 민주자유당 대통령 후보자 경선을 발표했을 때는 민주화의 기틀을 마련하고 물러나는 대통령이 되기 위해 과거처럼 다음 대통령 후보자를 지명하지는 않겠다는 의도였을 것이다. 그러나 이런 의도는 윗사람의 눈치 보기가 체질화된 민주자유당의 속성 때문에 왜곡되어 민주자유당 경선의 모양이 볼썽사납게 되어 버렸다. 당 총재인 노 대통령이 다음 선거에서 민주자유당이 패배해 정권을 잃게 되는 것을 원할 리 없을 터이고, 그렇다면 누가 대통령 후보자가 되는 것이 야당과의 경쟁에서 유리할 것이라는 정보를 가지고 있을 것이다.

지금까지 노 대통령이 이 문제에 관해 선문답(禪問答)하는 식의 이야기만 함으로써 대통령 후보자를 꿈꾸던 많은 사람들을 혼란스럽게 만들었고, 또 옆에서 지켜보던 국민들에게도 민주자유당에 대한 불신만 재확인하게 했다. 그것은 노 대통령의 성격에도 원인이 있었겠지만 노심(盧心)이 무엇인가를 파악하기 위해 눈치만 살피던 민주자유당 사람들의 속성 때문이기도 하다. 이런 과정 때문에 이제는 경선의 모든 초점이 경선 후보자로 확정된 김영삼 씨나 이종찬(李鍾贊) 씨의 정치적 자질이나 비전, 역사관, 정치적 경륜, 대선에서의 당선 가능성이 아니라 노심이 누구를 지지하고 있는가에 맞추어지고 있다. 이것이 노 대통령이나 민주자유당이 내세우는 자유롭고 민주적이며 공정한 경선의 실체였는가?

정당과 나라의 미래를 위해 정당의 대통령 후보자 경선에 나서겠다고 호언장담하던 그 많은 사람들이 시작도 하기 전에 주저앉아 버린 것이 김영삼 씨의 후보자 추대를 위해 멸사봉공의 희생을 한 것이 아님은 정치에 아마추어인 사람의 눈에도 훤히 보인다. 언론에서는 이 과정에서 외압이 있었느니 어쩌느니 하고 있지만 혹시 외압이 있었다 한들 자신이 당내에 확고한 지지 기반을 가지고 있고, 또 출마만 하면 국민의 지지를 받아 당선이 될 만한 강력한 기반을 확보하고 있었다면 경선 출마를 포기했을 리가 없다. 오히려 당내 기반도 없고 국민이 표를 줄지 안 줄지는 모르지만 노심이 나를 지지하고 있는 것 같으니 그것을 이용해서 여당의 대통령 후보자만 될 수 있다면 선거는 돈과 조직, 관권 개입과 부재자 투표, 그리고 지역감정으로 몰아붙이면 되겠지 하는 헛된 계산을 하고 있다가 노심이 아니라는 것을 알고 나서 포기해 버린 것은 아닐지? 정당의 지도자라는 사람들의 의식 수준이 이 정도에 머물고 있다면 그런 정당에서 자유로운 경선이라는 것이 어떤 의미가 있을지 의심스럽다.

요즘은 그래도 듣기 좋게 관망파라고 불리지만 얼마 전까지만 해도 '나는 왕당파(王黨派)로 불러 달라'며 노심 파악을 위해 여념이 없던 소신 없는 정치인들을 데리고 경선을 해서 어떤 결과를 얻을지가 의심스럽다. 하기야 권위주의체제 20여 년 동안 여당에만 머물면서 위에서 내리는 지시는 '무엇이든 지당한 말씀'으로 받들어 오던 여당 체질이 몸에 밴 정치인들에게 '이제는 위로부터의 지시가 없으니 스스로 알아서 결정하라'는 이야기는 어쩌면 1950년대 초 미국으로 유학 갔던 한국 유학생들이 겪었을 문화적 충격 못지않게 큰 충격이었을지도 모른다. 자율도 자율에 길들여진 사람에게 주어야 제대로 누릴 수 있는 것이지 아무에게나 준다고 되는 것이 아니다. 그렇다면 이런 정치인들이 지난 번 국회의원 선거 때는 유권자들 앞에서 어떤 정견 발표를 했을까. '나를 당선시켜 주면 노심이 무엇인가를 잘 살펴서 그에 따라 정치를 하겠다'고 했을 것 같지는 않다.

우리 국민의 상당수는, 지난 선거에서 나의 귀중한 한 표를 주어 당선시켰던 여당 의원이 기껏 자기 정당의 차기 대통령 후보자가 누가 되어야 할지도 스스로 판단할 능력이 없어서 노심만 살피면서 한 달 여를 보내는 수준의 인물이었다는 것을 뒤늦게 깨닫고는 '또 한 번 속았구나' 싶어서 방바닥을 치면서 후회하고 있을지도 모르겠다. 이처럼 노심을 중심으로 진행되고 있는 민주자유당의 대통령 후보자 경선을 보면서 느끼는 것은, 평시에는 당내 민주화의 연습 한 번 안 하고 있다가 하필이면 가장 중요한 정당의 대통령 후보자 선출에서 민주화 연습을 시작하는 것이 과연 제대로 된 순서인가라는 의구심 뿐이다.

06

법을 무시하는 '민주정치'

〈한국일보〉 - 시사칼럼 - 1992년 6월 25일

6공화국에서의 민주화를 평가함에 있어서 미국인은 한국에서 상당한 진전이 있었다고 긍정적으로 평가하는 반면, 우리 국민은 민주화의 길은 아직도 요원하다며 부정적으로 평가한다는 이야기를 한미국교수로부터 들은 적이 있다.

이렇게 상반된 평가를 하는 이유는, 미국인은 유신체제나 5공화국 때 행해지던 한국정치의 양상과 6공화국에서 진행되는 정치양상을 비교하면서 많은 점에서 나아진 것을 인정하는 반면에, 우리 국민은 머릿속으로 그려 놓은 민주화나 민주정치의 이상과 현실정치가 너무 큰 차이가 나다 보니 민주화가 되지 않은 것으로 평가하기 때문이다. 또한 미국인은 민주정치를 생활 속에서 실천하면서 이루어나가는 과정으로 인식하는 데 비해 우리 국민은 민주정치의 모범을 교과서에서나 읽을 수 있는 비현실적인 이론과 일체화시켜 놓고, 그것을 달성하느냐 못하느냐로 판가름하는 경향이 있기 때문이다. 우리 정치에서의 민주화가 생활 속에서 축적되어 이루어진 것이 아니고 광복과 더불어 소개되고 부과된 규범이었다는 점을 감안하면 일리가 있는 설명이다.

그러나 우리 정치가 진정으로 민주정치의 틀 속에서 제대로 진행되고 있는데도 국민들만 유독 민주화에 대해 비판적 인식을 갖고 있는 것은 아니다. 우리 국민은 비민주적 요소들이 만연한 정치현실에서 하루하루를 살아가다 보니 그것을 실감하는 것이고, 인권탄압이나 분신자살이나 화염병 데모 등이 언론에 보도되지 않으니 미국인은 한국도 옛날보다는 많이 발전했다고 평가하는 것이다.

우리 정치에서 비민주성은 일일이 나열할 수 없을 정도로 많지만 그 중에서도 가장 일반화되어 있는 것은 법을 무시하고 안 지키는 것이다. 이런 풍조가 이미 우리 사회 전체에 만연되어 있지만, 그보다 더욱 문제를 심각하게 하는 것은 법을 만들고 집행하고 또 법이 제대로 지켜지고 있는가를 심판해야 할 기관들인 입법부, 행정부, 사법부의 책임자들이 오히려 법을 무시하고 어기고 있다는 점이다.

법을 만드는 기관의 주체인 국회의원 중에서 선거법을 제대로 지키고 당선된 사람이 과연 몇 명이나 될지 의심스럽다. 선거법의 거의 모든 조항들이 무시되면서 선거가 진행되지만 당선자와 낙선자를 불문하고 자신이 법을 어기면서 선거를 치렀다는 것에 대해 자책감을 가지는 사람이 과연 몇이나 있을지 모르겠다. 선거법 개정은 국회의원끼리만 모여서 하면서 왜 지키지도 못할 법을 지킬 수 있는 법으로 바꾸지 못하는지 정말로 이해되지 않는다.

요즘 논란이 되어 14대 국회의 개원을 어렵게 만들었던 지방자치 단체장 선거 문제도 실은 행정부 책임자인 대통령이 경제 상황을 이유로 일방적으로 무기 연기를 발표한 데서 시작된 것이었다. 여당과 야당이 합의해서 통과시켰고 선거 실시 시한까지 정해 놓은 법을 대통령이 일방적으로 무시해 버리는 행태가 민주화 시대에도 어렵지 않게 일어나고 있는 것이다. 1년에 선거를 4번 하게 되면 경제가 파탄 날 것이라는 논리는 지방자치단체장선거법을 만들 당시에도 충분히 예측할 수 있었던 것이며, 진정으로 경제가 걱정이 되어서였다면 정부·여당이 앞장서서 돈 안 들고 과열되지 않는 선거를 하는 솔선수범을 보이면 될 것이다. 그동안 금권선거와 과열선거를 초래한 것이 누구였던가? 국민이었나, 야당이었나? 아니면 행정선거와 금권선거로 역대 선거를 치러온 정부·여당이었나?

법이 제대로 집행되었는가를 심판해야 할 사법부조차 준법정신을 자해(自害)하고 있다는 것은 14대 국회의원선거와 관련된 재판에서 잘 나타나고 있다. 선거가 끝난 후 3개월이 지난 지금까지 사법부에서 지난 국회의원 선거의 최대 쟁점이었던 불법 선거와 범법 선거의 재발 방지에 도움이 되는 판결을 내렸다는 보도를 접한 적이 없다. 오히려 안기부 직원들이 흑색선전물을 살포한 불법 선거운동에 대해 국민의 상식으로는 납득되지 않는 집행유예 판결을 내림으로써 범법에 대한 응징이 아니라 오히려 범법을 조장할 수 있는 소지를 만들어 주었다. 이런 재판 결과는 앞으로 있을 대통령선거에서도 전체 행정기관들이 흑색선전물 살포와 같은 불법 선거운동에 총동원되더라도 선거 이후에 별다른 법적 응징이 없을 것이니 안심하고 맘껏 뛰어 보라는 분위기를 조장할 소지마저 있다.

법을 만들고 집행하고 심판해야 할 기관들이 앞장서서 법을 어기는 현실에서 어느 누가 법을 지킬 것이라고 기대할 수 있으며, 그런 풍토에서 어찌 민주화가 되고 민주정치가 되기를 바랄 수 있겠는가? 운동권 학생들이 화염병을 던지며 불법집회를 하는 것, 노동자들이 불법파업을 하면서도 자기들의 권리만을 목청 높여 주장하는 것, 기업주들이 불법적 방법을 동원해 치부를 하면서도 내가 번 돈은 한 푼도 검은 돈이 없다고 주장하는 것, 교사들이 법으로 금지된 단체행동을 하면서도 오히려 이를 제재하는 정부가 잘못되었다고 인식하는 것 등등. 이 모든 것들이 '내가 법을 어기고 있을지언정 그래서 잘못된 것이 뭐가 있느냐'는 식으로 솔선수범을 보여 준 정부 지도자들을 국민들이 보고 배운 것에 불과한 것이 아니겠는가? 지도자부터 국민에 이르기까지 우리 모두가 제대로 알아야 할 것은 법을 어기면서 민주정치를 제대로 하는 나라는 지구상 어디에도 없다는 점이다.

07

대통령선거법과 정통성

〈한국일보〉 - 시사칼럼 - 1992년 7월 23일

오는 12월에 있을 제14대 대통령선거가 갖는 중요한 의미 중의 하나는 1961년 민주당정권이 군부쿠데타로 무너진 이후 31년 만에 군 출신이 아닌 순수 민간 정치인이 대통령에 선출될 것이라는 점이다. 물론 이승만 대통령의 예에서 보았듯이 민간 정치인 출신 대통령이 독재자로 변하는 경우가 없지는 않지만, 그러나 31년 동안 두 차례에 걸친 군부쿠데타를 경험했고, 또 이 기간 중 적어도 반 이상의 기간을 군 출신 대통령에 의한 권위주의정치 아래 살아온 국민으로서는 민간인 출신 대통령을 갖게 된다는 것이 우리 정치의 발전에 특별한 의미가 있다고 평가할 것이다.

결과적으로 보면 군 출신 대통령의 집권 기간 동안 경제 발전의 기반이 마련되었고, 또 중진국 대열에 들어설 정도로 국가의 위상도 높아졌다는 점에서는 긍정적인 면이 있다. 그럼에도 불구하고 정치적으로는 국민의 진정한 동의와 지지를 바탕으로 한 정권이 아니었기 때문에 정부는 계속해서 정통성의 위기에 직면해 왔다. 5공화국 전두환정권은 군부내반란이라고 할 수 있는 12·12사태와 광주사태를 야기한 군부의 5·17정권장악, 그리고 5공화국에서의 강력한 억압과 통제 등으로 인해 정권의 정통성을 인정받지 못했다.

5공화국 7년 중 초기 3년 동안은 억압을 통치수단으로 한 공포정치 때문에 정권의 정통성이 공개적으로 도전받지는 않았다. 하지만 나머지 4년 동안은 재야의 반정권 세력과 운동권학생 세력이 중심이 된 반독재운동의 끊임없는 도전을 받았다. 3공화국의 9년이란 기간도 군부쿠데타로 정권을 잡았던 박정희 대통령의 통치 기간이었지만 정권의 정통성에 대한 도전은 없었다. 그것은 세 번에 걸친 대통령 직접선거를 통해 정권이 국민의 지지를 거듭 확인할 수 있었기 때문이다. 이에 반해 5공화국의 7년 동안은 국민에게 정권에 대한 인정 여부를 결정할 기회를 주지 않은 채 지속되었기 때문에 5공화국 정권은 국민들의 마음속에 국민이 뽑은 정부로 인정하지 못하겠다는 의식이 강했다. 그에 따라 계속해서 정통성 위기를 겪었던 것이다.

이런 면에서 보면 6공화국의 노태우정권은 국민이 직접 대통령을 선택할 수 있는 선거를 통해 성립되었고 또 원하는 정치인은 누구나 제한 없이 대통령에 입후보했던 선거였다는 점에서 정권의 정통성 문제가 제기될 소지는 없었다. 노태우 후보자가 37%의 지지밖에 얻지 못했기 때문에 13대 대통령선거 직후에는 대통령의 정통성을 인정할 수 없다는 반대세력의 주장도 있었지만, 그것은 억지에 불과한 것이었다.

그럼에도 불구하고 노태우정권이 지난 4년 동안 국민의 확고한 지지를 확보할 수 없었던 것은 노 대통령이 5·17군부쿠데타 핵심세력 중 한 명이었다는 점과 민주정의당의 대통령 후보자가 된 것이 당원들이 뽑는 경선을 통해서가 아니라 전두환 대통령의 지명에 의한 것이었다는 점, 그리고 3당합당 위에 안주하고자 했던 노 대통령의 리더십 결여 때문이었다고 할 수 있다.

이런 과거의 경험에 비추어 보면 14대 대통령선거는 정권의 정통성 시비를 야기할 만한 소지는 모두 해소된 것으로 볼 수 있다. 현재 각 정당이 결정한 모든 대통령 후보자들이 현재의 정치적 위치를 군부쿠데타와 같은 불법적 방법으로 확보한 것이 아니며, 형식적인 모양새에 불과했다고 비판받을 소지가 없지는 않지만 어쨌든 경선을 거쳐 당원들에 의해서 후보자로 지명되었기 때문이다. 그러나 이런 기준들만으로 앞으로 탄생할 정부의 정통성 유무를 따지는 것이 권위주의정치 시대에는 적절했을지 모르겠으나, 민주정치 시대에는 정권의 정통성 문제가 다른 기준에서 제기될 것이다. 즉 민주정치 체제에서 국민의 진정한 의사가 있는 그대로 반영될 수 있는 과정, 즉 공정하고 합법적인 선거 과정을 통해 대통령이 선출되고 정권이 성립되었는가에 따라 정권의 정통성이 확보될 수 있다.

지난 13대 대통령선거는 6월민주화운동 후의 과도기 상황에서 조급하게 만들어진 대통령선거법에 의해 실시되었던 점 외에도, 선거법 자체가 공정성을 보장하는 부분이 부족했고 또 불법선거·타락선거·행정선거·금권선거·부정선거를 초래할 만한 소지가 많다는 결함이 있었다. 민주화의 기반을 다져가는 시기에 실시되는 대통령선거가 공정성을 보장하지 못하고 불법·관권개입·타락·부정이 개재되는 선거가 된다면 거기에서 당선된 대통령은 과반 수 이상의 지지를 확보하더라도 국민으로부터 대통령으로 인정받기 어려울 것이며 새로운 형태의 정통성 위기에 봉착하게 될 것이다.

특히 노원을구의 국회의원선거 투표지 재검표 결과로 국회의원의 당락이 바뀌는 사태를 직면하면서, 전체 선거 과정이 공정하고 합법적으로 진행되는 것을 보장하는 대통령선거법을 마련하는 것이 급선무임을 절감하게 된다. 권위주의시대의 유산인 정통성 위기가 우리 정치에서 더 이상 논란거리가 되지 않도록 해야 한다. 이를 위해서는 국민이 우리가 선택한 우리의 대통령과 정부라는 자부심을 가지게 할 수 있는 공정한 대통령선거법이 하루 속히 마련되어야 한다.

08

야당도 변해야 한다

〈동아일보〉 - 동아시론 - 1993년 2월 27일

불과 두 달 전 대통령선거의 열기가 한창이던 때 민주당 사람들은 정권교체와 집권할 것이라는 기대에 부풀어 있었을 것이다. 지금은 '용공음해'를 이유로 대통령 취임식 참석과 국무총리 지명 인준을 위한 국회 참석도 거부한 그들이 김영삼 대통령의 취임식을 보면서 어떤 감회를 가질지 궁금하다. 이번에는 '용공음해' 때문에 비록 선거에서는 졌지만 국민의 전폭적 지지가 여전히 확보되어 있으니 다음 선거에서는 정권교체가 틀림없이 이루어질 것이라는 여유를 가지고 있을까? 아니면 전 국민의 관심은 취임식에 쏠려 있는데 어쭙잖게 뒤돌아 앉아 있는 자신들의 모습이 새삼 초라하다고 느끼면서 다음 선거에서 과연 정권교체를 이룰 수 있을지를 걱정하고 있을까?

14대 대통령선거 결과를 보면서 앞으로 야당으로의 정권교체는 더욱 어려워질 것이라고 생각한 사람들이 적지 않았을 것이다. 그 이유는 간단하다. 정치가 민주화될수록 야당의 집권가능성은 줄어들기 때문이다.

정치상황은 변해서 민주정치로 나아가고 있는데 야당은 여전히 지금까지 보여 온 행태를 계속한다면 야당으로의 정권교체라는 기대가 무망한 것이 되기 십상이다. 지난 선거들에서 야당에 표를 찍은 사람들 중에 야당 후보자의 인물이 출중하거나, 야당이 여당보다 정당 활동을 더 잘해 왔거나, 야당이 표방하는 정책이 국민의사를 반영한 것이고 실천 가능성도 높아서라거나, 야당이 집권하면 현 정권보다는 정치를 훨씬 더 잘할 것이라고 판단해서 찍었던 사람은 많지 않았을 것이다.

그보다는 야당에 기대할 것도 없지만 여당이 하는 짓거리가 보기 싫어서, 아니면 야당 사람들이 사형선고를 받고 단식투쟁을 하고 감옥과 정보기관에 수시로 끌려 다니면서까지 민주주의의 회복을 위해 투쟁했다는 것을 가상히 여겨 표를 주었던 것임은 야당 스스로가 더 잘 알고 있을 것이다.

그러나 이제 세상은 그때의 세상이 아니다. 최소한으로 생각해서, 새로 출범한 문민정부가 이전의 정권들보다 더 독재적이 될 가능성은 별로 없어 보인다. 정부 여당의 독재 덕분에 반사 이익을 얻어 왔던 야당이 독재가 없어진 세상에서는 어떻게 과거 수준으로 국민들의 표를 얻을 수 있겠는가?

이 시점에서 야당이 선택해야 할 방향이 무엇인지는 명확하다. 정부와 여당은 변하고 있는데 야당만 구시대에 써먹던 행태를 그대로 답습한다면 그 결과는 정권교체가 없는 만년 야당의 길뿐이다. 야당이 변하지 않겠다는 고집은 취임식 참석 거부와 당 대표 경선 과정에서 고스란히 드러났다. 당 대표 경선에서는 구시대에나 애용되던 금전 살포와 같은 타락, 흑색선전이 계속되었다. '용공음해'를 이유로 취임식을 거부하고 국회를 거부하는 것이 당 대표 경선에서의 선명성 경쟁 때문임을 어지간한 국민은 다 알고 있다.

국민이 원하는 것은 여당의 독재도 아니지만, 지금까지 야당이 보여 왔던 투쟁과 거부, 반대와 구태의 재연도 아니다. 국민이 바라는 것은 야당도 새 시대에 맞추어 변하는 것이다. 여당이 아닌 야당이 개혁에 더 앞장서고 새롭게 변하는 모습을 보이면서 여당에 못지않은 비전을 제시할 수 있는 능력을 갖추기를 원한다. 실천을 통해 이런 능력을 입증함으로써 정작 야당이 정권을 잡았을 때는 여당보다 더 잘할 수 있다는 수권 야당으로서의 신뢰를 국민에게 보여 주어야 한다.

앞으로 5년 동안 대통령을 거부할 것도 아니고 총리를 총리로 인정하지 않을 것도 아니면서 이번의 거부로 민주당이 얻은 것은 무엇인가? 얻은 것은 아무것도 없으면서 잃는 것은 최소한 국민 수십만의 표일 것이다.

정당이 정권을 잡는 것은 대통령선거 기간 동안의 선거운동에만 달려 있는 것이 아니다. 60% 이상의 국민이 선거 기간이 시작되기 이전에 이미 누구에게 투표할 것인지를 결정해 놓고 있다. 선거운동에 영향을 받아 누구를 찍을 것인가를 결정할 유권자는 40% 이하의 부동층에 불과하다. 아무리 선거운동을 기막히게 한들 부동층의 표를 100% 자기편으로 끌어들일 수는 없으며 50%만 자기편으로 만들어도 큰 성공이다.

그렇다면 정당이 각종 선거에서도 승리하고 정권까지 잡게 되는 것은 무엇으로 결정되는지가 명확해진다. 그것이 평상시에 어떻게 하는가에 달려 있다는 것이다. 야당이 앞으로 5년 동안 매일매일 수권 야당의 능력과 신뢰를 보여 주지 못하고 구시대 야당의 전유물이었던 반대와 거부만을 되풀이하거나 국민이 혐오하는 금전 살포와 흑색선전으로 당 대표직을 차지하겠다는 식의 행태를 청산하지 않는다면 다음 선거의 결과도 이미 결정된 것이나 마찬가지다.

야당도 변해야 한다. 그러나 야당의 변화가 여당이 변하는 수준 이상의 것이 되지 못한다면 정권교체는 불가능하다. 국민은 앞으로 5년 동안 그때그때 야당이 하는 것을 눈여겨볼 것이다. 야당이 앞으로 정권교체를 이뤄낼 수 있을 것인가 여부는 선거 기간이 아닌 평상시의 정치행태로 결정된다는 것을 알아야 한다. 우리 야당도 민주정치 시대를 이끌 수 있는 정당으로 변해야 한다.

09

'문민정부'와 '군사정권'의 차이

〈한국경제신문〉 - 목요시론 - 1993년 7월 22일

지난 30년 동안 군사정권의 통치 아래서 살아오는 동안 국민은 군사정권의 통치 행태에 너무 익숙해져 왔다. 처음에는 거부감도 있었고 눈에도 거슬렸던 군대식 통치와 사회 전반에 스며든 군사문화가 날이 갈수록 익숙해졌고 이제는 아예 무감각해져 버렸다.

어느 날 청와대 앞길을 막아 버리고 통행을 못하게 하면 대통령이 사는 곳 근처에는 국민이 얼씬거릴 수 없다는 것을 당연하게 받아들였다. 인왕산 등산로에 철책을 쳐 놓고 군사보호지역이란 팻말을 꽂으면 괜히 가까이 가는 것조차 겁이 났다. 어느 날 국회의사당 뒤편 윤중로에 경찰이 바리케이드를 쳐도 국민의 대표인 국회의원이 다니는 길이니 일반인은 지나다닐 수 없다는 것을 당연하게 생각했다.

청와대 앞길이나 국회의사당 뒷길로 다닐수 없으면 멀고 복잡하기

는 해도 다른 길로 다니면 그만이었고, 인왕산이 안 된다면 도봉산이나 관악산으로 등산을 가면 그뿐이었다. 그런데 총무처에서 국가고시 문제를 출제하러 오라고 했을 때는 다른 곳으로 가면 안 되고 꼭 정부종합청사로 가야 했다. 그때마다 입구를 막고 서 있는 전경에게 일단 제지당한 뒤 주민등록증을 제시하고 허가가 나야만 들어갈 수 있었다. 정부종합청사에 들어갈 때마다 국민이면 누구나 다 가지고 있는 주민등록증의 소지 여부를 확인받는 것이 왜 필요한지조차 알 수 없었다. 그래서 그때마다 '국민을 위해 일한다는 정부청사에도 못 들어가게 문을 닫아 놓고 허가를 받은 후에야 들어가라는 나라가 어디 있나'라는 불만이 일었다.

국가안보를 위해 군 현대화와 전력 증강 계획인 율곡사업이 필요하다면 당연히 그런 것이라고 생각해서 기꺼이 방위성금을 냈다. 국가예산의 4분의 1 이상을 국방비로 지출해도 아무런 의심도 품지 않았다. 북한이 금강산 댐을 쌓아 수공 작전으로 서울을 마비시켜서 적화하려고 하니 평화의 댐을 쌓아서 막아야 한다고 하면 으레 그래야 한다고 여겼다. 그래서 아버지는 월급에서, 어머니는 반상회에서, 아들은 고등학교에서, 딸은 중학교에서 '평화의 댐을 위한 성금'이라는 명목으로 3중 4중으로 돈을 압류해 가는데도 당연한 것으로 받아들였다. 그러면서도 이 정권이 군사정권이기 때문에 이런 짓을 한다고 의심하는 국민조차 별로 없었다. 국민은 군사정권의 최면에 걸려서 모든 정권이 이렇게 하는 것이려니 생각했고, 군사정권이 아닌 나라에서는 어떻게 하고 있을까 하는 의문조차 품지 않았다.

이제 문민정부라는 새로운 세상에서 5개월을 살아 보면서 국민은 군사정권이 아닌 세상이 어떤 것인가를 실감하게 됐다. 청와대 앞길을 마음 놓고 거닐어도, 인왕산을 마음대로 오르내려도, 국회의사당 뒷길을 자유롭게 활보해도, 정부종합청사 출입에 전경의 허가를 받지 않아도 세상은 아무 일없이 잘 굴러가고 있다. 대통령, 국회의원, 정부관리, 경찰, 군 등이 합심해서 국민을 제지하고, 통제하고, 접근하지 못 하게 하고, 알지 못 하게 하려 했던 이유가 무엇이었는지를 이제야 알 것 같다. 국민을 격리시켜서 아무것도 모르게 해 놓아야 뒷방에서 율곡사업이란 이름 아래 국방장관과 참모총장들이 수억 원씩의 뇌물을 챙길 수 있었던 것이다. 그뿐인가? 군 장성 진급에서까지 억대의 뇌물을 받고 있었으며, 검찰은 자기들이 척결해야 할 대상인 지하조직의 대부로부터 뇌물을 받아가며 공생하고 있었다.

일부나마 밝혀지고 있는 군사정권에서의 엄청난 비리들이 그동안 가능했던 것은 이런 비리를 밝히고, 응징하고, 척결할 수 있는 제도와 기구가 있었음에도 불구하고 그 운용을 금지해 왔기 때문이다. 집권세력은 야당을 왜소화했고, 반대로 여당은 무소속의원을 끌어들여 비대화했다. 또 수적 우세를 이용해 비리에 대한 국정조사를 봉쇄했다. 검찰은 정권의 수족이 되었고, 사법부는 독립성을 스스로 지키지 못했다. 이런 것들이 모두 군사정권 아래서 부정과 불법, 비리를 만연시킨 것이라고 볼 수 있다.

만일 문민정부에서도 똑같은 비리가 저질러지고 그 비리를 은폐하기 위한 방편으로 무소속의원들을 끌어들여 여당의 수적 우세를 확보한 뒤에 이를 통해 야당의 국정조사 요구를 묵살하려고 한다면, 문민정부 역시 군사정권과 아무런 차이가 없어지는 것이다. 문민정부의 실체는 대통령이 민간인인가 아닌가에 달려 있는 것이 아니다. 정권이 민주주의의 원칙에 근거해 정치를 해 나가는지, 또 민주정치의 운용을 보장하는 제도와 기구들이 제 기능을 수행하느냐 못 하느냐의 여부에 따라 규정되는 것이다.

문민정부가 과거 군사정권이 저질렀던 비리를 되풀이하지 않기 위해서는 모든 것을 국민 앞에 떳떳하게 공개해야 한다. 부정이나 불법, 비리가 있다면 그것은 제도와 기구를 통해 밝히고 응징해야 한다. 작은 예를 들어, 부정이나 불법 또는 비리를 밝히기 위한 국정조사의 필요성이 있다면 그것은 야당이 아닌 여당이 앞장서서 추진해야 한다. 이렇게 하는 것이 문민정부가 군사정권과 다르다는 것을 국민에게 실증하는 계기가 될 것이다.

10

'물정부'와 '문민정부'의 차이?

<제주신문> - 제주논단 - 1994년 10월 13일

지금 이런 이야기를 하면 다 지난 옛날이야기를 왜 다시 꺼내느냐고 의아해할지 모르겠지만 노태우정부와 김영삼정부의 초창기 상황을 비교해 보는 것이 지금의 정치현실을 분석하는 데 도움이 될 것 같다.

첫째, 노태우 대통령은 12·12군부내반란과 5·17군부쿠데타의 주역 중 한 명이라는 과거의 멍에에다가 대통령선거에서도 36.6%의 지지밖에 얻지 못해서 대통령의 정통성에 대한 도전이 만만찮은 상태에서 취임했다. 반대로 김영삼 대통령은 권위주의정권 아래서 민주화 투쟁을 이끌어온 민주투사라는 카리스마에다가 대통령선거에서도 42%의 지지를 확보해 정통성에 대한 시비보다는 민주정치를 회복할 문민대통령이라는 국민의 기대 속에 취임했다.

둘째, 노태우 대통령은 취임 이후 2년 동안을 우리 정치사에 전례가 없는 여소야대의 정국 속에서 보내야 했고 그에 따라 정부가 무엇 하나 제대로 추진해 나갈 수 없는 상태로 지내야 했다. 이에 비해 김 영삼정부는 해바라기 성향 무소속의원들의 민주자유당 입당에 힘입 어 국회에서 과반수를 획득했고, 김대중 씨의 정계 은퇴로 무기력해 진 야당은 정부·여당의 발목을 잡기에는 너무나 왜소한 상태였다.

셋째, 노태우정부는 집권 후 2년 동안을 5공비리, 광주사태 등으로 계속된 청문회에 시달리느라 악몽 속에 보내야 했고 노 대통령 자신 으로서는 5공화국 시기를 동락하던 동료들과 후배들을 감옥이나 산 속으로 귀양 보내야 하는 배신의 나날을 보내야 했다. 이에 비해 김 영삼정부는 국민의 환호와 박수 속에 첫 6개월을 보내면서 김 대통령 자신으로서는 6공화국의 황태자를 자처하며 자신에게 수모를 안겨 주었거나 권위주의 정권에 부화뇌동하던 전천후 여당 정치인들의 일 부를 여론 재판을 통해 제거할 수 있었다. 또 수십 명에 이르는 장성 들의 옷을 벗겨 군부가 정치에 개입할 소지를 뿌리 뽑음에 따라 누구 의 견제도 받지 않으면서 정국을 이끌어갈 수 있는 여건을 마련했다.

넷째, 노태우정부는 1987년 6월민주화운동 이후 폭발한 노동자 파 업 속에서 1년 이상을 시달려야 했다. 1987년 1년 동안에만 3천7백 여 건이 발생한 노사분규와 파업사태 속에 기업인들은 투자나 생산 을 포기하고 해외로 빼돌릴 보따리를 싸거나 벌어 놓은 돈이나 마음 대로 쓰면서 살자는 과소비 풍조가 일반화되기도 했다. 그러나 김영 삼정부 집권 1년 반 동안 노사관계는 평온을 유지했고, 한두 개의 재 벌기업에서 발생했던 분규도 국민의 곱지 않은 눈총과 공권력의 초장 제압으로 진즉에 마무리되었다.

다섯째, 노태우정부의 전반기는 6월민주화운동에 고무되어 더욱 과격해진 학생데모를 진압하는 데 정부의 인적·물적 자원을 소모해야 했고, 운동권은 통일 문제를 쟁점으로 내걸어 일반 학생들의 지지를 동원하는 데 성공했다. '판문점으로 가자'며 몰려든 수만 명의 학생들로 가득 메워진 1988년 8월 통일로는 1960년의 민주당정권 이후 30년 만에 처음으로 보는 광경이었다. 노태우정부는 또한 공산주의 국가나 공산주의 정권들에서 신봉되던 온갖 종류의 좌익사상을 앞세운 학생 운동권의 체제에 대한 도전에 대응해야 하는 어려움에 직면해야 했다. 그러나 김영삼정부 집권 기간은 소련을 위시한 공산권 국가들의 몰락으로 운동권세력이 좌절과 혼란과 무기력에 빠져 대학가에서 그 흔하던 데모조차 찾아보기 어려운 시기였다. 더욱이 북한의 핵무기 개발은 우리 사회 보수 세력의 입지를 강화시키는 데 크게 기여했고 학생운동 세력은 통일이라는 단어도 제대로 꺼내지 못하고 위축되어 있던 시기다.

노태우정부와 김영삼정부의 초기 1년 반을 위와 같이 비교해 봤을 때, 노태우정부는 모든 여건이 극도로 어려운 상황이어서 정권이 추구하고자 했던 것을 어느 하나도 제대로 실현하기가 어려웠다. 이에 비해 김영삼정부는 모든 여건이 좋았고 대통령이나 정권이 계획한 정책이나 과업들을 별 어려움 없이 추진해 나갈 수 있는 최적의 상황이었다.

노태우정부가 집권 전반기를 허송세월했던 가장 큰 원인은 위와 같은 최악의 정치·사회적 여건 때문이었다. 또 집권 후반기를 또 한 번 허송세월한 것은 3당합당 이후 계속된 3개 정파들 사이의 권력투쟁과 '물정부'라는 비난까지 듣던 노 대통령의 개인적 특징인 3무(무능, 무책임, 무소신)가 복합적으로 작용한 때문이었다.

그렇다면 정통성도 확보되어 있고 정부비판의 주요세력인 야당과 노조, 학생들이 무력화되었으며 군부의 영향도 일소된 여건 아래 1년 반을 보낸 김영삼정부의 오늘이 노태우정부의 초기 1년 반과 유사하게 보이는 이유는 무엇인가? 집권 초기 쾌도난마의 사정 작업으로 국민을 열광시켰던 6개월 동안의 '개혁'극이 막을 내린 이후로는 '물정부' 시기인지 '문민정부'시기인지조차 구별하기 어려울 정도로 모든 것이 옛날과 다름없이 돌아가고 있다. 그 원인은 무엇인가? 집권세력의 능력 부족 때문인가? 집권당의 무기력 때문인가? 개혁세력의 현실 안주와 '얻은 권력 즐기기'의 타성 때문인가? 공무원들의 복지부동 때문인가? 아니면 집권세력이 불평하는 '뒤따라올 줄 모르는 국민' 때문인가?

집권한 지 1년 반도 안 된 시기에 너무 많은 국민이 문민정부라는 것이 실체는 없고 공허한 구호에 불과한 것이었다고 생각하게 된 것은, 집권세력이 위기에 접어들었다는 것을 의미한다. 지금은 '나는 잘하고 있는데 국민이 따라오지 않고 있다'고 불평만 하고 있을 한가한 시기가 아니다. 국민이 이 정부는 물정부와는 다른 진정한 문민정부라는 믿음을 갖고 따라오도록 다시 한 번 진정한 개혁을 시작하는 것이 김영삼정부의 당면과제이다.

11

정당부터 개혁하라

〈세계일보〉- 세계시론 - 1995년 3월 22일

기초자치단체장 선거에서 정당 공천의 배제 여부를 둘러싸고 여당인 민주자유당과 야당인 민주당이 벌인 추태는 그렇지 않아도 정치를 경원시하던 국민의 정치인에 대한 인식을 더욱 악화시켰다. 다수의 힘으로 밀어붙이겠다는 태도를 보인 여당이나 국회의장 공관을 점거하고 국회의장을 억류했던 야당의 행태는 과거 권위주의정권 시대에 흔히 보아 왔던 추태들이다. 그때는 권위주의 정권이었으니까 여당 속성상 당연히 그랬을 것이고 또 야당은 권위주의 정권의 억압 아래서 다른 여지가 없었기 때문에 극한투쟁을 할 수 밖에 없었을 것이라는 동정이라도 받을 수 있었다.

그런데 문민정부라고 자랑하는 여당이 자신들이 그토록 매도하던 권위주의 정부의 특기인 날치기나 밀어붙이기의 악습을 재현하려는 이유는 무엇인가? 또 야당은 충분히 민주적 방법으로 의정활동을 할수 있는 세상이 되었는데도 왜 구태의연한 점거와 농성과 극한투쟁을 계속하고 있는가?

그 원인은 다수의 국회의원이 민주정치를 할 수 있는 자질을 갖추지 못한 데서 찾을 수도 있지만 그보다 본질적인 원인은 우리 정치의 기본 틀이 민주정치를 할 수 없도록 짜여 있기 때문이다. 우리 정치에서는 정당 내부에서부터 민주주의가 실행되지 못하도록 되어 있다. 여당에는 당내 민주화가 존재하지 않는데 이것은 여당의 속성이라기보다는 모든 권한이 정당의 최고책임자에게 집중되어 있고 특히 국회의원 공천권을 정당의 최고지도자가 독점하고 있기 때문이다. 이런 상황에서는 정당의 최고지도자가 지시한 사항에 일사불란하게 복종하지 않으면 다음 선거에서 공천에 탈락해 정치생명이 끝나게 된다. 국회의원이 자율성을 가지고 옳고 그름을 스스로 판단하지 않고 단순히 위로부터의 지시에 일사불란하게 복종하는 풍토는 여당의 날치기와 밀어붙이기를 가능하게 만드는 핵심요인이다.

야당은 당내 문제에 있어서 때때로 민주적인 성향을 보이지만, 정당지도층이 지시하는 여당과 관련된 사항에 대해서만큼은 마찬가지로 일사불란하다는 특징을 보인다. 야당 소속 국회의원 역시 중요 정치문제에서 지도자의 의사를 거슬렀다가는 정치생명이 위태로워진다. 즉 한국정치의 기본 구도는 여당, 야당 구별 없이 국회의원이 정당의 지시에 일사불란하게 복종하는 구도이기 때문에 여당의 날치기와 밀어붙이기, 그리고 야당의 극한투쟁과 점거농성은 시대가 변해도 사라지지 않고 계속되는 것이다.

그러나 당내 민주화의 부재는 권위주의 체제의 특징이지 민주주의 체제의 특징이 아니다. 따라서 민주주의 체제에서는 이름에 걸맞도록 당내 민주화가 실현되어야 한다. 당내 민주화라는 과제는 지도자가 보장해 주기를 바라고 있을 성질의 것이 아니다. 원래 권력의 속성이란 것이 그것을 이용해 자신의 힘을 더욱 강화하려는 것이지 이것을 분산시켜 자신을 약화시키려는 것이 아니기 때문이다.

따라서 당내 민주화의 실현은 우리 정치의 기본구조를 변화시켜서 정당의 지도자가 권위주의적으로 당을 운영하려고 해도 그것이 불가능하도록 만들어져 있어야만 가능한 것이다. 이것은 정당 체제를 지금과 같이 중앙당에 권력이 집중되어 있고 지구당에는 아무런 권한이 없어서 무조건 지시에 복종하게만 되어 있는 구조를 개혁할 때 비로소 가능한 것이다.

개혁의 방향은 선거 시에는 자기 정당의 후보자를 당선시키기 위해 중앙당이 중심 역할을 하지만 선거가 끝나면 거의 모든 기능을 중지하는 형태로 바꾸어야 한다. 그 대신 선거가 없는 기간에는 각 지구당이 정당의 중심 역할을 하는 것이다. 이를 실현하기 위해서는 우선 각종 선거에 출마할 국회의원이나 다른 공직 후보자의 공천권의 중앙당 독점을 폐지하고 지구당에서 공직 후보자를 결정하도록 바꾸어야 한다.

이런 공천 방식은 미국, 영국, 캐나다 등의 많은 선진국들에서 실시하고 있는 것이다. 후보자의 선출 방법은 지구당의 대의원이 선출권을 갖는 방법, 개인 당원이 직접 참여해서 공직 후보자를 선출하는 방법,

지구당의 소수 간부들이 결정한 후 중앙당의 승인을 얻는 방법 등 여러 가지가 있다.

우리의 경우에는 풀뿌리 민주정치의 활성화, 국민의 정당 가입 촉진, 정당원의 당비에 바탕을 두는 정치자금의 운용, 자원봉사자 활동을 통한 선거 풍토의 개선 등의 면에서 볼 때, 일부의 지구당 간부나 대의원이 결정하는 것보다는 전체 개인 당원들이 참가해 공직 후보자를 투표로 결정하는 예비 선거의 방법이 바람직하다.

이렇게 정당 지도자가 아니라 지구당의 당원들에 의해 국회의원이나 공직 후보자의 공천이 이루어질 때 이들은 정당 지도자의 눈치만 보면서 지시에 따라 일사불란하게 복종하는 틀에서 벗어나게 될 것이다. 또한 국회의원은 자원봉사로 선거운동을 해 준 지구당 당원들이 지지하는 것, 그리고 지역구 유권자가 바라는 것에 따라 정치활동을 하게 될 것이며 그것에서 국회의원의 자율성도 보장되는 것이다.

국회의원 각자가 자율성을 갖게 될 때 정당 지도자의 일방적 지시에 복종하는 것에서 초래되는 날치기와 밀어붙이기 그리고 점거농성과 극한투쟁은 우리 정치에서 사라지게 될 것이다.

12

국회는 없다

<세계일보> - 세계시평 - 1995년 4월 4일

김영삼 대통령이 국회의장에게 "얼굴 들고 나다니지 말라"고 야단을 쳤다는데 국회의장이 그 이후에 얼굴 들고 밖에 나갔는지 안 나갔는지는 잘 모르겠다. 만일 밖에 나가지 않았다면 헌법상 같은 급에 있는 대통령에게 야단을 맞은 게 무안해서라기보다는 국회의장 공관을 일주일 이상 점거하면서 자신을 감금한 야당인 민주당 국회의원들도 포함된 국회의 장이라는 것이 창피해서 안 나갔을 것으로 생각된다.

많은 국민은 사법부의 전관예우나 변호사의 수임료 폭리, 사법시험 제도의 폐해 등에 분통을 터트리며 사법개혁을 실시해야 한다고 주장하고 있는데 정작 국회 법사위원회에 소속된 국회의원들은 상임위원회를 열어놓고는 변호사 입장을 대변하면서 변호사 수를 늘리면 안 된다는 주장을 했다고 한다. 그들 대부분이 변호사로 도대체 국회를 무엇으로 알고 있는지 의심스럽다. 국회가 국민의 의사와 여론을 대변하는 곳이고 국회의원은 그런 역할을 하기 위해 선출된 것이라는 기본 상식도 모른 채, 국민의 의견이 아니라 특정 이익집단의 이익을 대변하기 위해 국회를 이용하고 있다면 이들은 국민의 의사를 대변하는 것이 아니라 국민의 이익을 무시하고 있는 것이다.

선진국 국회는 휴가 기간을 빼고는 연중무휴라 할 정도로 거의 매일 국회를 열고 있는데 우리 국회는 마지못해서 정기국회 100일의 회기만 간신히 채울 뿐 그 외에는 임시국회를 여는 경우도 별로 없다, 어쩌다 임시국회를 열어도 쓸데없는 싸움을 하느라 회기의 대부분을 공전시켜 버린다. 이러니 국회에서 법안이 제대로 심의되고 논의될 수가 없다. 매년 정기국회가 끝난 다음 날의 신문보도를 보면 "어제 정기국회 마지막 날 000건의 법률안이 무더기로 통과되었으며 이 법안들을 통과시키느라 의사봉 두드리는 데만 수십 분이 소요되었다."는 기사가 되풀이된다. 이렇게 세 자리 숫자나 되는 많은 수의 법률안을 몇 십분 동안에 무더기로 통과시키는 국회가 우리나라 말고 또 있을지 의심스럽다. 다듬이 방망이질 하듯 의사봉을 두드리는 소리를 듣고 있는 국회의원들은 과연 자신이 무슨 법안을 통과시키고 있는지 알고나 앉아 있는지 궁금하다.

만일 어떤 기업이 200여 건의 결정을 한자리에서 토론도 없이 무더기로 통과시키는 식으로 기업을 운영하고 있다면 그 기업은 며칠도 못 가서 파산하고 말 것이다. 그런데도 우리 국회는 파산은커녕 몇 년을 이런 식으로 되풀이하고 있어도 끄떡없으니 이 또한 불가사의 중의 하나가 아닐 수 없다. 이렇게 무더기로 통과되는 법률안의 대부분은 행정부에서 만들어 주는 것인데 국회가 수정도 하지 않고 그대로 통과만 시키고 있으니 가히 통법부(通法部)라는 표현이 이토록 어울릴 수가 없다.

세금도둑에 관한 언론보도는 언제 끝날지도 모르게 이어지고 있고, 행주대교는 내려앉고 성수대교는 끊어지고 지하철은 균열되는 등 정부가 발주한 수많은 공사들 중에 부실이 아닌 것이 있을까 싶을 정도인데도 국회는 이런 일에는 전혀 관심이 없다는 듯 문을 닫아 놓고 있다. 입법부는 입법부고 행정부는 행정부인데 우리가 왜 그런 일에 신경 써야 하느냐는 태도가 아니고서야 부정과 부패, 비리가 사회 구석구석과 정부 각 부처에 만연해 있는데도 국회가 어떻게 눈감고 귀 막은 채 문을 닫아 놓고 있을 수 있는가? 국회의 가장 중요한 기능 중의 하나가 행정부에 대한 견제라는 것을 알고 있는 국회의원이 과연 몇이나 되는지 의심스럽다.

그러나 우리 국회가 늘 이런 모습으로만 존재했던 것은 아니다. 제헌국회 때에는 국가가 필요로 하는 수많은 법률을 3독회를 거치면서 만들었고, 3대 국회 때는 247일까지 임시국회 회기를 연장시켜 가면서 국회를 상설화했던 때도 있었으며, 대통령에 대한 경고 결의안을 제출했던 때도 있었다. 그러나 유신체재로 들어서면서부터 '행정부의 시녀'로 전락한 국회는 권위주의 시대가 끝나고 민주화와 문민정부 시대가 되었음에도 불구하고 구태를 되풀이하고 있으니 아직 민주화나 문민정치가 이루어지지 않은 곳은 국회뿐이 아닌가 싶다.

이렇게 없는 것처럼 존재하고 있는 국회를 도대체 어떻게 해야 할 것인가? 국회는 민주주의의 핵심기구이기에 아무리 무용지물이라 할지라도 없앨 수는 없다. 국회를 무용지물이 아닌 유용지물로 만들려면 우선 국회가 무엇을 하는 곳인지를 아는 사람들로 국회가 구성되도록 만들어야 한다. 그런데 지금 국회를 채우고 있는 국회의원들은 국회의 본래 기능이 무엇인지를 모르고 있는 듯하다. 다음 선거에서 국회를 위해 유권자가 해야 할 과제는 국가나 국민을 위해서가 아닌, 자기 자신과 자기가 속해 있는 집단의 이익을 위해 국회를 이용하는 사람들이나 국회가 무엇을 하는 곳인지도 모르면서 자리만 차지하고 앉아서 국회를 죽이는 사람들에게는 더 이상 표를 주지 않는 것이다.

13

무소속 후보자의 허구

〈세계일보〉 - 세계시평 - 1995년 4월 18일

최근 일본에서 실시된 지방선거에서 무소속 후보자가 도쿄와 오사카의 지사로 당선된 것이 관심의 대상이 되고 있다. 이런 현상이 두 달 뒤인 6월 27일에 있을 우리의 지방자치선거에서도 나타날 것인가에 정당들이 신경을 쓰고 있고, 일부 지방에서는 여당과 야당의 공천 약속을 마다하고 무소속 출마를 계획하거나 탈당하는 출마 예정자도 있다는 보도이다.

이런 현상이 나타나는 이유는 기존 정당에 대한 국민의 지지가 매우 낮기 때문에 정당의 공천을 받아 봤자 득표에 도움이 되지 않는다는 계산 때문인 듯하다. 또 다른 이유는 영남이나 호남과 같이 특정 정당에 대한 유권자의 선호가 뚜렷한 지역에서는 반대당의 공천을 받는 것보다는 무소속으로 출마하는 것이 득표에 도움이 될 것이라는 계산 때문일 것이다.

이런 계산은 후보자에게는 중요한 고려일지 모르겠으나 유권자에게는 별 의미가 없는 것이다. 선거 결과에서 정당 공천 후보자들이 대거 낙선하고 무소속 후보자들이 많이 당선된다면 그것은 일과성의 흥미거리는 될지언정 그 이상의 의미는 없을 것이다. 왜냐하면 유권자가 관심을 갖는 것은 자치단체의 장이나 의원으로 당선된 사람들의 능력이나 경력이고, 소양과 열성 면에서 직책을 잘 수행할 사람인가의 여부이지 그가 정당의 공천을 받았는가, 아닌가는 관심의 대상이 아니기 때문이다.

지방자치단체장이나 지방의회의원의 경우 다른 조건이 같다면 무소속보다는 정당에 소속되어 있는 것이 업무를 수행하는 데 더 유리하다. 그것은 정당의 지원이 정당 소속 단체장이 업무를 수행하는 데 걸림돌이 되기보다는 도움이 되는 경우가 훨씬 많을 것이기 때문이다.

정당정치를 표방하는 현실에서 정당이 정치나 자치행정의 중추적 역할을 하는 것은 아무런 지원세력이 없는 개인인 무소속이 주도하는 것보다는 훨씬 더 바람직하다. 문제는 기존 정당들이 여당이나 야당을 막론하고 너무나 오랜 동안 제 구실을 하지 못하고 있기 때문에 국민의 신뢰를 상실했다는 데 있다.

일상생활에서 국민이 표출하는 요구를 능동적으로 집약해서 정책으로 전환시켜야 할 정당이 이런 역할은 잊은 채 자신의 정치적 이해관계가 걸린 일에만 신경을 쓰고 있다. 정부의 관료주의와 관료 중심의 편의주의 때문에 국민은 매일매일의 생활에서 어려움을 겪고 있는데도 정당은 이런 문제에는 눈길도 주지 않는다. 이처럼 국민생활에 신경을 쓰지 않는 정당에게 경종을 울리기 위해서는 이번 지방자치선거에서 정당 후보자들을 대거 낙선시키고 무소속 돌풍의 바람을 일으키는 것이 바람직한 일일 수도 있겠다. 그러나 답답한 것은 무소속 후보자가 당선되어도 정당 후보자와 별로 다를 것이 없을 것이라는 점이다

이번 선거에서 무소속 후보자로 출마할 사람의 대부분은 이미 정당에 가입하고 있지만 소속 정당에서 공천을 받지 못해서 탈당 후에 출마하려는 사람이거나 또는 현재는 정당에 가입되어 있지 않더라도 과거에는 정당과 밀접한 연관을 맺었던 사람들이다. 따라서 이런 무소속 후보자는 선거에서 당선만 되면 곧 정당에 다시 입당할 가능성이 높다.

이런 점은 역대 국회의원선거에서 무소속으로 당선된 사람이 얼마 안 있어 정당에 가입했던 선례에서 여실히 증명되고 있다. 한마디로 우리 선거에서 무소속 후보자란, 자기가 속해 있던 정당에서 공천을 받지 못한 사람이 탈당해서 선거에 출마했을 때 그를 지칭하는 용어에 불과하며, 무소속이란 것이 그 후보자의 정치적 성향이나 정책 성향을 나타내는 것은 아니라는 점이다.

이런 점에서 본다면 이번 지방자치선거에서 누구에게 투표할 것인가의 기준이 정당의 공천을 받은 후보자인가 아니면 무소속 후보자인가가 되는 것은 바람직한 현상이 아니다. 투표의 기준은 후보자가

지방자치단체의 장이나 지방의회의 의원이 될 능력과 자격을 갖춘 사람인가가 되어야 한다.

자치단체장선거에는 과거에 자치단체의 장을 역임했거나 다른 공직에 종사했던 사람들이 출마할 것으로 예상된다. 지방의회의원선거에 출마하는 사람들의 대다수도 지난 4년 동안 지방의회의원을 역임한 사람들이다. 유권자가 가장 중요하게 판단해야 할 기준은 출마자들이 지난 몇 년 동안 공직을 담당하면서 이룩했던 업적이다. 학력이나 경력은 화려하지만 실제로 일을 맡겨 보면 아무런 업적도 없이 임기만 채운 사람이 있는가 하면, 지난 선거에서 화려한 공약을 내걸고 당선되었지만 그 공약을 거의 실천하지 못한 채 임기를 끝낸 사람도 있다. 유권자에게 주어진 과제는 지방자치단체장이나 지방의회의원으로서 능력과 업적을 증명해 보인 사람에게만 다시 일할 기회를 주는 것이다. 이런 조건을 충족시키는 후보자라면 그가 정당 공천을 받은 후보자인가 무소속 후보자인가는 중요한 기준이 아니다.

14

지시만 하지 말고 확인 행정을 [5]

〈세계일보〉 - 세계시론 - 1995년 5월 2일

미국의 대통령이 전선의 한 부대를 방문해 병사에게 가장 큰 어려움이 무엇이냐고 묻자, 병사의 대답은 "높은 사람이 부대를 방문할 때마다 며칠씩 그 준비를 해야 하는 것"이었다는 이야기가 있다.

며칠 전 발생한 대구 가스폭발사건에서도 그랬지만 대형사고가 발생할 때마다 총리, 장관, 국회의원, 시장 등등의 높은 사람들이 현장을 방문해 사태 수습과 재발 방지를 지시하는 일을 되풀이해 왔다. 수백 명이 죽고 부상했는데 이런 사람들이 얼굴조차 안 보이면 또 다른 비난이 쏟아지겠지만, 위급한 현장에 줄줄이 나타나서 한마디씩 하는 이들의 행동이 사태수습에 얼마나 도움이 될지 의심스럽다. 그

---

5) 이 칼럼은 "참사(慘事)되풀이 악순환"이란 제목으로 게재되었으나 원래 필자가 보낸 제목이 "지시만 하지 말고 확인 행정을"이어서 원 제목으로 싣는다.

러나 이처럼 높은 사람들이 현장에서 한마디씩 하고 간 이후에도 몇 달이 지나면 같은 유형의 대형사고가 또 발생하는 것을 보면 이런 행동들은 부질없는 체면세우기용이 아닌가 하는 생각이 든다.

사고가 날 때마다 원인 규명과 재발 방지를 위한 묘안이 백출하면서도 사고가 되풀이되는 이유는 무엇인가? 그것은 높은 사람들이 지시만 할 줄 알았지 지시한 사항을 확인할 줄은 모르기 때문이다. 대통령은 총리에게 지시하고, 총리는 장관에게, 장관은 차관에게, 차관은 국장에게, 국장은 과장에게 식으로 일사천리로 지시만 행해진다. 그리고 다음 번 사고가 발생하면 "그토록 안전에 만전을 기하라고 지시했는데 어째 이런 일"이라는 늘 들어 왔던 얘기가 또 나온다. 만일 지시만 하는 것이 아니라 지시가 제대로 이행되고 있는지도 확인했다면 "그토록 안전에 만전을 기하고 있는지를 확인했는데 어째 이런 일"이라는 얘기를 듣지는 않을 것 같다.

현장에까지 가서 침통한 표정으로 지시했던 사항들을 제대로 이행했는지 확인만 했더라도 최소한 같은 유형의 대형사고가 재발하는 일은 없었을 것이다. 그러나 지시만 내리면 자기의 역할은 다한 것으로 착각하거나 또는 확인을 하기보다는 지시를 내리는 데만 익숙해져 있는 권위주의적 속성을 우리 관료들이 버리지 않는 한 대형사고는 계속될 가능성이 크다. 이렇게 지시만으로 끝나는 우리 행정의 잘못된 행태는 관리들의 무책임과 전문성 결여에 근거한다. 가스사고 재발을 막기 위한 방안을 강구하라는 지시만 해 놓은 채 이런 지시가 제대로 수행되고 있는지를 확인하지 않는 무책임에 더해서 가스사고 예방에 대한 전문 지식의 결여도 확인을 소홀히 하게 만드는 원인이다.

대형사고의 재발은 그동안 관료에게 제대로 책임을 묻지 않아 왔던 잘못된 관행에도 원인이 있다. 대형사고가 발생했을 때 의례적으로 책임을 지는 사람은 두 부류이다. 하나는 사고와 관련된 정부부처의 책임자인 장관이나 시장 등이고, 또 하나는 사고 현장에서 잘못을 저지른 말단의 현장 관계자들이다. 그 중간에 있는 각각의 단계마다 사고방지를 지시받고 지시하던 관료들은 사고와는 아무런 관련이 없었던 것처럼 온존하거나 때로는 장관 경질에 따르는 인사이동으로 승진을 하는 경우까지 있다. 대통령이나 총리로부터 사고 재발 방지 방안을 강구하도록 지시받은 장관이 이를 제대로 이행하지 않은 것도 잘못이지만, 장관의 지시를 이행하지 않은 차관, 국장, 과장, 계장 등이 책임을 지지 않는 것도 잘못이다.

우리 사회에는 대형사고가 발생했을 때 장관이나 시장 등만 물러나면(이번 대구사고에서는 어차피 시장 임기가 두 달밖에 남지 않아 경질조차 언급되지 않고 있지만) 언론도 조용해지고 국민들도 더 이상의 책임을 추궁하지 않는 잘못된 관행이 계속되어 왔다. 그러나 민심 수습이라는 정치적 명분에만 신경을 쓰면서 사고 발생 가능성을 방치했던 사람들에 대한 책임 소재를 제대로 밝히지 않는 잘못된 풍토는 관료들의 무책임 성향만 지속되게 만들었다. 또 그 결과로 계속해서 대형사고가 발생하게 되는 것이다.

계속되고 있는 대형사고의 재발을 방지하기 위해서는 사고 때마다 지시만 하고 끝내는 관행에서 벗어나 지시가 제대로 이행되고 있는지를 확인하는 방향으로 행정 풍토를 바꾸어야 한다. 대통령을 비롯해서 모든 계층의 공무원들은 지시만 하면 밑에서는 아무 차질 없이 모든 것을 잘 해나갈 것이라는 잘못된 생각에서 벗어나야 한다. 우리 관료사회가 위의 지시사항을 일사불란하게 수행하는 조직이라면 애초에 복지부동(伏地不動)이라는 단어는 존재하지도 않았을 것이다.

국민은 높은 사람들이 잠바 차림으로 침통한 표정을 지으며 사고 현장에 나타나는 모습을 더 이상 보고 싶지 않다. 그보다는 양복 입고 집무실에 앉아서라도 자기가 지시한 사항들이 제대로 이행되고 있는지를 확인하길 바란다. 또 사고 재발 방지를 위한 지시를 무시하면서 복지부동하고 있는 관료에게는 책임을 물어 징계함으로써 더 이상 대형사고가 일어나지 않도록 해 줄 것을 원한다. 우리 관료사회에서 복지부동을 일소하고 책임행정을 확립해 더 이상의 대형사고 발생을 없애기 위해서는 지시 위주의 행정으로부터 확인 위주의 행정으로 전환해야 한다.

15

재벌과 정치의 새로운 관계

〈제주신문〉 - 제주논단 - 1995년 5월 11일

　14대 대통령선거에 출마했던 정주영 현대그룹 명예회장이 낙선한 후 현대그룹은 지금까지도 정부로부터 보복적 성격의 규제를 받고 있다고 한다. 연초에는 선경그룹의 최종현 회장이 정부정책에 거슬리는 발언을 한 후 세무조사를 받았다는 보도가 있었고, 이달 초에는 쌍용그룹의 김석원 회장이 민주자유당의 지구당 조직책에 임명되면서 정경유착 논쟁이 제기된 바 있다. 며칠 전에는 삼성그룹의 이건희 회장이 '기업은 2류, 행정은 3류, 정치는 4류'라는 북경 발언으로 관심의 초점이 된 바 있다. 이런 일련의 사태들은 바야흐로 재벌과 정치 사이의 관계가 과거와는 다른 다원화된 양상으로 발전되어 나가는 것을 나타내는 것 같다.

　역대 정권에서도 재벌과 정치 사이에는 여러 형태의 관계가 있었다. 그러나 그 대부분이 재벌은 정치권에 정치자금을 대고 정치권은 이에 대한 대가로 차관, 금융, 세제 등에서 특혜를 주는 정경유착의 관계였다. 그러면서도 재벌이 권력자의 기분이라도 상하게 만들면 5공화국 때의 국제그룹처럼 괘씸죄에 걸려 재벌이 하루아침에 해체되어 버리기도 했다. 이런 상태에서 정주영 씨가 대통령에 출마해 선거운동 기간 동안 좌충우돌 식으로 정치권을 비판한 것은 경제계 입장에서는 40년 묵은 체증이 해소되는 듯이 시원했을 것이고, 정치권의 입장에서는 처음 당하는 재벌의 도전에 당황스러워 하면서도 보복을 준비하고 있었을 것이다.

현 정권에서 정부와 재벌의 관계는 지난 14대 대통령선거 때 시작된 양측의 관계가 변형된 형태로 지속되는 것 같다. 재벌들은 정부의 경제 정책에 대해 조심스럽게나마 불만을 표시하는 수준으로 목소리를 내기 시작했고, 반면에 정부는 아직도 이런 시도를 괘씸죄 차원에서 다스리려는 수준에 머물러 있다. 고삐 꾀인 소처럼 정부에 대해 아무 소리도 못 하던 재벌들이 잘못된 경제정책이나 3류 수준의 관료행정이나 4류 수준의 정치에 대해 불만을 표출하는 변화는 우리 사회가 다원사회로 전환해 나가는 징후로 보아 긍정적으로 평가할 수 있다.

최근에 표출된 재벌과 정부 관계를 비교해 보면, 재벌 총수가 집권당의 지구당 위원장이 되는 것을 금지할 수 없는 것과 마찬가지로 재벌총수가 정부의 경제정책이나 정치에서의 잘못을 비판하는 것도 금지할 사항이 아니다. 사회 각계각층의 사람들이 정부가 잘못하는 것을 비판할 때마다 청와대 비서실 고위관계자들이 불쾌한 심기를 갖는 것이 아니라면 재벌총수가 정부에 대한 불만을 이야기했다고 해서 특별히 심기가 불편해야 할 이유도 없을 것이다. 반도체공장 하나 허가받는 데 1천 개의 도장을 받아야 하는 현실이 아니더라도 국민은 우리의 관료 행정이 3류이고 정치 수준이 4류라는 것쯤은 익히 잘 알고 있다. 혹시 관료들과 정치하는 사람들만 그 점을 모르고 있는 것은 아닌지 걱정된다.

국민들은 문민정부에서만큼은 재벌과 정부 사이에 새로운 관계가 정립되어 정경유착의 지속이 아닌 독립적 관계가 형성되기를 바란다. 국민이 권위주의 정권을 반대하고 비판했던 이유들 중의 하나는 정부와 재벌 사이의 정경유착 때문이었다. 정부가 재벌들에게 여러 면에서 특혜를 주어 재벌을 무소불위의 공룡으로 키우던 관행은 없어져야 하며, 재벌도 정부가 잘못하는 것에 대해서조차 시정하라는 말조차 못 했던 상황도 없어져야 한다.

재벌의 총수가 정치에 참여하는 것은 개인의 자유겠지만 이를 이용해서 정부로부터 자동차공장 건설 허가라는 특혜를 얻어내는 일은 없어야 할 것이며, 다음 국회의원선거에서 자기 소유의 재벌그룹이 가지고 있는 물적 · 인적 자원을 불법으로 동원해서 선거에 이용하는 일도 없어야 한다. 이런 것이 없이 경영전문인으로 정당의 정책 활동에 기여할 수만 있다면 재벌의 정치참여가 결코 나쁠 것도 없다. 또 청와대 비서실 고위 관계자들은 재벌총수의 정부비판을 심기 불편이나 괘씸죄의 차원으로 대응할 것이 아니라 3류 행정과 4류 정치를 2류 기업의 수준으로 끌어올리는 데 더 많은 신경을 쓰는 것이 자신들의 임무임을 인식해야 할 것이다.

16

이명박신드롬

〈세계일보〉 - 세계시평 - 1995년 5월 16일

올해 6월 27일에 실시될 지방자치선거가 과거의 선거들과 크게 다른 점은 다수의 후보자가 경선을 통해 결정되고 있다는 점이다. 이것은 우리 정치가 선진정치를 향해 변화하고 있는 모습이기에 높이 평가할 만한 현상이다. 그러나 민주자유당에서는 정당의 책임을 맡고 있는 사람들이 아직도 권위주의 시절의 의식 상태를 벗어나지 못하고 온갖 수단을 동원해 경선을 회피해 왔다.

그럼에도 불구하고 서울시장 후보자와 경기도지사 후보자 결정에서는 구(舊) 정치인(권위주의 정권에서 하던 수법을 그대로 추종해 경선을 방해한 정당지도자들은 도태되어야 할 구정치인의 전형일 수밖에 없다)들의 아집마저 밑으로부터의 당내 민주화 요구에 굴복할 수밖에 없었다. 민주당에서는 후보자의 대부분이 경선을 통해 선출됨으로써 민주 정당의 모습을 보여 주었으나 일부 경선에서는 구시대 정치의 유물인 돈 봉투 사건이 재연되어 옥에 티가 되었다.

그러나 이번 후보자 경선이, 민주정치에서 공직 후보자의 경선이 갖는 중요한 의미나 민주화의 진전과 정치발전에 기여한다는 의미보다는 흥미 위주의 정치인들 간의 힘겨루기로 보도되거나 인식된 것은 무척 유감이다. 언론은 경선의 초점을 두 김심(金心: 金泳三心과 金大中心)과의 관련에 맞추었고, 민주자유당이나 민주당의 경선 결과를 김심(金心)의 승리나 패배로 해석하는 데 머물렀다. 민주당의 전남도지사 후보자 경선을 김대중심(金大中心)의 패배로 해석하거나 민주자유당의 서울시장 후보자 경선을 김영삼심(金泳三心)의 승리로 해석하는 언론의 보도나 정당의 인식은 저차원의 수준을 벗어나지 못한 것이다. 앞으로의 선거에서도 언론이나 정당이 경선의 의미를 이런 식으로만 해석하려 한다면 모처럼 민주화와 민주정치의 방향으로 전환되고 있는 우리 정치에 찬물을 끼얹는 것밖에 되지 않을 것이다.

우리 정치의 선진화와 관련해 이번 경선에서 높이 평가할 점은 이명박(李明博) 후보 경선자의 행태이다. 그 이유는 다음과 같다. 민주자유당은 공직 선거 후보자를 경선을 통해 결정한다는 규정을 지난 전당대회에서 채택한 바 있다. 그럼에도 불구하고 정당 책임자들은 선거가 다가오면서 별별 이유를 앞세워 경선을 거부해 왔다. 심지어는 현직 당 책임자들 사이에서 경선제 도입이 잘못되었다며 전직 정당 책임자를 비난하는 망언까지 나왔다.

이런 권위주의 시대의 의식을 벗어나지 못한 정당 책임자들에게 경선을 허가해 달라고 주장하던 몇몇 경선 희망자들은 탈당을 한 뒤에 다른 정당에서 후보자 자격을 획득했다. 이들이 민주자유당 책임자들에게 경선을 요구하면서 도전을 한 것까지는 좋았으나, 중도에 당을 나와 다른 정당으로 당적을 바꾼 것은 구시대 정치의 틀에서 벗어나지 못한 행태였다.

또 민주자유당의 경기도지사 후보자 경선에서는 사전에 민주적 경선의 결과에 승복하기로 합의까지 했던 후보경선자가 경선에서 패배하자 중도에 퇴장해 버리고는 승자에 대한 협조를 거부했다. 이것은 불리하면 약속을 저버리는 구시대 정치인의 행태를 재현한 것이었다.

그러나 서울시장 후보자 경선에서 보인 이명박 후보경선자의 태도는 지금까지 보아온 우리 정치인의 잘못된 행태를 탈피하는 새로운 모습이었다. 잘 알려진 바와 같이 민주자유당의 서울시장 후보자는 내면적으로는 이미 다른 사람으로 결정된 상태였다. 김영삼 대통령까지도 민주자유당 소속 국회의원들을 만난 자리에서 특정인이 민주자유당의 서울시장 후보자로 바람직하다는 의견을 공개적으로 표명했고, 민주자유당 책임자들은 이명박 후보경선자의 후보 경선 주장을 철회시키기 위해 압력과 설득을 계속했다.

과거 권위주의정권에서는 대통령이 공개적으로 의사를 밝힌 상태에서 그것에 거스르는 자기주장을 계속했던 여당 국회의원은 별로 없었다. 이런 면에서 이명박 후보경선자는 윗사람의 눈치를 보는 것이 체질화된 구정치인들과는 다른, 새로운 여당의원의 행태를 보여 주었으며 이런 정치인 상(象)은 국민이 고대하던 것이었다. 또한 이명박 후보경선자는 경선에서 패배하자 상대 후보자의 승리를 축하했고 선거에서의 협력을 다짐하기까지 했다. 이런 장면은 지난 대통령선거에서 김대중 후보자가 패배를 수용하면서 김영삼 후보자의 당선을 축하하던 모습 이후 오랜만에 본 것으로 우리 정치인들이 배워야 할 바람직한 모습을 보여 준 것이다.

국민은 이명박 후보경선자가 중도에 굽히지 않고 끝까지 경선을 요구해 성사시킨 것이 자기 개인의 이해가 걸린 것이어서 그렇게 한 것은 아니었기를 바란다. 그것보다는 자신의 요구가 정당한 것이고 민주자유당의 당내 민주화를 위해 꼭 필요한 것이며, 또 우리 정치에서 민주정치의 정착을 위해 필요한 것이었기에 소신을 굽히지 않았을 것이라고 믿고 싶다. 국민은 이명박 씨가 앞으로의 정치생활에서도 정당한 것이고 민주정치를 위한 것이라면 누구의 압력에도 굴하지 않고 소신껏 행동하는 정치인이 되기를 기대한다.

정치신인일 때는 소신 있는 행동으로 국민의 기대를 모았다가도 얼마 안 가서 현실정치에 야합했던 정치인들을 우리는 수없이 보아 왔다. 이명박 씨는 이런 구정치인의 행태와는 달리 민주정치 시대가 요구하는 새로운 정치인 상의 모범을 보여 주기 바란다. 또한 앞으로는 더 많은 정치인들이 이명박신드롬을 재현해서 이들이 우리 정치를 이끄는 새로운 주도세력이 되어 주길 기대한다.

17

중간평가적 선거

〈세계일보〉 - 세계시평 - 1995년 5월 31일

6월 27일에 실시될 지방자치선거는 지난 대통령선거 이후에 진행된 모든 정치에 대해 중간평가를 할 수 있는 선거이다. 각 정당은 이번 선거가 중간평가다 아니다 하면서 자기편에 유리한 쪽으로 주장을 펴고 있으나 어떤 선거를 막론하고 모든 선거는 기존 정치에 대한 평가의 의미를 갖는다.

그동안 우리 정치에서 국민이 직접 선거에 참여할 기회가 많지 않았다. 14번의 대통령선거 중에서 국민이 직접 선거를 한 것은 7번뿐이었고, 지방자치선거도 50년 역사에서 이번이 고작 5번째일 뿐이다. 그 외에 선거라고도 할 수 없는 통일주체국민회의선거나 대통령선거인단선거를 제외하면 주기적으로 선거할 기회를 가졌던 것은 국회의원선거뿐이었다.

1960년대 이래 대부분 선거는 같은 해에 대통령선거와 국회의원 선거가 동시에 치러졌기 때문에 개별 선거가 중간평가의 성격을 띨 수 없었다. 그러나 이번 지방자치선거는 현 정권의 임기가 중간이 지난 시기에 실시되기 때문에 자연히 중간평가의 성격을 띠게 되었다. 잘 알려진 바와 같이 미국에서는 하원의원의 임기가 2년이고 상원의원의 3분의 1은 2년마다 새롭게 선출하기 때문에 대통령 임기 4년의 중간에 실시하는 상원의원과 하원의원선거는 항상 중간평가의 성격을 띠고 있다.

이번 선거의 중간평가 성격은 정부·여당에게만 적용되는 것은 아니다. 국민은 우선 정권을 담당한 여당에 대해 평가하겠지만 그동안의 야당 활동에 대해서도 평가할 것이다. 특히 이번 지방자치선거에는 무소속으로 출마하는 인물의 수가 많기 때문에 기존 정당에 대한 평가가 부정적이라면 유권자는 무소속 후보자를 선택할 수 있다.

일부에서는 지방자치선거는 정치를 담당할 인물을 뽑는 것이 아니라 주민과 밀접히 연관된 생활 정치를 담당할 인물을 뽑는 것이기 때문에 그동안 정권이나 정당이 해 온 활동과 연결시켜서는 안 된다는 주장도 하고 있다. 그러나 이런 주장은 논리가 맞지 않는 것이다. 이런 주장대로라면 정당은 지방자치선거에 후보자를 내지 말아야 했을 것이다. 정당은 선거구마다 후보자를 공천하고 이들을 당선시키기 위해 총력을 집중하고 있는데, 유권자에게는 정당이나 정권이 해 온 것에 대해서는 신경 쓰지 말고 후보자만 보고 투표하라는 것은 말이 안 되는 주장이다.

지난 2년 동안 국민이 바라는 정치를 해 온 정당이라면 자기 정당이 내세우는 후보자는 국민이 바라는 정치를 해나갈 사람일 것이며, 2년 동안 국민이 기대하는 바와는 전혀 관계없는 정치를 해온 정당이라면 그 정당이 내세우는 사람도 기대할 것이 없는 후보자일 것이다.

현재 우리 정치에서는, 정당에 소속한 정치인은 자주적 판단에 따라 독자적 행동을 하는 것이 아니라 정당이 정한 바에 따라 꼭두각시 같은 역할을 하고 있다. 따라서 우리 정치에서는 개인적으로 인물의 출중함이나 능력의 탁월성 여부는 큰 의미가 없었다. 이런 행태는 정당에 소속된 정치인들이 지난 50년 동안 보여 온 것이기 때문에 정당 소속의 시장이나 도지사, 구청장도 예외일 수 없다.

지방자치단체의 장은 국회의원과는 다르고 이들은 선거에 의해 뽑히는 정치인이 아니라 행정가라는 주장도 일리가 없지는 않으나 이런 논리라면 대통령도 행정가라는 이야기가 될 것이다. 지금까지는 이런 직책들이 임명직이었기 때문에 행정가가 임명되었지만 선출직인 지방자치단체장은 행정가보다는 정치가의 성격이 강해질 것이다.

실제로 시장이나 도지사에 출마하는 인물들의 대다수는 정치인이며 이들은 4년 후에는 다시 그 정당에서 공천을 받으려는 인물이기 때문에 당선되더라도 정당의 눈치를 보지 않을 수 없다. 또한 정당은 자기가 공천하고 총력을 집중시켜서 당선시킨 시장이나 도지사가 자기 정당에게 도움이 되지 않는 사업이나 행정을 하는 것을 보고만 있지도 않을 것이다. 이렇게 이야기하면 애초에 지방자치단체장선거에는 정당 공천 제도를 없앴어야 한다는 주장으로 잘못 이해될 수 있으나 그렇지는 않다. 서울이나 부산 또는 각 도의 행정이나 정치가 정당과 밀접한 연관이 있고, 정당의 지원이 없이 한 명의 개인 단체장 힘만으로는 제대로 실행될 수 없기 때문이다.

정권이든 정당이든 개인 정치인이든 이들이 정치나 행정을 잘 할 수 있을 것인가 아닌가의 판단은 지금까지 그들이 잘했나 못했나에 의거할 수밖에 없다. 과거의 선거에서는 오랜 동안의 권위주의정치 때문에 정권이나 정당의 업적에는 별 신경을 쓰지 않고 민주 대 반민주의 구도에 의거해서 투표가 이루어져 왔다. 그러나 민주정치 시대의 선거 결과는 지금까지의 업적에 의거해서 결정되어야 한다. 이런 의미에서 6월 27일의 지방자치선거는 당연히 중간평가의 성격을 갖게 될 것이다.

18

'공천장사' 법으로 금지해야

〈세계일보〉 - 시론 - 1995년 6월 16일

지난해 선거 개혁에 관한 세미나에 참석했던 영국의 보수당과 노동당의 정당 간부로부터 들은 이야기가 지금도 기억에 생생하다. 영국의 중앙당 간부가 선거 때 가장 신경 쓰는 것은 자기 정당 소속 후보자들의 당선보다는 그들이 불법이나 부정 선거운동을 하지 못하게하는 것으로, 불법선거 방지를 위해 지구당에 계속 경고를 보내고 감시하는 것이 그들의 중요한 역할이라고 한다. 왜 영국의 선거가 세계 각국에서 모범 사례가 되고 있는가를 알 수 있는 대목이다.

김영삼 대통령이 앞장서서 작년 국회에서 통과시킨 공직선거 및 선거부정방지법은 현 정권이 추진해 온 여러 개혁 중에서 매우 중요한 정치개혁 조치였다. 김 대통령은 정치개혁은 선거 개혁부터 시작되어야 하며 돈 안 들고 깨끗한 선거를 정착시키기 위해 이 법을 엄정하게 적용하겠다는 의지를 여러 차례 표명한 바 있다. 김 대통령의 이런 의지 표명이 과거에 집권자들이 되풀이하던 것처럼 의례적인 위협에 그칠 것인지, 아니면 새로운 한국정치의 기반을 다질 계기가 될 것인지 여부는 이번 지방자치선거를 통해 증명될 것이다.

선거운동 기간이 시작되기 이틀 전에 정치자금법 위반 등으로 구속된 민주당의 김인곤(金仁坤) 의원은 10여 명의 지방선거 출마 예정자들로부터 4억 여 원을 받은 혐의를 받고 있다. 혐의의 사실 여부는 사법부에서 최종 판결이 나겠지만, 정치자금법상 개인 후원회원의 연간 기부금 한도액이 1천만 원인데 그 한도를 훨씬 넘은 후원금을 낸 후원자가 2명 이상 있고 또 이들이 그 대가로 군수 후보자 공천을 받았거나 다른 혜택을 보았다니 법을 위반했을 가능성이 높다.

이 외에도 민주당은 경기도지사 후보자 경선 대회장에서 대의원들에게 돈 봉투를 돌린 것이 발각되어 당내 파동을 겪은 바 있다. 이런 사건들은 현 정치인들이 과연 공직선거 및 선거부정방지법이나 정치자금법을 준수하면서 선거를 치르려는 의지가 있는지를 의심하게 만든다.

역대 선거에서 야당이 전국구 국회의원 신청자로부터 헌금 명목의 돈을 받고 공천해 온 것은 공개된 사실이다. 14대 국회의원선거 때에는 야당에 공식적으로 납부한 돈의 액수가 1인당 20억 원 내지 30억 원이었으며, 그 외에 공천을 중개해 준 중간지도자에게 상납한 금액도 이에 상당한 것으로 알려졌다. 과거 권위주의정권 시대에는 야당의 정치자금줄을 모두 막아 놓아 선거자금을 마련할 다른 방법이 없었기 때문에 특별당비라는 명목의 공천 헌금을 묵인할 수밖에 없었다고 이해할 수 있다.

그러나 그동안 여러 차례에 걸쳐 정치자금법이 개정되었기에 이제는 야당이 공천을 미끼로 돈을 받는 식의 공천 장사를 하지 않아도 선거나 정치를 제대로 할 수 있는 여건이 마련되어 있다. 국민이 낸 세금에서 지급되는 국고보조금만 하더라도 1년에 유권자 1인당 8백 원에 상당하는 자금을 정당에게 지급하고 있으며, 올해처럼 선거가 있는 해에는 선거 때마다 유권자 1인당 6백 원에 해당되는 국고보조금을 추가로 지급하고 있다. 여기에 국회의원과 지구당위원장은 후원회를 구성해 연간 1억5천만 원까지 모금할 수 있으며 또 야당이 줄기차게 요구해 온 무기명 쿠폰제도 채택되었다. 이제 야당이 주장하던 거의 모든 정치자금 모금 방법이 법제화되었기 때문에 정당과 정치인은 합법적 방법만으로도 정상적인 정치활동을 할 수 있는 수준의 정치자금을 모금할 수 있게 된 것이다.

그럼에도 불구하고 일부 정치인들이 아직까지도 구태의연한 공천 장사 등의 방법으로 불법 정치자금을 마련하고 이것을 자신의 치부(致富)를 위한 수단으로 이용하고 있다면, 이런 불법 행위를 발본색원해서 엄정한 법적 조치를 취해야 한다. 만일 이런 불법이 묵인되어 지나간다면 현 정권이 내세우는 정치개혁은 허구에 불과한 것이다.

작년 공직선거 및 선거부정방지법 협상 과정에서 과거에 특별 당비 명목으로 관례화되어 온 야당의 전국구 국회의원직 판매가 명확하게 불법으로 명시되지 않아 이 같은 사건이 계속 발생하고 있다.

선거를 앞두고 반복되는 공천 장사라는 비리는 내년에 실시할 15대 국회의원선거에서도 재연될 가능성이 많다. 이런 불법을 근절하기 위해서는 공직선거 및 선거부정방지법을 개정해 정당이 특별 당비 명목으로 공천 장사 하는 것을 법으로 금지해야 한다.

국민 10%의 지지밖에 받지 못하고 있는 정당이 국민 세금으로 수백억 원의 국고보조금을 받으면서도, 계속 공천 장사로 정치비리를 재생산한다면 한국정치에서 부정부패는 과거 권위주의정권 때보다 더욱 확대될 위험이 있다. 특히 야당은 당내에서 이런 구태가 발생하지 않도록 경고하고 감시하는 데 더 신경을 써야 한다.

19

6 · 27선거 후보자 선택 기준

〈한국경제신문〉 – 한경시론 – 1995년 6월 27일

6월 27일에 실시될 전국동시지방선거는 대통령선거나 국회의원선거에 비해 덜 중요한 것으로 인식될 수 있으나 다음의 몇 가지 면에서 우리 정치의 분수령이 될 중요한 선거이다.

한국정치의 분수령

첫째, 유권자는 이번 선거를 시작으로 매년 한 번씩 선거를 경험하게 된다. 내년에는 국회의원선거, 내후년에는 대통령선거, 그리고 그 다음 해에는 다시 지방자치선거가 실시된다. 이번 선거만 떼어 놓고 보면 중요성이 간과될 수도 있으나, 20세기의 마지막 시기에 연속해

서 치러지는 4번의 선거들은 21세기의 우리 정치를 결정짓는 역할을 하게 될 것이다. 또한 내년부터 치러질 3번의 선거들은 여러 면에서 이번 선거 결과에 영향을 받을 것이라는 점을 고려하면 이번 지방자치선거가 갖는 의미는 매우 크다고 하겠다.

둘째, 이번 지방자치선거는 김영삼정부가 개혁의 핵심으로 삼고 있는 공직선거 및 선거부정방지법이 처음으로 적용되는 선거이다. 과거의 선거들을 특징지어 왔던 불법·타락·금권선거를 일신하고 공정하고 깨끗한 선거가 된다면 이번 선거는 21세기에 정착시켜야 할 선거의 모형이 될 것이다. 과연 공명하고 깨끗한 선거가 이루어질 수 있을 것인가의 여부는 일차적으로 2만 명 이상이나 되는 후보자들에게 달려 있다. 그러나 궁극적으로는 정부가 새 선거법을 엄정하게 집행해 선거 과정에서 나타나는 불법과 탈법 행위를 적법하게 처리할 것인가와 사법부가 선거사범들에 대해 선거 무효와 당선 무효 등의 엄한 조치를 취할 것인가에 달려 있다. 만일 이번 선거에서도 공정하고 깨끗한 선거의 선례를 만들지 못한다면 현 정권이 추구해 온 정치개혁은 수포로 돌아가게 될 것이다.

셋째, 이번 지방자치선거는 주민의 일상생활과 밀접히 연관되어 있는 자치단체장을 뽑는다는 점에서 중요성이 크다. 지금까지 실시되어온 대부분의 선거가 대통령선거나 국회의원선거였기 때문에 정치나 행정에 관한 국민의 관심은 전국 차원을 중심으로 이루어져 왔다. 그러나 기초 및 광역단체장선거와 지방의회선거는 우리의 생활환경과 관련된 문제들을 책임질 사람들을 뽑는 선거이다. 여기에 출마하는 사람들이 어떤 사람들이고 또 이들이 당선되면 어떤 정책을 추진할 것인가는 새롭게 출발하는 지역정치와 지역행정을 특징짓게 된다는 점에서 중요하다.

생활환경을 좌우

그러나 대다수 언론이나 유권자의 관심은 15개 시장 및 도지사선거에 집중되고 있으며 기초단체장선거나 광역 및 기초의회선거는 관심의 대상에서 벗어나 있다. 광역단체장선거의 결과가 앞으로의 정치구도에 큰 영향을 미치게 되는 것이 사실이지만, 기초단체장선거와 지방의회선거 또한 지역정치와 지역행정의 양상을 결정지을 것이기 때문에 이에 대해서도 많은 관심을 가지고 적극적으로 투표에 참여할 것이 요구된다.

이번 선거가 중요 선거가 될 것인가 아닌가의 핵심 관건은 유권자의 후보자 선택에 달려 있다. 유권자가 후보자를 선택하는 데 고려해야 할 첫 번째 요소는 후보자가 전문성을 겸비한 인물인가이다. 당선된 후보자가 자치행정이나 자치의정을 효율적으로 수행해 나갈 수 있는 전문 능력을 가지고 있을 때 지방자치제의 성공을 기대할 수 있다. 후보자의 전문 능력은 과거에 유사한 직책을 역임했을 경우 재직 중에 보여 준 업무 수행 능력으로 평가할 수 있다. 또 지금까지의 후보자 경력이 행정적 경험과 소양을 쌓아 온 사람인지 아니면 정치권

주변을 맴돌면서 무위도식해 온 전문 정치꾼인지를 제대로 파악해야 한다. 이런 기준은 기초 및 광역단체장선거에서만이 아니라 기초 및 광역의회선거의 후보자들에게도 똑같이 적용될 수 있을 것이다.

전문성을 고려해야

유권자가 후보자 선택에서 기준으로 삼아야 할 두 번째 요소는 후보자의 소속 정당이다. 모든 선거는 지금까지 추진해 온 정치에 대한 평가의 성격을 갖는다. 이번 지방자치선거도 지난 2년 반 동안 집권해 온 현 정권에 대한 중간 평가적 판단이 후보자 선택에서 중요하게 고려되어야 한다. 야당에 대해서는 같은 기간 동안의 정당 활동을 평가해 과연 집권여당의 대안세력이 될 수 있는가를 판단해야 한다. 기초단체장이나 기초의회의원 후보자의 경우에는 후보자 한 명 한 명을 제대로 파악하는 것이 어려우면 그들을 공천한 소속 정당에 대한 평가를 바탕으로 후보자 선택을 하는 것도 바람직할 것이다.

선거일까지 남은 선거운동 기간에 결정한 선택이 앞으로 3년 동안의 지방행정과 지방정치를 규정짓게 된다는 점을 감안하면, 이번 선거에서 후보자 선택을 소홀히 할 수 없다. 유권자는 이번 선거가 앞으로 계속될 4차례 선거의 시작이며 선거 결과는 21세기 우리 정치의 성격을 규정지을 기반이 될 것이라는 시대적 인식을 가지고 선거에 임할 것이 요구된다.

20

김영삼정부 후반기 과제

〈제주신문〉 - 제주논단 - 1995년 9월 14일

김영삼정부가 후반기로 들어섰다. 30년 만에 성립된 문민정부가 다음 대통령선거에서 승리해 정권을 재창출할 수 있을까 여부는 앞으로 2년 반이 남은 정권 후반기를 어떻게 보내는가에 달려 있다.

지난 6·27 지방자치선거에서 참패했던 민주자유당과 김영삼정부는 민심의 이반을 확인했다면서 민심 회복을 위한 몇 가지 조치를 취하고 있다. 민주자유당의 대표를 비롯한 당 간부를 새로 구성하고 일부 각료를 바꾸었으며 국민화합이라는 명분 아래 근래 몇 년 동안 부정·부패나 비리 등과 관련해 형을 받거나 법적 제재를 받았던 정치인, 경제인, 전직 고위관료에 대해 사면조치를 취했다.

그러나 집권 후반을 시작하면서 김영삼정부가 취하고 있는 일련의 조치들은 국민의 뜻을 제대로 파악하지 못한 상황에서 이루어지고 있다. 김영삼정부가 정권에 대한 중간평가였던 6 · 27 지방자치선거에서 패배한 원인에는 여러 가지가 있겠으나 정치권에서는 개혁의 실패를 가장 중요한 원인으로 꼽고 있다. 그러나 개혁의 실패에 대해서도 정치권과 국민의 생각에 큰 차이가 있어 보인다. 정치권은 개혁으로 피해를 보는 국민들이 개혁을 반대해서 개혁이 실패한 것으로 분석하고 있지만 국민은 개혁을 시작만 하고 제대로 추진하지 않아 개혁이 실종된 것이 개혁의 실패라고 보고 있다. 이런 인식을 국민이 하게 된 데에는 몇 가지 이유가 있다.

첫째는 김영삼정부가 시작한 중요한 개혁의 다수가 장기적 차원에서 효과를 볼 수 있는 것이라는 점이다. 국민이 금융실명제나 정치개혁의 효과를 제대로 평가하기 위해서는 적어도 몇 년이라는 기간이 필요하다. 교육개혁이나 사법개혁, 토지실명제 등은 김영삼정부의 중요한 업적이 되겠지만 아직 시작도 하지 못하고 있다.

두 번째는 공직자윤리법 등에서 보는 바와 같이 이미 시작한 개혁들이 제대로 실천되지 못하고 있기 때문이다. 재산 증식에서 큰 문제가 있는 국회의원들이 여러 명 있었으나 이들에게 아무런 법적 조치가 취해지지 않았다. 이에 따라 공직자윤리법과 같이 부정부패를 척결하기 위한 조치는 과거에 김 대통령과 정적 관계에 있었던 일부 정치인을 제재하기 위한 수단이었다는 인식을 갖게 만들었다. 또한 12 · 12 군부내반란이나 5 · 18 군부쿠데타에 대해 정치적으로 해결하려 했고 주동자들에 대한 법적 조치를 취하지 않아서 개혁의 실체를 믿지 못하게 만들었다.

또한 김영삼정부가 큰 업적으로 내세웠던 개혁의 상당수는 일부 구정권 관련 세력이나 기득권세력의 반대에 직면해 타협과 퇴보를 거듭함에 따라 개혁은 일관성과 지속성이 없는 것으로 인식되었다. 이런 개혁의 실패는 집권 전반기에 추진되었던 개혁이 김 대통령 개인 중심으로만 이루어져 개혁 추진세력을 제대로 구성하지 못한 데에도 원인이 있다.

김영삼정부를 뒷받침하는 민주자유당이 개혁의 중심세력이 되어야 함에도 불구하고 아직까지 3당합당의 후유증을 극복하지 못해서 통일민주당 계파와 민주정의당 계파가 서로 지속적으로 반목하고 있으며, 그 결과 민주자유당은 개혁 주도의 중심권에 진입조차 하지 못했다. 한때는 통일민주당 계파가 당 사무총장 권한을 이용해 개혁을 시도했으나 이들의 능력 부족과 교만함 등으로 오히려 정국을 교착상태에 빠뜨렸고 그동안 지지해 온 국민의 집권당에 대한 지지철회를 초래했다.

또한 정치의 중심인 국회를 계속 닫아 놓으면서 정작 회기 중에는 여당과 야당의 대립으로 국회를 공전시킴으로써 국회에 대한 불신을 가중시켰다. 이런 정치현실은 민주정치를 앞세우고 문민정부를 표방하는 정권이기에 과거 정권과는 다를 것이라는 기대를 가졌던 국민을 실망시켰으며, 현 정권이 과거의 권위주의정권과 별 차이가 없다는 인식을 갖게 만들었다.

6·27 지방자치선거에서 민주자유당이 패배한 이유는 이런 여러 요인들 외에도 국민의 정치문화를 지배하고 있는 지역주의, 여당 후

보자 선정에서의 실수, 개혁선거법 적용에 따른 여당의 조직과 자금 면에서의 프리미엄 상실 등이 복합적으로 작용한 결과이다. 이런 선거 결과를 반영해 김영삼정부가 취한 조치라는 것이 구정권세력을 주도세력으로 다시 전면에 내세우고 부정부패와 비리의 원흉으로 국민의 지탄을 받았던 세력을 사면한 것인데, 만약 김영삼정부가 그들의 지지에 힘입어 내년 국회의원선거에 대비하겠다는 뜻이라면 아직도 국민이 원하는 바가 무엇인지를 제대로 파악하지 못한 것이다.

지난 선거에서 국민이 집권당에 등을 돌린 것은 개혁을 제대로 추진하지 않은 정부에 대한 실망과 불만의 표시였다. 개혁을 제대로 추진하던 시기에 국민의 지지가 90%에 달했던 것이 바로 그것을 반증해 주는 것이다.

만일 김영삼정부가 과거 권위주의정치를 주도했던 세력과 타협하거나 이들을 지지 기반으로 끌어들여 정권을 연장할 생각을 한다면 문민정부로서의 존재 의의를 상실하게 될 것이다. 김영삼정부 후반기의 과제는 과거와의 타협이나 과거의 승계가 아니라 민주적인 미래를 창조하는 것이다. 이런 과제는 임기 전반기에 시작만 해 놓고 집행하지 못한 개혁을 제대로 실천해 나갈 때에만 이루어질 수 있다. 김영삼정부는 역사가 요구하고 있는 것이 무엇인지를 제대로 파악해야 한다.

21

정치제도 개혁의 계기

〈동아일보〉 - 동아시론 - 1995년 11월 2일

노태우 전 대통령의 비자금 파동은 우리 정치사상 최대의 부정축재 스캔들로 진행되고 있다. 그의 부정축재 규모가 검찰에 의해 제대로 밝혀질 것인지는 아직 알 수 없으나 지금까지 밝혀진 내용만으로도 그는 당연히 구속되어 응분의 사법 조치를 받아야 한다.

지금 국민의 관심사는 노 씨 개인의 부정축재 규모와 그에 대한 법적 처리 여부에 집중되어 있지만, 이런 사건의 재발을 방지하고 우리 정치의 부정한 풍토를 개선하기 위해서는 사건의 원인이 어디에 있는지 생각해 보고 재발 방지를 위한 제도 개혁을 강구할 필요가 있다. 노 씨의 부정축재는 그의 금권욕이 근본 원인이겠지만 무려 5천여 억 원이라는 막대한 비자금을 불법적으로 조성할 수 있었던 것은 모든 권력이 대통령 한 사람에게 집중되어 있는 대통령제였기 때문에 가능했다. 또한 5천여억 원이라는 막대한 비자금의 조성이 필요했던 것은 그만큼의 정치자금을 필요로 하는 현재의 정치풍토 때문이다.

현 정치에서 정치자금의 주된 사용처는 선거자금과 정당 운영자금이다. 정치자금의 대종을 이루는 선거자금은 14대 대통령선거 때 1조 원 이상이 사용된 것으로 보도되고 있고, 14대 국회의원선거 때는 한 선거구당 40억 원 정도로만 계산하더라도 1조 원에 가까운 자금이 소요됐다. 정당 운영자금 또한 여당과 야당의 차이가 있겠으나 모두 합하면 연간 수천억 원이 소요된다.

제도적 면에서 볼 때, 대통령제에서는 대통령의 권력 독점이라는 속성 때문에 누가 대통령이 되느냐에 따라 노 씨의 부정축재와 같은 비리가 재발할 가능성이 농후하다. 새로운 통합 선거법은 선거자금의 엄격한 규제와 벌칙 조항을 규정하고 있다. 그러나 지방자치선거나 국회의원선거와 달리 대통령선거에서 선거법에 규정된 선거자금 한도를 초과했을 때 법원이 과연 대통령 당선자의 당선 무효를 선고할 수 있을지도 의문이다. 대통령제가 내포하고 있는 이런 문제들을 감안할 때 권력의 분산을 보장하고 정치적 부정부패의 원인이 되고 있는 대통령제의 폐지와 내각제의 채택 여부를 논의할 필요가 있다.

정당제도 또한 정당지도자가 전권을 장악하는 중앙집권적 구조로부터 지구당에 모든 권한을 분산하는 지방분권적 구조로 개편하는 변화가 필요하다. 대통령이나 정당지도자 또는 중간지도자가 각급 선거의 후보자를 지명 공천하면서 그 대가로 선거자금을 받고 비자금을 조성하는 현재의 풍토에서는 거액의 불법적 정치자금 모금과 사용의 관행이 계속될 것이다.

이런 폐해를 근절하기 위해서는 중앙당 중심의 정당 구조를 지구당 중심으로 전환시켜 중앙당은 선거 시에 정책 개발과 선거전략 개발에 집중해서 지구당의 후보자를 지원하는 데 그치고, 선거가 없는 시기에는 정당 활동이 지구당 차원에서 운영되도록 바꾸어야 한다. 이런 정당 구조 개편은 풀뿌리 수준에서 정당 활동을 활성화시키고 당내 민주화를 촉진하는 데 기여하게 될 것이다. 또한 정당지도자나 중간지도자가 불법 조성한 비자금을 미끼로 계보정치와 파벌정치를 지속하는 폐해도 단절시키게 될 것이다.

우리는 제도 개선을 통해 정치권의 부정과 비리를 근절시키면서 민주정치의 활성화와 제도화를 정착시킬 방안을 강구해야 한다.

22

'대선자금'의 해법

<동아일보> - 특별기고 - 1997년 5월 28일

1992년 대통령선거에서 김영삼, 김대중, 정주영 세 후보자는 선거법이 규정하고 있는 선거비용을 몇 배씩 초과하는 선거자금을 사용했으면서도 중앙선거관리위원회에는 선거 비용 한도에 훨씬 미달하는 금액을 사용한 것으로 보고했다. 이 점에서만도 세 후보자는 선거법을 위반한데다 중앙선거관리위원회에 허위 신고를 했다는 이중의 잘못을 저질렀다. 그러나 당시 중앙선거관리위원회나 검찰은 말할 것도 없고 언론이나 시민단체에서도 이런 불법에 대해서는 언급조차 하지 않았다. 심지어 선거에서 패배한 김대중, 정주영 두 후보자조차 대선자금의 과다한 사용에 관해서는 한마디 언급도 없이 정계은퇴를 선언했다. 왜 그랬는가? 당시에는 부정선거나 관권선거가 관심의 초점이었지 후보자나 정당이 선거법을 지키는지 안 지키

는지, 또는 후보자나 정당이 얼마나 많은 선거 비용을 사용했는지는 관심사가 아니었기 때문이다. 또한 후보자나 정당으로서는 자신도 선거법을 위반한 처지에 남의 잘못을 따지고 나설 여건도 아니었기 때문이다.

그러면 4년 반이 지난 이 시점에서 14대 대통령선거의 선거자금이 새삼스레 중요한 정치쟁점으로 부상하는 이유가 무엇인가? 그 이유는 15대 대통령선거가 7개월 앞으로 다가왔기 때문이다. 이 문제에 관심을 갖는 국민과 언론이 원하는 것은 다음 선거에서는 정경유착의 가능성이 있는 엄청난 규모의 선거자금 사용을 차단함으로써 부패정치의 소지를 없앰과 동시에 과다한 대선자금 사용에 따른 여러 경제 왜곡 현상을 되풀이하지 말자는 것이다. 이를 위해 정당은 지난번 대통령선거에서 사용했던 선거자금의 규모를 가능한 한 솔직히 밝히고 사과한 후에 이를 되풀이하지 않기 위한 제도적 장치를 여야 합의로 마련하라는 것이다.

그러나 이 문제를 제기하는 야당인 새정치국민회의의 의도는 딴 데 있어 보인다. 당시의 선거법 위반에 대한 공소시효가 지나 법적인 부담에서 벗어나게 된 야당지도자의 입장에서는 대선자금 문제를 12월 대통령선거 때까지 끌고 감으로써 대통령을 궁지로 몰면서 여당인 신한국당의 차기 대통령 후보자에 대한 흠집 내기를 계속해서 반사이익을 얻으려는 정략인 듯하다. 그러나 이런 당리당략적 의도가 장기화될 경우에는 오히려 야당이 자충수를 두는 결과가 초래될 가능성이 높다. 왜냐하면 야당도 금액의 차이는 있을지언정 선거법이

정한 한도 이상의 선거자금을 사용했기 때문이다. 보다 더 중요한 점은 국민이 바라는 것이 저비용 선거를 통해 정경유착의 고리를 끊고 더 이상은 부패정치가 계속되지 않도록 정치권 전체가 반성하라는 것이지, 똑같은 잘못을 저지른 당사자가 오히려 큰소리를 치는 구태의 재연을 보자는 것이 아니라는 것이다.

따라서 정치권은 대선자금 문제를 정략적 차원에서 이용하면서 성명전만 계속할 것이 아니라, 앞으로는 과다한 선거자금을 사용하지 않고도 선거를 치를 수 있는 제도적 방안을 마련하기 위한 여야공동기구를 만들어야 한다. 여당과 야당이 14대 대통령선거 때 사용했던 선거자금의 불법성에 대한 도덕적·정치적 문제는 15대 대통령선거에서 국민이 투표로 심판하면 될 것이다. 14대 대통령선거 때의 선거자금 문제와 관련해 국민이 원하는 것은, 똑같은 원죄가 있는 신한국당과 새정치국민회의의 무익한 선전공세를 되풀이해서 듣고 싶은 것이 아니라 과거의 불법 행위에 대한 정치권의 반성과 재발 방지를 위한 제도적 장치를 마련하라는 것이다.

23

야당이 되고 싶다?

〈한국일보〉 - 아침을 열며 - 1997년 9월 27일

　대통령선거와 관련해 신한국당 내에서 전개되는 양상을 보면 모든 구성원들이 내년부터는 야당을 되기로 결심하고 그것을 위해 총력을 기울이고 있는 것 같다. 지난 50년의 우리 정치에서 선거를 통한 정권교체가 한 번도 없었기에 이번에 만약 여당과 야당이 바뀌어 정권교체가 이루어진다면 그것은 우리 정치의 민주적 발전과 민주주의의 정착이라는 면에서 기여하는 바가 클 것이다. 그러나 정권교체가 여당 스스로 야당이 되기 위한 일사불란한 노력의 결과로 이루어진다면 제삼자가 보기에도 너무나 기이한 현상이 아닐 수 없다.

　신한국당이 야당이 되겠다는 노력은 몇 가지 점에서 나타난다. 신한국당은 역대 여당이 해 본 바가 없는 대통령 후보자의 자유경선이라는 최대의 장점을 당의 지지세력 확대와 대선 승리의 계기로 삼지

못하고 오히려 당의 분열과 대선 패배의 계기로 만들었다. 이 책임은, 14번의 경선 승복선서를 하고서도 이를 어긴 채 탈당해서 대통령 후보자로 나서겠다는 사람이나 경선 패배 후에도 이를 승복하지 않으면서 야당의 언저리를 기웃거리고 있는 사람들, 자신의 손으로 뽑은 대통령 후보자를 선거운동을 시작조차 해 보지 않은 상태에서 갈아치워야 한다면서 해당행위를 하고 있는 사람들에게 있다.

필자는 지난 30년 동안 정치학을 공부해 왔고 정당정치를 전공의 한 분야로 가르치고 있지만 전당대회에서 뽑은 대통령 후보자를 선거운동이 시작도 되지 않은 상태에서 여론조사에서 인기가 낮다는 이유로 바꾸었다는 예를 다른 나라의 경우에서 들어본 바가 없다. 선거운동을 해 보지도 않고 인기도 때문에 후보자를 바꾸어야 한다면 선거운동기간은 왜 있는지 궁금하다. 또 후보자는 왜 선거일 5개월 전에 뽑았는지도 모르겠다. 선거일 전날까지 기다리다가 제일 인기가 높은 사람을 자기 당의 후보자로 지명하면 그대로 당선될 것을 두고 말이다. 후보자의 인기가 낮다면 그 정당에 소속한 사람들이 일사불란하게 힘을 합쳐 지지도를 높이기 위해 노력해야 하고, 선거에 승리하기 위해 단합을 해야지 어째서 그런 일은 전혀 하지 않는 채 후보자만 바꾸어야 한다는 것인지 이해할 수가 없다. 후보자에 대한 지지도 상승이나 선거에서의 승리는 정당에 소속한 모든 사람들이 승리를 위해 총체적인 노력을 기울일 때에나 가능성이 있는 것이지 정당 소속원들이 당내 파벌을 중심으로 당권 싸움에 매달려 있거나 개인적인 감정 대립이나 하고 있다면 그런 정당의 후보자를 국민이 지지할 리도, 선거 때 표를 줄 이유도 없다.

신한국당 사람들이 이런 식의 당내 대립으로 얼마 되지 않는 선거 준비 기간 중 2개월이나 허송하고서도 아직도 정신을 못 차리고 있는 이유는 다음의 몇 가지로 생각할 수 있다. 우선 역대 여당은 모든 권한을 장악한 당 총재가 후계자의 지명을 포함한 권력 행사를 독점해 왔기 때문에 정당 소속원들이 당내 민주주의를 연습해 볼 기회조차 가져 보지 못했다. 이제 사회의 전 분야가 민주화, 자유화, 다원화되어가는 상황에서 신한국당은 자유경선의 본질이 무엇인지도 모르면서 경선을 실시했다. 그러나 민주주의의 개념조차 제대로 이해하지 못하고 있는 경선 출마자들과 추종세력들은 선서라는 것이 갖는 정치적·윤리적 의미도 모른 채 자신에게 불리하다면 언제든지 파기하겠다는 생각을 가지고 행동했다. 이런 행태는 우리 정치의 민주화를 50년 동안 저해해 온 구시대 정치인들이 되풀이해 온 잘못된 행태를 재현하는 것으로, 민주주의 원리가 자유로운 경쟁과 패배 시 깨끗한 승복과 협조라는 기본 상식도 아직 모르고 있는 것이다.

신한국당 소속의 또 다른 사람들은, 당헌에 의거한 전당대회에서 당원들이 총체적으로 판단해서 내린 결정조차 자신의 개인적 이익이나 소속 파벌의 이익에 불리하면 무시하는 것이 당연하다는 신념을 가질 정도로 민주주의의 기본 소양도 갖추지 못한 사람들이다. 이런 무지한 아집은 당헌을 무시하는 것일 뿐만 아니라 모든 당원들이 내린 결정이라도 자신들의 개인적 이익을 위해서는 마음대로 바꿀 수 있다는 인식을 바탕으로 한 것이다. 그렇다면 이들의 생각은, 신한국당은 이제 민주정당이 아니고 과거와 같이 몇몇 사람이 모든 것을 좌지우지하던 식의 권위주의 정당으로 회귀하겠다는 것인지 의심스럽다.

신한국당 구성원들의 다수가 이 정도로 비민주적 의식을 가진 상태에서 애초에 격에 맞지도 않는 자유경선을 실시한 것이 당을 오늘의 파국상태로 빠트린 것이라 할 수 있다. 신한국당의 자유경선 실패는 앞으로 여러 정당들마저 경선 후유증을 염려해서 자유경선 실시 자체를 꺼려하게 만들 가능성이 높다. 이것은 신한국당의 경선 불복 종자들이 신한국당에 해당행위를 하는 것은 물론이고, 나아가 당내 자유경선을 통한 정당정치의 발전이라는 목표도 불가능하게 만드는 폐해를 남기게 될 것이다. 이번 대통령 후보자 경선 이후에 신한국당이 보여 온 개인 이익과 파벌 중심의 난투전은, 신한국당 구성원들의 상당수가 민주주의의 기본 원칙과 규칙도 모르는 사람들이며, 신한국당은 당내에서조차 민주정치를 할 수 없는 정당이라는 것을 국민에게 적나라하게 보여 주었다. 신한국당의 이런 해괴한 노력은 12월 대통령선거에서 패배해 야당이 되는 데 크게 기여할 것이다. 이런 노력이 야당이 되기 위해 의도적으로 하는 것이 아니라면 신한국당의 모든 구성원들은 지금이라도 대통령선거에서 이기는 길이 무엇인가를 다시 한번 깊이 생각하고, 일사불란한 선거 준비에 나서야 한다. 이번 대통령선거에서 정권교체가 이루어져서 신한국당이 야당이 된다면 그것은 야당이 잘났거나 야당이 노력해서 얻은 결과가 아니라 오로지 여당이 야당이 되기 위해 노력한 결과일 것이라는 점을 신한국당의 모든 구성원들은 깨달아야 할 것이다.

24

내각제의 전제조건

<제주신문> - 제주논단 - 1997년 10월

대통령선거를 두 달 앞두고 새정치국민회의와 자유민주연합의 대통령 후보자 단일화 협상이 막바지에 이른 듯하다. 두 정당의 후보 단일화 협상을 성사시키게 될 핵심 고리는 내각제이다. 자유민주연합의 김종필 총재는 내각제로의 개헌을 계속 주장해 왔고 새정치국민회의의 김대중 총재는 내각제 개헌을 수용함으로써 김종필 총재를 지지하는 표를 흡수해 정권교체를 이루려는 것이다. 현 15대 국회에서 두 정당 의석수를 합해도 3분의 2에 훨씬 미달하기 때문에 두 정당의 합의만으로 내각제 개헌안이 국회에서 통과될 것인지가 의심스럽지만 김대중 후보자의 선거 전략으로는 효용성이 크다고 하겠다.

민주정치를 하는 데 대통령제보다 내각제가 더 도움이 된다는 점은 전 세계 국가들을 대상으로 한 학자들의 연구에서 지적된 바 있다. 그러나 내각제를 하는 것이 민주정치를 보장하는 것은 아니다. 내각제가 안정적으로 운용되고 이를 통해 민주정치가 확립되기 위해서는 두 가지 전제 조건이 충족되어야 한다.

첫째로 내각제는 정당을 기반으로 정치가 이루어지는 정부형태이기 때문에, 정치에 굳건히 뿌리내린 정당들이 존재해야 한다. 정당 내적으로는 결속력이 강하고 규율이 엄격하게 지켜져야 하며 정당의 활동은 국정에 대한 책임을 수반하는 것이어야 한다. 정당들 사이의 관계는 정해진 규칙을 준수하면서 공정한 경쟁을 하는 관계여야 한다. 또한 정당은 일체감과 충성심을 가지고 자기 정당을 위해 헌신하는 당원들을 확보하고 있어야 한다. 그러나 우리나라의 정당은 제대로 된 당원은 없으면서 특정 인물을 중심으로 50년 동안이나 이합집산과 합종연횡을 되풀이하고 있는 사상누각(砂上樓閣)과 같은 존재이다. 과거 여당은 정당 지도자의 명령을 일사불란하게 추종하는 양상이나마 보여 왔으나 최근에는 여당의 내분에서 보는 바와 같이 이런 일사불란한 특성도 사라지고 있다. 우리 정당은 선거법, 정치자금법, 정당법 등이 정해 놓은 규칙을 제대로 준수해 본 적이 없으며 정당들 사이에 공정한 경쟁을 해 본 경험이 없기 때문에 내각제를 제대로 실현할 여건을 전혀 갖추지 못하고 있다.

둘째로 내각제는 국회를 중심으로 정치가 이루어지는 제도이기 때문에 내각제가 제대로 운용되고 성공하기 위해서는 국회의 역할이 중요하다. 그러나 지금까지 우리 국회의 위상은 내각제를 성공적으로 실천할 수 있는 것과는 너무나 거리가 멀었다. 국회는 행정부와의 관계에서 1950년대 중반 이후부터 독립성을 상실했으며 여당의 총재이기도 한 대통령의 통제 아래 놓여 왔다. 국회 내에서 여당은 다수의 힘을 바탕으로 모든 것을 밀어붙였고 야당은 불법적이고 극한적인 투쟁의 장소로 국회를 이용해 왔다. 국회 운영을 상임위원회 중심으로 한다면서도 상임위원회는 개점휴업 상태를 계속해 왔다. 정부를 상대로 한 의원들의 정치연설과 관료들이 준비한 모범답안을 낭독하는 장관의 역할만으로 일관한 대정부 질문은 국회의 행정부 견제에 아무런 기여를 하지 못했다. 수조원에 달하는 국가 예산에 대한 국회의 결산은 행정부의 낭비적이고 방만한 예산 집행을 견제하는데 아무런 역할을 못 해 왔다. 의회정치 50년의 역사에서 국회의원에 의한 기록 투표가 한 건도 행해진 일이 없는 우리 국회의 표결 행태는 세계 의회정치 역사에서 신기록으로 장식될 정도이다. 지난 수십 년 동안 지속되어 온 우리 국회의 이런 면모는 민주주의가 회복된 1987년 이후에도 변함없이 계속되고 있다. 내각제 개헌으로 이런 국회가 정치의 중심에 서게 된다면 우리 정치의 수준은 더욱 저하될 가능성이 크다.

　권위주의정치를 청산하고 민주화를 추진한 지 10년이 넘는 우리 정치가 지금의 수준을 벗어나지 못하고 있는 것은 대통령제를 채택하고 있기 때문만은 아니다. 그 원인은 권위주의정치 30여 년 동안 계속해 오던 틀을 아직도 벗어나지 못하고 있기 때문이다. 권위주의정치의 틀은 제도를 바꾼다고 해서 되는 것이 아니며 정치인들의 권위주의적 속성을 민주적 속성으로 바꾸는 데서 찾아야 한다. 정당을 특정 인물의 정권장악이나 권력 향유를 위한 도구로 놓아 두거나 국회를 대통령이나 행정부의 업무 추진을 위한 들러리 상태로 놓아 둔 채 내각제라는 새로운 제도만 도입하는 것은 앞으로 한국정치의 수준을 더욱 퇴화시킬 뿐이다. 이제 국민은 특정 정치인이나 정치세력이 자신의 권력욕을 충족시키기 위한 수단으로 거론하는 내각제 주장에 부화뇌동하는 어리석은 단계를 벗어나야 한다. 민주주의를 확립하고 민주정치를 공고하게 뿌리내리는 것은 제도가 해 주는 것이 아니며 정치의 주체들인 정치인과 국민이 이루어내는 것이다.

25

DJ와 JP의 실험

〈중앙일보〉 - 시론 - 1997년 10월 30일

곧 타결될 것으로 보도되고 있는 새정치국민회의와 자유민주연합의 DJP연합[6]은 다음의 네 가지 면에서 평가할 수 있다. 첫째는 DJP연합의 성격으로, 정당은 그대로 둔 채 대통령 후보자만을 단일화시키고 집권하게 되었을 때 어떤 식으로 권력을 분배하겠다고 합의한 것은 우리 정치에서는 처음 있는 시도이다. 일부 국민에게는 DJP연합이 1990년의 3당합당을 연상시켜 부정적 인식을 가질 수도 있겠으나 이런 형식의 정당연합은 내각제를 실시하는 다당제국가에서는 일반화되어 있는 현상이다. 1987년의 민주화 이후 상당한 기간이

---

6) DJP연합이란 DJ(김대중)과 JP(김종필)의 연합을 말하는 것으로 14대 대통령선거를 앞두고 김대중 씨가 총재로 있던 새정치민주연합과 김종필 씨가 총재로 있던 자유민주연합 두 정당이 연합을 한 것이다.

다당제 정치구도로 진행되어 왔음을 감안하면 DJP연합은 다당제정치에서 실용화될 수 있는 새로운 정치의 실험이라고 기대를 가져 볼 만도 하다.

둘째로 절차 면에서 보면, 오랜 기간에 걸친 두 정당 사이의 협상의 결과로 DJP연합이 이루어진 점이다. 권위주의정권 아래서 정부·여당의 탄압 때문에 타협 없는 극한적 투쟁이 체질화되어 온 야당정치에서 협상과 타협과 양보를 통해 정당 연합에 합의했다는 것은 우리 정치에서 협상의 선례를 만들었다는 점에서 긍정적으로 평가할 수 있다. 또 한 가지는 절차 면에서 DJP연합의 내용이 사전에 모두 공개된 점이다. 그동안의 정치협상이 막후에서 비밀로 진행되었고 그 과정에서 야합이 이루어져 부작용을 초래했던 것에 비하면 이번 정당 연합은 내용을 밝히고 선거에서 이에 대한 평가를 받겠다는 식으로 공개한 점이 긍정적이다. 특히 여당이 재벌들로 부터 공개적으로 받는 지정기탁금은 비난하면서 뒤에서는 바로 그 재벌들로 부터 비밀로 비자금을 받아오던 야당의 행태를 생각하면 정당 연합 내용의 공개는 야당이 공개적 행태로 변하고 있는 것 같아 다행스럽다.

셋째로 DJP연합의 목적과 내용을 보면, 이 정당 연합의 목적은 대통령선거에서 이기기 위한 것이다. 정당의 입장에서 보면 선거에서 승리하기 위해 다른 정당과 연합을 하는 것은 지극히 당연한 일이며 그것이 불법적인 것이 아닌 한 두 정당 사이의 연합 자체를 비난할 여지가 없다. 그러나 이 정당 연합의 문제는 연합을 성공시킨 핵심 내용인 내각제로의 개헌 합의에 있다. 김대중 총재는 그동안 대통령제를 주장해 왔음에도 불구하고 선거에 승리하기 위한 전략적 수단으로 이를 수용했다. 내각제가 어떤 점에서 필요하고 이 제도가 우리정치의 발전에 적절한 것인지에 대한 인식도 제대로 하지 못하고 있는 지도자나 정당이 선거 전략의 결과인 두 정당의 합의 때문에 내각제를 실시하게 될 경우 그 정치가 제대로 될 리가 없다. 사실상 우리정치의 기반인 정당이나 국회, 정치인들은 내각제를 제대로 실시할준비를 제대로 갖추지 못하고 있다. DJP연합의 결과로 초래될 내각제에서의 정치는 현재의 한심한 정치상황을 개선하는 데 아무런 역할을 하지 못할 것이다.

넷째로 DJP연합이 어떻게 될 것인가라는 결과 면에서 보면, 이것은 실패할 가능성이 매우 높은 실험으로 끝날 것이다. 애초부터 이정당 연합은 우리 정치의 문제를 개선하거나 또는 민주주의를 확고하게 뿌리내리려는 목적에서 행해진 것이 아니고 김대중 총재가 대통령선거에서 이기기 위한 전략에서 비롯된 것이기 때문에 그 목적이 달성되었을 때에는 DJP연합은 의미를 상실하게 될 것이다. 정당연합은 우리 정치에서 처음 시도되는 하나의 실험이기는 하지만 성공보다는 실패의 가능성이 농후한 실험이다. 이 연합의 실패 가능성을 규정짓는 것은 다름 아닌 당사자 정치인들의 속성으로, 우리정치인들은 아직 이질적 정당 사이의 연합을 성공적으로 추진해 나갈 정도의 민주적 소양을 갖추지 못하고 있다. 이점은 3당합당의 실패에서 이미 입증된 바가 있으며 한 정당 안에서도 합의를 이루지 못해 분당을 일삼아 온 야당이나 분당(分黨)사태에 직면하고 있는 작금의 신한국당에서 확인되고 있다. 결국 DJP연합은 김대중 총재가 대통령선거에서 당선에 한 발 다가서는 데는 기여를 하겠지만, 한국정치의 발전이나 민주정치의 확립, 그리고 우리 정치에서 새로운 틀의 정립에는 별다른 기여를 하지 못하는 실험으로 끝나게 될 것이다.

26

대통령은 어디에 있나?

〈동아일보〉 시사주간지 〈뉴스플러스〉 1997년 11월 3일

김영삼 대통령은 지금 어디에서 무엇을 하고 있나? 환율이 폭등하면서 며칠 만에 1달러 당 천 원을 넘어섰고 주가는 500선 이하로 폭락을 하는 경제대란이 일어나고 있는데 대통령은 이런 사실을 알고나 있는가? 알고 있다면 어찌 대통령은 이에 대해 한마디 언급도 없는가? 이런 경제대란이 일시적 현상이고 경제는 곧 괄목할 만한 성장을 해 나갈 것이라는 무지한 환상 때문인가 아니면 대통령의 지도력으로는 이에 대처하고 타개해 나갈 능력이 없다는 자포자기 때문인가? 동남아 국가들에서 환율이 치솟고 증권이 이미 한 달 이상 폭락을 거듭해 왔는데 대통령은 이에 관심을 가지고 총리나 경제부총리를 청와대로 불러 상황 파악과 대처 방안을 강구하라고 엄중한 지시를 한 적이 있는가?

안타깝게도 그동안 대통령은 다른 곳에만 신경을 쓰느라 국가가 직면한 심각한 경제 위기에는 관심이 없었던 것 같다. 전임 대통령들이 이룩해 놓은 눈부신 경제 성장의 정상에서 임기를 시작했던 김 대통령은 정책의 실패와 리더십의 부족으로 30대 기업들의 다수가 사실상 파산을 할 정도의 경제 위기를 만들어 놓았다. 그럼에도 불구하고 대통령은 경제난 극복을 위한 비상대책회의 한 번 제대로 연 일이 없고, 위기극복을 위한 혜안을 얻기 위해 경제계 원로나 재계 대표들과 그 흔한 청와대초청회의 한 번 했다는 보도가 없다.

이 모든 것이 김 대통령이 국가 운영에는 관심이 없고 다음 대통령선거에만 신경을 쓰고 있기 때문은 아닌가? 선거가 얼마 남지 않은 시점에서 대통령이 될지도 안 될지도 모르는 사람들을 줄줄이 청와대로 불러 밀담을 나누는 이유는 도대체 무엇인가? 그것이 경제 위기와 난맥상을 보이는 국가 운영의 개선에 무슨 기여를 하는가? 진정 대통령이 공명선거에 관심이 있다면 대통령선거 기간 중의 불법 행위를 엄격히 다루기만 하면 되는 것이지 이 시점에서 대통령 후보자가 되고자 하는 사람들을 불러 밀담을 나눠 봤자 1992년의 대선자금 때문에 있을지도 모를 임기 후의 사태에 대한 밀약을 나눈 것이라는 의심밖에 받을 것이 없다. 또 신한국당의 대선 후보자에 나섰던 사람들과 그 정당의 사분오열에 앞장서고 있는 사람들을 줄줄이 청와대로 불러 밀담을 나누는 이유는 무엇인가? 이들이 청와대를 다녀온 후에 후보 교체니 탈당이니 분당이니 외치고 있는 것은 국민으로 하여금 대통령이 신한국당의 분열 사태를 막후조정하고 있다는 의심만 갖게 할 뿐이다. 김 대통령의 모든 관심이 대통령선거에서 누구를 떨어뜨리고 누구를 당선시킬 것인가에만 집중되어 그와 관련된 사람들만을 만나느라 경제 위기는 관심의 대상도 되지 않아 수습하기 힘든 구렁으로 빠져들고 있는 것은 아닌가?

단임 대통령제 아래서 정권이 당면할 레임덕 현상에 대한 우려는 오래 전부터 거론되어 왔지만 작금의 경제 위기를 초래한 정부의 정책 실패와 무대책은 제도 때문에 초래된 것이 아니라 대통령의 리더십 부재와 현실에 대한 무관심과 무책임에서 유래하는 것 같다. 경제 상황의 앞날이 하루 앞을 예측하기가 어렵고 시장의 좌판상인조차도 앉으면 경제 걱정을 하고 있는데 어찌 대통령은 대선 출마자들과 여당의 분당 및 신당 창당에만 모든 관심을 쏟고 있는가?

앞으로 네 달밖에 남지 않은 현 정권과 김영삼 대통령에 대한 평가는 그동안의 여론 조사와 학계의 평가에서 이미 부정적으로 나타난 바 있다. 그나마 얼마 남지도 않은 기간마저 또 이렇게 국가 관리에 무대책으로 소일하고 있는 것은 공무원의 복지부동으로 시작했던 현 정권이 대통령의 복지부동으로 끝을 맺고 있는 것 같아 안타깝기 짝이 없다. 집권 기간 동안 경제를 수렁으로 빠트려 놓았을 뿐만 아니라 앞으로 상당기간 동안도 경제 회복을 어렵게 만들어 놓은 최초의 정부가 될 김영삼 대통령과 정부에 대한 평가는, 과거의 권위주의정권이나 군부정권이 받았던 평가보다 더 낮아서 민간 정권이 군부정권보다도 못하다는 왜곡된 주장에 힘을 실어 주게 되지나 않을지 우려된다. 대통령이 자신에 대한 역사적 평가에 관심이 있다면 개인적 신상문제에 집착해 다음 대통령선거에만 신경을 쓸 것이 아니라 위기에 처한 경제에 대처하는 데 보다 많은 신경을 써야 할 것이다. 대통령은 지금 어디서 무엇을 하고 있는가?

27

국민이 봉인가?

〈제주일보〉 - 제주논단 - 1997년 12월 6일

　　대기업들의 잇단 부도, 환율의 급등, 종합주가지수 400선의 붕괴 등이 이어져 오던 우리 경제가 결국 국제통화기금(IMF)으로부터 긴급 구제자금을 받는 비참한 상황을 맞게 되었다. 지난 30여 년 동안 이루어놓은 경제 성장과 경제 기적의 결과가 파산 상태에 빠진 국가 경제라니 어이가 없고 이해가 되질 않는다. 나라꼴을 이 지경으로 만든 것이 누구의 책임인지 제대로 파악도 안 된 상태에서 외화 저축, 해외여행 자제, 과소비 억제, 국산품 애용 등의 구호가 난무하고 국민이 경제 위기 극복에 앞장서야 한다는 분위기가 조성되고 있다. 나라가 어려움에 처했을 때 국민 스스로가 일어나 난국을 극복하자는 분위기는 지극히 고무적인 일이며 이런 국민성 때문에 오늘날 우리가 이 정도 수준까지 올라왔는지도 모른다.

오늘의 경제 파탄은 천민적 자본주의 풍토와 졸부들의 과시욕에 기반을 둔 사치와 낭비에도 책임이 없지는 않으나 보다 근본적인 원인은 무능한 집권자와 무책임한 관료, 그리고 부패한 정치인들의 합작품인 경제 정책과 경제 운용의 실패에 있다. 경제가 심각한 상황으로 악화되어 가고 있었음에도 김영삼 대통령은 다음 번 대통령선거에만 신경 쓰느라 경제에는 관심조차 없었으며 경제 정책 결정자들과 경제 관료들은 대통령의 무관심과 무지를 이용해 어려운 경제 상황을 대통령에게 제대로 보고조차 하지 않은 채 자신들의 자리 유지에만 연연했다.

또 다른 차원에서 보면 정치권의 경제 영역에 대한 개입과 간섭, 그리고 압력을 통한 정경유착이 오늘의 경제 위기를 초래한 것이다. 이미 한보비리사건에서 적나라하게 드러났듯이, 경제 정책 담당자와 경제 부처 공무원들의 무책임한 권한 행사와 정치권의 압력 때문에 수조 원에 달하는 자금이 재벌에게 대출되어 낭비되고 탕진되었는데도 그에 대한 책임은 전혀 밝히지 않은 채 모든 부담을 국민에게 떠맡겼다. 이번의 국가적 경제 파탄 또한 위로는 대통령, 경제부총리, 경제 부처 장관들로부터 아래로는 경제 담당 하급 공무원들에 이르기까지 모두의 책임인데도 불구하고 이들에 대한 책임 추궁은 전혀 없이 국민의 희생과 내핍만이 살길이라는 식으로 몰아가는 것은 전혀 바람직하지 않으며 오히려 또 다른 위기의 재발을 조장할 위험까지 있다.

애국심의 발휘도 좋고 국가를 위한 희생도 좋지만 이제는 그에 앞서 이런 위기를 초래한 장본인이 누구인가 찾아내어 그들에게 응분의 책임을 지우는 것이 먼저 해야 할 일이다. 만일 이런 책임 추궁과 응징이 없이 그냥 넘어간다면 부패한 정치인들이나 무능한 정책 담당자들은 아무런 반성 없이 또 무소불위의 권력을 남용해 일을 저질러 놓고는 다시 뒤처리는 당연히 국민이 떠맡아야 한다고 소리칠 것이다.

민주정치는 정치인이나 공직자가 자신의 행위에 대해 책임을 지는 것을 기본으로 하는 정치제도이며 만일 이것이 안 되면 국민이 나서서 그들의 잘잘못을 따지고 그에 대한 책임을 지우는 제도이다. 정치권이나 고위 공직자 몇 사람이 결정하는 정책 한 가지가 잘못되었을 때 미치는 여파는 수백만 국민이 내핍과 희생으로 이룬 성과를 한 순간에 무위로 만들 정도로 큰 것이다. 이제는 국가가 망쳐 놓은 일을 국민이 희생하면서 뒤처리를 해 주는 차원에서 벗어나, 정치인과 공직자가 올바른 정책을 세우고 이를 제대로 수행하도록 감시하고 이를 제대로 못 하는 공직자에게는 책임을 물어 처벌함으로써 국가 파탄의 가능성을 사전에 예방해야 한다. 이제 국민들은 더 이상 부패한 정치인이나 무능하고 무책임한 관료의 봉이 되어서는 안 된다.

정치권도 개혁하라

〈세계일보〉 - 세계시평 - 1998년 1월 22일

국가적 경제 위기에서 살아남기 위한 뼈를 깎는 노력들이 사회 각 부분에서 진행되고 있지만 오직 정치권만은 이를 외면하고 있다는 비판이 고조되고 있다. 중진국을 거쳐 선진국의 대열에 진입했다던 나라가 경제적으로는 외국의 식민지와 비슷한 신세가 된 것이 대통령의 무능과 경제 관료들의 무책임, 금융권의 무분별한 외환 차입 때문이라는 것도 사실이지만, 보다 본질적으로 따져 들어가면 정치권에 근원적인 책임이 있다.

국가적 위기에 경제계만 질타

미셸 캉드쉬 국제통화기금(IMF) 총재가 외국의 기자회견에서 제대로 지적했듯이 한국 경제위기의 근본 원인은 정경유착 때문이었음에도 정치권은 마치 자신들은 이 국가적 위기와 아무 관련 없는 듯이 경제계만을 질타하고 있다. 오늘의 경제 위기가 제대로 극복되기 위해서는 경제계의 구조 조정도 필요하지만 정치권 또한 경제 파탄을 야기한 근원적 책임을 통감하고 과거 정치의 틀을 탈피하기 위해 스스로 개혁 조치를 추진해야 한다.

정치권의 최우선 과제는 지금까지의 정치에서 관례가 되어 온 정경유착을 근절하는 것이다. 이것은 정치에 소요되는 막대한 정치자금을 줄이기 위한 제도 개혁이 없이는 불가능하다. 이를 위해 정치권이 추진해야 할 첫 번째 제도 개혁은 정당 개혁으로 국회의원선거구에 존재하는 253개의 지구당을 모두 폐지해야 한다. 국회의원이나 지구당 위원장이 지구당을 유지하기 위해 쓰는 정치자금은 한 달 평균 적게는 1천5백만 원에서 평균 2-3천만 원이다. 이런 지구당 관리 비용의 일부는 합법적인 정치자금으로 충당되겠지만, 대부분의 자금은 재벌이나 지구당 내의 중소기업 등 경제계로부터 불법적으로 충당되고 있으며 이에 대한 대가로 특혜를 주었다.

지구당과 중앙당의 조직 조정을

이런 정경유착은 부정부패와 정치권의 비리를 초래했고 경제를 왜곡시키는 원인이 되었다. 그러나 현행 국회의원선거제도인 소선거구제를 유지하는 한에는 지구당을 폐지한다 해도 또 다른 형태의 사조 직이 유지될 것이며 지구당 유지 때와 비슷한 자금을 쓸 것이기 때문에 소선거구제를 폐지하고 대선거구 비례대표제로 바꾸어야 한다. 이 선거제도에서는 현재와 같은 지구당을 유지할 필요가 없으며 국회의원이나 정치인은 지구당을 유지·관리하기 위한 금전적 부담에서 벗어날 수 있고 지역구의 사소한 민원에 매달려 왔던 역할에서 탈피해 본연의 의무인 국가적 정책 문제에 전념할 수 있게 된다. 국회의원의 이런 역할 변화는 지난 50여 년을 계속해 온 우리 정치의 모습을 근원적으로 바꾸는 계기가 될 것이다.

제도 개혁의 두 번째는 거대한 중앙당 조직을 대폭 축소하는 것이다. 선진국 정당들에서는 수백 명의 유급 직원들을 상근으로 중앙당에 고용하는 경우가 없다. 야당 신세로 전락한 한나라당은 8백여 명의 유급 직원을 거느릴 자금을 마련하지 못해서 거대한 중앙당을 축소할 수밖에 없어 자연적인 구조 조정이 이루어질 것이다. 그러나 새정치국민회의는 집권당이 되었으니 유급당료도 늘이고 지구당에 대한 지원도 확대해 과거 신한국당이 하던 양상을 되풀이할 가능성이 높다. 그러나 새정치국민회의도 야당 시절 지속적으로 비난해 왔던 여당의 정경유착을 되풀이하지 않기 위해서는 중앙당 조직을 현재 상태에서 더 이상 확대하지 말아야 한다. 야당 시절에는 비판했지만 이제 여당이 되었으니 우리도 그렇게 해야겠다는 행태를 보인다면 새정치국민회의는 다음 선거에서 다시 야당 신세가 될 것이다.

구시대적 정치행태 버려야

제도개혁 못지않게 정치권이 명심해야 할 것은 정치행태의 개혁이다. 초기에 부정·부패나 비리와 관련된 정치인들을 구속해 높은 지지를 확보했던 김영삼정부가 급전직하로 지지도가 하락하기 시작한 것은 이들 부정·부패 정치인들을 모두 석방하고 복권시켜 정치권을 다시 휘젓고 다니게 만든 직후부터였다. 이때부터 정치개혁의 명분은 실종되어 버렸고 계속 터져 나온 김영삼 대통령 아들과 측근들의 부정·부패는 김영삼정부의 개혁을 완전히 실패로 만들어 버렸다. 대통령선거 시기와 대통령선거 후에 계속되고 있는 한보비리 관련자들과 부정부패 정치인들의 계속된 석방은 현 대통령과 대통령 당선자 사이의 묵계 하에 진행되고 있는 인상을 주고 있다. 민주화 투쟁이 아니라 부정·부패 혐의로 형을 받은 정치인들을 정치적 묵계에 의해 석방하고 사면하는 구시대적 부패 정치를 정치권이 되풀이하는 한 경제계의 구조 조정이나 국민의 허리띠 조르기 희생은 헛수고가 되어 버릴 것이다. 현재의 경제계 구조 조정을 넘어서는 정치권의 구조 조정을 새 정부가 앞장서서 추진하지 않는다면 4년 후에는 또 한 번 정권교체를 경험하게 될 것이다.

29

국회가 회의라도 해야

〈제주신문〉 - 제주논단 - 1998년 2월 25일

얼마 전 한국정치학회가 개최한 정치개혁 관련 학술회의에 초청된 어느 국회의원은 음력 대보름인 그날 선거구민들의 윷놀이 행사 13곳에 들렀고 가는 곳마다 술잔을 돌려가며 선거구민들을 접대하고 오는 길임을 하소연 반에 자랑 반을 섞어가며 이야기했다. 그 국회의원은 그런 선거구민 접대 전략이 한 번의 낙선 후에 재선까지 가능했던 비결이었음을 털어 놓았다. 마침 그날은 국난(國難)이라고 불리는 경제 위기를 극복하기 위한 묘책이라는 정리해고 법안을 비롯해 추경 예산안 등 경제 관련 중요 법안들을 심의하고 통과시키기 위해 국회를 열어 놓은 날이었다. 그러나 그 국회의원은 국회 회의장이 아닌 선거구민 행사에서 하루 종일을 보낸 데 대해 미안해하는 기미는 전혀 보이지 않았다.

국회의원의 본분이 국가가 직면한 중요한 문제들에 대한 논의를 통해 그에 대한 정부정책의 적절성을 심의하고 이에 필요한 법을 만드는 것이라는 정도의 상식을 그 국회의원이 몰랐을 리가 없다. 그러나 그는 6·25동란 이래 최대의 국가 위기라 불리는 경제 위기를 극복하기 위해 열어 놓은 국회에는 출근조차 하지 않은 채 선거구의 시장판만 휘젓고 다녔던 것이다. 그 시기 국회는 여당과 야당 사이의 정략적 대립으로 며칠씩 회의조차 열지 못하고 있었던 때였으니 대부분의 다른 국회의원들도 위의 국회의원과 비슷한 일로 국회를 비우고 있었을 것이다. 이런 유형의 국회의원들로 가득한 국회이기 때문에 양식 있는 사람들은 정치권을 지탄하고 개혁의 필연성을 주장하고 있는 것이다. 하지만 정작 당사자인 국회의원들은 자신들의 개혁에는 무관심으로 일관하고 있다.

국회의원이 본연의 역할을 어느 정도나 수행하고 있는가를 보기 위해 11대부터 14대 국회까지의 기간 동안 실제로 회의를 한 날들을 월 평균으로 따져 보니 본회의 3일에 상임위원회회의 2일 등 고작 5일에 불과했다. 국회의원이 입법 활동이든 행정부 견제든 국민의 대변이든 간에 본연의 역할을 하기 위해서는 자신의 활동무대인 국회를 열어놓고 회의를 해야 할 것인데 애초에 회의조차 열지를 않으니 시작부터가 잘못되고 있다.

상임위원회가 그나마 월 평균 2회씩 열렸던 것도 14대 국회 때 제도 개선을 통해 상임위원회는 최소 한 달에 두 번은 회의를 열도록 강제 규정을 만들었기 때문이다. 이런 점에서 보더라도 국회의원 스스로가 알아서 제 역할을 하기를 기대하는 것은 연목구어에 불과하다. 근래 국회의 개혁 방안으로 국회의원의 수를 299명에서 200명 정도로 줄여야 한다는 주장이 있지만 숫자만 줄어든 국회가 계속해서 국회 문은 닫아 놓고 국회의원은 선거구민 술대접이나 하면서 국회를 외면한다면 나아지는 것은 아무것도 없을 것이다. 국회의원의 수를 줄여서 이들에게 지급하는 경비를 절감하는 것보다 더 중요한 것은 국회의원이 해야 할 바를 하게 만드는 것이고, 그러자면 우선 국회부터 열어 놓고 거기서 회의부터 하게 만들어야 한다.

이를 위해 국회의 회기를 정기국회만 100일로 정해 놓고 임시국회는 임의 사항으로 만들어 놓은 제도를 고쳐 국회의 회기를 일 년 365일로 바꾸어야 한다. 그러나 이런 변경된 제도 하에서도 국회의원들은 회의를 하지 않으려 할 것이기 때문에 국회가 실제로 회의를 해야 하는 최저 일수를 연간 265일 등으로 강제 조항을 만들어야 한다. 다음 선거에서 당선되기 위해 지역구민의 온갖 경조사 방문에만 신경을 쓰고 있는 국회의원을 국회 회의장에 앉혀 놓는 것은, 정치·경제·사회의 모든 분야에서 만신창이가 되어 있는 나라를 회생시키는데 그들이 최소한의 관심이라도 갖게 만드는 유일한 방법이다. 우선 국회가 문을 열어 놓고 국회의원이 회의를 해야 뭔가 시작이라도 될 것이 아닌가?

30

공동정권의 정당정치 훼손

〈중앙일보〉 - 시론 - 1998년 4월 17일

　김대중 대통령과 자유민주연합의 박태준 총재가 합의했던 수도권 광역단체장 연합공천이 김종필 자유민주연합 명예총재의 반대로 번복되었다. 원래는 경기도지사 후보자로는 자유민주연합이 임창열 씨를 공천하고, 인천시장 후보자로는 새정치국민회의가 최기선 씨를 공천한다는 것이었다. 그러나 김종필 총리서리의 반발로 임 씨는 새정치국민회의 후보자로 바뀌고 최 씨는 자유민주연합 후보자로 바뀐 것이다.

　새정치국민회의와 자유민주연합 '공동정권'의 정치지도자들이 보여 준 지방자치선거 연합공천의 합의-반발-번복 과정은, 인물 중심 정당들 사이의 연합에 힘입어 이루어진 정권교체가 정당정치와 민주정치의 발전이 아니라 오히려 이를 저해하고 있음을 적나라하게 보여 주는 예이다. 정권을 잡기 위해 지역주의 성향의 표를 겨냥해 정당연합을 형성하는 것까지는 있을 수 있다 하더라도 정권을 잡은 이후까지도 유권자의 지역주의 투표 성향을 이용해서 정치를 하겠다는 두 정당의 전략은 우리 정치의 발전에 전혀 도움이 되지 않는다.

우리의 정당정치 역사가 50년이 넘었음에도 불구하고 정당다운 정당이 전혀 없고 정당정치라고 이야기할 수 있는 모습을 찾을 수 없었던 원인을 그동안 군부정권이나 권위주의정권의 탓으로만 돌려 왔다. 그러나 권위주의정권의 시대에도 공직 선거 후보자를 정당 지도자 간의 이해관계 때문에 오늘은 이 정당 후보자로 결정했다가 내일은 저 정당 후보자로 바꾸는 식으로 정당정치를 농락하는 일은 결코 없었다. 그런데 권위주의정권을 종식시키고 탄생했다는 '국민의 정부'가 정당정치의 기본 바탕을 무시하는 보스 중심 정치와 지역주의 성향 표만을 겨냥한 정치로 일관한다면 과연 정권교체가 무엇을 위한, 누구를 위한 것이었는지 의문을 갖게 한다.

야당 시절에는 간헐적으로나마 민주적 당내 경선으로 국민에게 기대를 갖게 했던 새정치국민회의가, 여당이 되자마자 언제 그랬냐는 듯이 정당 보스들끼리 후보자로 나설 사람의 소속 정당을 이리저리 바꾸어가며 공천놀이를 벌이는 것은 정권교체 이후에 민주정치로의 진전을 기대했던 많은 국민에게 좌절감을 갖게 한다. 야당 시절에는 수많은 민주적 정치개혁을 주장했던 정당이 그것을 실천할 수 있는 여당의 위치를 차지하게 된 후에는 오히려 비민주적 정치행태만을 보여 주고 있다면 그런 정당에게 과연 민주정치의 장래를 기대할 수 있을는지 의심스럽다.

어차피 유권자는 우리 지역 출신들이니 지역주의 성향에 따라 표를 던지게 되어 있고 새정치국민회의 이름을 붙여 내보내건 자유민주연합의 이름을 붙여 내보내건 국민은 상관하지 않을 것이라는 식으로 유권자를 무시하는 정당 보스들의 행태가 계속된다면 '공동정권'은 얼마 안 가 국민의 심판을 받게 될 것이라는 점을 두 정당은 인식해야 한다.

이번 연합 공천의 당사자들인 최기선 인천시장이나 임창열 전 부총리의 처신 또한 정치권과 정치인에 대해 국민이 가지고 있는 불신을 더욱 강화시켰다. 얼마 전까지 한나라당 당적을 가지고 있던 최기선 시장이 당선만 된다면 새정치국민회의든 자유민주연합이든 어디로든 가겠다는 태도나 한나라당정권에서 장관을 역임하다가 얼마 전에 새정치국민회의에 입당한 임창열 씨가 자유민주연합도 마다하지 않고 당선만을 염원하는 태도는 소신도 없이 권력만을 탐하는 우리 정치인들의 전형적 행태를 보여 주는 것이어서 국민의 정치불신만 더욱 증폭시키는 데 일조할 것이다.

김대중 대통령이 취임사에서 강조했던 민주정치의 실천이 의례적인 빈말이 아니었다면 국민의 정치불신만 누적시키는 구시대 정치의 폐습인 보스정치를 되풀이해서는 안 된다. 정당 보스들은 후보자를 독단적으로 결정할 것이 아니라 당원들의 선택에 의해 결정할 것을 권장함으로써 정당의 당내 민주화를 향상시키고 정당정치를 정상적

궤도에 올려 놓으려고 노력해야 한다.

　새정치국민회의와 자유민주연합은 우리 정치에서 왜 정권교체가 필요하고 왜 '공동정권'이 필요했으며 '국민의 정부'가 과거의 권위주의정부와 무엇이 어떻게 다른가를 실천으로 보여 줘야 한다.

31

국회개혁의 4대 과제 [07)

〈경향신문〉 - 포럼 - 1998년 4월 28일

　　국회개혁과 관련해 관심의 대상이 되고 있는 것은 국회의원의 정
수를 얼마로 할 것이냐이다. 국회의원의 수를 축소해야 한다는 주
장은 IMF체제 하에서 모든 것을 축소 조정하고 있는데 정치권도 함
께해야 한다는 생각에서 나온 것이다. 그러나 국회의원 수를 줄여
서 국회 개혁이나 정치개혁을 이루려 하기보다는, 국회가 제 기능
을 다하게 만들고 더불어 국회가 돈만 낭비하는 무용지물이 아니라
돈이 든 만큼 제 역할을 충실히 하는 기구가 되도록 만드는 방안을
논의하는 것이 중요하다. 국회가 제 기능을 다하게 만들기 위해 필

---

7) 이 글은 1998년 4월 21일 국회의원회관에서 개최된 건국대학교 사회과학연구소 춘계 세미나에서
　"국회와 정당개혁의 과제와 방향"이란 주제로 발표한 것을 〈경향신문〉에서 -포럼-으로 소개한 것
　이다.

요한 개혁과제는 무엇인가? 먼저 국회가 의사당에서 회의를 많이 하도록 만드는 제도를 도입해서 국회를 상설화하는 것이다. 현재 정기국회와 임시국회로 나뉘어 있는 회기 제도를 연중국회 회기로 바꾸어, 필요할 때 또는 휴가 기간에만 휴회하도록 만들어야 한다.

국회가 제 위상을 찾기 위해서는 국회의장, 부의장, 상임위원장은 자유 경선으로 선출해야 한다. 입법부의 수장인 국회의장을 행정부의 수장인 대통령이 임명한다는 것은 삼권분립의 원칙을 근본적으로 무시하는 것이다. 국회의 날치기 법안 통과도 국회의장이 독립된 국회의 수장으로서의 의식보다는 대통령의 명령을 수행해야 한다는 의식을 가지고 있기 때문에 나타나는 일이다.

정당과 정당정치 개혁을 위한 과제는 정당의 지구당을 폐지하는 것이다. 지구당이 정당 본연의 역할은 못하면서 고비용 정치의 근원으로 비판받고 있다. 현재 존재하는 253개 지구당 폐지는 선거제도의 개혁과 동시에 이뤄져야 한다. 현재의 소선거구와 전국구제도를 폐지하고 모든 의석을 대선거구 비례대표제로 바꾸어야 한다.

1945년부터 시작한 정당제도는 53년이 지난 지금까지 제 역할을 제대로 하지 못한 채 이어져 내려오고 있다. 건전한 정당 발전을 통한 정당정치를 육성하기 위해 현 정당제도에 안주할 것이 아니라 새로운 정당제도의 수립을 시도해야 한다.

32

시민단체의 낙천 · 낙선운동이
16대 총선에 미치는 영향과 총선 전망

일본 〈마이니치신문(每日新聞)〉 칼럼 2000년 2월 21일

16대 국회의원선거에 입후보할 정당의 후보자 공천을 앞두고 시작된 시민단체의 낙천 · 낙선운동은 한국정치에서는 처음 있는 일이다. 이런 시민운동은 당리당략에 의거한 정쟁과 비효율적 정치로 일관하고 있는 정치권에 대한 국민의 불신을 대변하면서 정치개혁에 대한 열망을 표현한 것으로, 부패하고 무능한 정치인을 새로운 인물로 바꾸고 이를 통해 정당정치와 의회정치를 전면적으로 개혁하자는 것이다.

이 시민운동은 낙천 후보 선정 기준의 적실성에 대한 문제 제기와 선거법을 위반했다는 비판에도 불구하고 여론조사에서 80%를 넘는 국민의 지지를 받음으로써 일단은 성공적인 것으로 나타났다. 시민단체가 낙천 의원의 명단을 발표한 뒤 일부 정당에서는

이를 공천에 반영하겠다는 의사를 밝혔고, 선거법 개정에도 영향을 미쳐 선거 기간 중에 시민단체가 선거운동을 할 수 있게 되었으며, 지역구 국회의원 수도 26명을 감축하게 만드는 성과를 거두었다.

그러나 이런 단기적 영향에도 불구하고 시민단체의 낙천 · 낙선 운동의 양상은 애초에 의도했던 방향과는 다르게 전개되고 있다. 새천년민주당, 한나라당, 자유민주연합의 세 주요 정당들은 시민단체의 의견을 무시하고 낙천명단에 포함된 국회의원들의 상당수를 재공천했으며, 공천과정은 과거와 다름없이 밀실에서 비민주적으로 이루어졌다. 또 정당 지도자들은 후보자 공천 과정에서 시민단체의 낙천 후보 명단을 자기 파벌의 세력강화나 당내 도전세력의 제거를 위한 수단으로 이용하기도 했다. 정당들의 이런 정략적 공천 행태는 공천 탈락자들의 탈당과 신당 창당으로 이어져 시민단체의 낙천 명단에 포함된 사람들의 대부분이 선거에 입후보할 가능성이 높아졌다. 이로 인한 혼탁한 선거전으로 어느 정당도 국회의 과반수를 확보하지 못할 가능성이 높아졌고 국회의원 선거 후의 정국이 더욱 혼미해질 가능성이 높아질 것으로 보인다. 또한 지역감정을 이용해 온 정치인들을 퇴출시켜 지역주의 정치를 완화시키려던 시민단체의 낙천 운동의 본래 취지와는 달리 지역주의 투표 행태가 고착되어 있는 호남과 김대중정권으로의 정권교체 이후 지역감정이 훨씬 더 강해진 영남, 그리고 김종필 씨가 시민단체의 낙천 후보 명단에 포함된 데 대한 반발로 지역주의가 재형성되고 있는 충청에서는 오히려 지역주의가 선거 결과를 좌우하는 결정적 요인이 될 가능성이 매우 높다.

선거가 시작되지 않은 현 단계에서는 정치권에 대한 국민의 누적된 불만을 대변하는 시민단체의 낙천·낙선 운동이 상당한 영향을 미치는 것처럼 보인다. 그러나 선거운동이 본격화되면서 나타날 지역감정과 불법·타락 선거운동의 바람 속에서 시민단체의 낙선운동이 얼마나 효과를 나타낼지는 확신하기가 어렵다. 더욱이 한국 정치에서는 새로운 인물의 국회 진출만으로는 보스 중심 정치, 붕당적 정당정치, 고비용·부패 정치, 지역주의 정치 등의 고질적 병폐가 해소되기 어렵다. 이런 점에서 시민단체의 낙천·낙선 운동은 새로운 한국정치를 지향하는 시민운동의 시작에 불과하며 그 성과는 오랜 시간을 거친 뒤에야 나타날 것이다.

33

시대착오 무능 국민 무시, 노무현정부 4년은 실패

〈조선일보〉 2007년 2월 21일 1면

중견학자들의 모임인 '정책과 리더십 포럼'은 지난 1월부터 조선일보와 공동으로 '노무현 정부 4년'에 대한 평가 작업을 실시했다. 지금까지 다섯 차례 모임을 갖고 현 정부의 정치 · 외교 · 경제 · 사회 각 분야별로 토론을 벌였다.

그 결과 노무현정부 4년은 실패의 연속이었다는 데 의견이 모아졌다. 그 이유는 크게 세 가지로 요약할 수 있다.

첫째, 노무현정권이 지향한 근본 목표의 시대 착오성이다. 현 정부에 대한 국민의 상식적 기대는 안보의 공고화, 정치안정, 경제성장, 사회통합, 국제적 위상 제고 등이었다. 그러나 노무현정권은 '과거 역사의 적폐인 기성 체제와 기득권 세력들의 타파'가 우선 목표였고 여기에 총력을 집중했다. 평등 · 자주 · 참여 등의 구호를 앞세워 과거사 규명, 국가보안법 폐지, 사학법 개정, 언론관계법 개정, 전시작전

통제권 환수 등에 전념했으며 군, 기업, 사학, 언론, 부유층 등을 주요 타파세력으로 설정하고 공격했다.

국민적 관심사와 요구를 외면하고 자신만의 목표에 과도하게 집착한 노 정권의 국정 운영은 민생경제 침체, 청년실업 증가, 부동산정책 혼란, 사회갈등 폭발, 한미동맹 악화와 북한의 핵실험이란 총체적 실패를 가져 왔다.

둘째, 집권세력의 능력 부족을 꼽지 않을 수 없다. 노무현 대통령과 386운동권으로 대표되는 정권의 핵심세력은 기성 질서를 부수는 측면에서는 준비된 세력이었을지 몰라도 국정(國政)운영이란 측면에서는 능력과 경험이 없는 '준비 안 된' 정권이었다. 이런 능력 부족은 전문성과 능력·경험을 갖춘 외부 인재 충원을 통해 보완될 수 있다. 그러나 노무현정권은 '코드·회전문·오기(傲氣) 인사'라는 표현이 상징하듯 지난 4년간 의도적으로 능력 있는 구원투수들의 충원을 배제했다. '그들만의 리그'에 안주해 국정 실패를 자초한 것이다.

셋째, 노무현정권은 이대로 가면 국정 실패로 이어질 수밖에 없다는 국민의 공개적 경고를 4년 내내 무시했다. 2004년 17대 총선 이후 모든 선거에서 집권당인 열린우리당은 계속해서 참패했다. 또 노 대통령 국정 수행에 대한 여론 지지도는 역대 최저 수준이다. 그러나 노무현정권은 국민이 보내는 경고를 지속적으로 무시하면서 오히려 여론을 무시하고 매도하는 태도로 일관해 왔다. 그 결과 노무현정권 4년은 참담한 실패라는 평가를 피할 수 없게 됐다.

〈신명순: 연세대 정치외교학과 교수·정책과 리더십 포럼 회장〉

신명순의
한국정치 보기

제**2**장

{ 시사교양지 평론 }

01

한국정치의 분수령 '12대 국회의원선거'

효성(曉星) 1985년 4월호

지난 2월에 실시된 12대 국회의원선거는 한국정치에 큰 변혁을 초래하고 있다. 선거의 결과로 나타난 신한민주당의 제1야당으로의 등장, 민주한국당과 한국국민당 소속으로 당선된 국회의원들의 신한민주당 입당, 5공화국을 특징지었던 다당제에서 양당제로의 변화 등은 모두 12대 국회의원선거의 결과로 나타난 현상이다. 선거 이후 두 달 동안 진행된 위와 같은 정국의 변화도 급격한 것이었지만, 국회 개원 이후에 전개될 것으로 예측되는 정국의 변화까지를 생각할 때 12대 국회의원선거의 의미는 한국정치에 새로운 변화를 초래하는 중요한 계기가 될 것임에 틀림없다.

그러나 외형적으로 나타난 위와 같은 변화에 못지않게 중요한 12대 국회의원선거의 의미는 젊은 세대의 의식과 태도에 미친 영향이다. 대학에서 한국정치를 가르쳐 오면서 계속 느끼는 것 중의 하나는 학생들이 한국정치의 앞날을 바라보는 시각이 지극히 비관적이라는 점이다. 젊은 세대가 한국정치에 대해 비관적 인식과 태도를 갖게 한 것은 물론 현실정치의 영향 때문이다.

지금 대학을 다니고 있는 젊은 세대의 대부분은 초등학교나 중학교 또는 고등학교 시절을 유신체제 아래서 보냈으며, 이들이 보고 듣고 느끼면서 지내 온 한국정치는 유신체제에서의 억압과 규제였으며, 5공화국에서 진행된 짜여 있는 틀에 따르는 유연성 없는 정치였다.

젊은 세대의 이런 정치 경험은, 정부 수립 직후 국민의 지지를 바탕으로 집권했던 이승만 대통령의 통치나, 4·19혁명 이후 민주당정권에서의 민주정치, 그리고 삼선개헌 이전까지 민주공화당정권에서의 정치 등 민주정치의 성격을 띠었던 정치를 잠깐이라도 경험했던 기성세대와는 전혀 다른 정치의식과 태도를 갖게 만들었다. 젊은 세대에게는 한국정치란 항상 권위주의적이었으며, 그런 경험이 합법적 방법이나 제도적 절차를 통한 민주정치 성취에 대한 회의를 갖게 만든 것이다. 따라서 그들은 직접 행동을 통한 문제 해결만이 한국정치를 변화시킬 수 있는 방법이라고 생각하게 되었으며, 간단없이 계속되어 온 학원에서의 소요나 12대 국회의원선거에서 나타났던 학생들의 선거 거부 운동이 모두 젊은 세대의 그런 의식에서 나타난 결과였다.

12대 국회의원선거가 젊은 세대에게 주는 의미는, 선거라는 합법적 방법을 통해 국민이 원하는 바를 표현할 수 있으며 민주정치의 목표도 선거를 통해 성취될 수 있다는 교훈을 주었다는 점에서 작금에 진행되고 있는 정치변화에 못지않은 중요성을 띤다.

12대 국회의원선거는 국민이 원하는 것이 무엇인가를 표현해 준 선거였으며, 이것이 여당이나 야당에게 민주정치의 궁극적 주인이 국민임을 새삼 인식시켜 주었다. 또한 국민에게는 자신이 진정 민주정치의 주체인가에 대해 품었던 회의를 일소시켜 준 계기였다. 12대 국회의원선거는 흔히 한국에서 민주정치가 확립되지 못하는 이유를 국민의 낮은 정치의식 탓으로 돌리면서 한국에서 민주정치 실시는 시기상조라고 호도해 온 정치인들의 그릇된 인식을 깨우쳐 주는 계기가 될 것이다. 또한 정치는 국민의사와 상관없이 위정자의 뜻에 따라 진행되는 것이라고 생각했던 일부 국민에게도 국민의 관심과 참여는 민주정치의 기반을 이룬다는 확신을 갖게 해 주었다.

12대 국회의원선거를 계기로 여당과 야당이 국민의 지지에 기반을 두지 않고는 집권이 불가능하다는 점을 재인식하게 된다면 한국에서의 민주주의 정착을 기대할 수 있을 것이다. 반면에 이번 선거 결과를 아전인수 격으로 해석해 국민의 뜻에 어긋나는 방향으로 정국을 이끌어 간다면, 그것은 민주정치를 염원하고 있는 국민을 배신하는 것일 뿐만 아니라, 처음으로 합법적이고 평화적인 방법을 통한 민주정치의 실현 가능성에 희망을 갖게 된 젊은 세대를 또 한 번 실망시키는 결과를 초래하게 될 것이다. 여러 차원에서 12대 국회의원선거의 결과는 한국정치에 하나의 분수령을 이루는 중요한 계기였음은 확실하다.

민주 발전 위한 현실적 시론(試論) : 한국정치 발전의 과제

〈정경문화(政經文化)〉 1986년 1월호

오늘의 한국정치가 안고 있는 가장 중요한 과제는 무엇인가? 그것
은 바로 '평화적 정권교체'이다. 우리는 왜 아직까지 한 번도 평화적
정권교체를 경험하지 못했고 그 이유는 무엇인가? 평화적 정권교체
는 한국 민주주의 실현의 알파요 오메가, 바로 그 자체인가? 여기 그
해답을 밝힌다.

평화적 정권교체의 의미

오늘의 한국정치가 당면하고 있는 가장 중요한 과제는 1988년
에 실시될 13대 대통령선거에서 평화적 정권교체를 어떻게 실현할

것인가이다. 그러면 평화적 정권교체를 위해 갖추어야 할 조건은 무엇이고 추구해야 할 방향은 무엇이며, 시정해야 할 문제는 무엇인가. 이를 논하기에 앞서 평화적 정권교체와 관련해 다음 세 가지에 대한 명확한 규명이 필요하다.

첫째, 1988년에 평화적 정권교체를 실현한다는 것은 꼭 현재의 여당이 야당이 되고, 야당이 여당이 되어야 한다는 의미는 아니다. 평화적 정권교체의 의미는 국민이 자유롭고 공정한 선거를 통해 정권을 선택할 기회를 갖고 또 그 기회를 통해 자신들이 원하는 지도자와 정당을 뽑아 그들에게 정해진 기간 동안 정부를 담당할 권한을 부여한다는 의미이다. 따라서 여당이 계속 집권하면서 대통령만 다른 사람으로 바뀐다는 점에서 정권교체라는 용어보다는 정부이양이란 용어를 사용하는 것이 타당하다. 반면에 야당은 자신이 집권해야 한다는 생각이기 때문에 정권교체라는 용어를 쓰는 것도 타당하다. 중요한 것은, 평화적 정권교체의 의미는 국민이 원할 때 정권을 바꿀 수 있다는 것이지 꼭 정권이 바뀌어야 한다는 의미는 아니다.

둘째, 평화적 정권교체를 이야기하는 사람들이 공통적으로 지적하는 것 중의 하나는 헌정 40년 동안 한 번도 평화적 정권교체를 실현하지 못했다는 것이다. 우리 헌정사에서 실제로 정권이 교체되었던 것은 3번으로 자유당정권에서 민주당정권으로의 교체, 민주당정권에서 민주공화당 정권으로의 교체, 민주공화당 정권에서 현재의 민주정의당 정권으로의 교체인데 이들 모두가 혁명이나 쿠데타 등의 비평화적 방법에 의해 이루어졌기 때문에 위와 같은 지적은 타당하다.

그러나 그렇다고 '우리 헌정사에서 국민이 평화적으로 정권을 교체할 수 있는 기회를 전혀 갖지 못했다'는 의미는 아니다. 실제로 국민의 선택에 따라 평화적으로 정권을 교체할 수 있었던 기회는 여섯 번이나 있었다. 구체적으로 자유당정권에서 실시된 2대와 3대, 그리고 4대 대통령선거(1960년 3월 15일에 실시된 이 선거에서 이승만 후보자가 당선되었으나 4·19혁명으로 선거가 무효가 되고 취임하지 못했기 때문에 4대 대통령은 민주당정권에서 국회가 간접선거로 선출한 윤보선 대통령임)와 3공화국 성립을 위해 실시된 5대 대통령선거, 또 민주공화당 정권에서 실시된 6대와 7대 대통령선거들은 국민이 원했다면 선거를 통해 평화적으로 정권을 교체시킬 수 있는 기회였다. 3대 대통령선거에서는 민주당 후보자였던 신익희(申翼熙)가 선거 기간 중에 사망했고, 4대 대통령선거에서는 민주당 후보자였던 조병옥(趙炳玉)의 사망과 자유당정권의 부정선거 때문에 현실적으로 평화적 정권교체가 불가능한 상황이었지만, 나머지 4번은 국민이 정권교체보다는 기존 정권의 계속 집권을 선택했기 때문에 평화적 정권교체가 이루어지지 못한 것이었다. 따라서 우리 헌정사에서 평화적으로 정권을 교체할 기회는 여러 번 있었으나 국민의 선택에 따라 정권이 교체되지 않았다는 점을 명확히 할 필요가 있다.

셋째, 평화적으로 정권이 교체되었다고 해서 그것으로 정치발전이 이루어지는 것도, 민주주의가 정착되는 것도 아니라는 점이다. 국민의 선택에 의해 평화적으로 정권이 바뀌는 것은 민주주의를 위한 출발점에 불과하다. 새로 집권한 정권이 국민의사를 정책 결정이나 집행에 얼마나 잘 반영하는가, 정치의 실패에 대해서는 국민 앞에 제대로 책임을 지는가, 국민이 바라는 방향으로 정치를 해 나가는가, 그리고 정당정치와 의회정치가 국민이 바라는 바에 따라 순조롭게 진행되어 가는가 하는 문제는 평화적 정권교체와는 별개의 문제이다. 요약하면 평화적 정권교체 자체가 우리가 바라는 민주정치 실현이라는 과제를 해결해 주는 것이 아니라 민주정치를 실현하기 위한 최소한의 전제 조건일 뿐이라는 점을 명확히 인식하는 것이 중요하다. 이런 점에서 필자는 평화적 정권교체를 한국정치 발전의 단기적 목표로 보며, 민주정치 확립은 보다 장기적인 시간을 두고 실현시킬 수 있는 목표로 파악한다.

후안 린즈의 견해

그러면 1988년에 평화적 정권교체를 이루기 위한 조건은 무엇인가? 외국학자가 제시하는 이론이 한국의 정치상황을 설명하는 데 적실성(適實性)이 적다는 의견은 일리가 있다. 그러나 외국학자의 이론에도 부분적으로는 우리 문제를 분석하는 데 적절한 시각이 있기 때문에, 권위주의 정권이 평화적 방법으로 민주화를 달성하기 위한 네 가지 조건을 제시한 후안 린즈(Juan Linz)의 견해를 살펴보고자 한다.

린즈는 첫째 과도정부 지도자들이 민주적 절차를 통해 새로운 제도를 창출하겠다는 확고한 의지를 가져야 하며, 둘째 과도정부 지도자들은 과거 정권에 충성을 바쳤던 사람들에게 안도감을 주어야 하며, 셋째 권력의 효율성과 정당성을 상실한 과거 정권 사람들이 권력 이양에 협조해야 하며, 그리고 넷째 과도정부에서 야당은 과격파보다 온건파가 주도권을 잡아야 한다고 지적했다.

이런 린즈의 견해를 우리 경우에 비추어 보면, 4·19혁명 이후 과도정부 시기나 1997년의 10·26사건 이후 과도정부 성격을 띠었던 시기를 설명하는 데 적절한 것으로 볼 수 있다. 특히 10·26사건 이후 국민의 여망과는 다르게 정치상황이 전개된 것을 감안하면 이에서 교훈을 얻는 적절한 틀이 될 수 있다.

1988년의 평화적 정권교체를 앞둔 2년 동안의 시기는 과도정부를 상정한 린즈의 견해와는 다른 상황이지만, 이 시기를 린즈의 틀에 맞추어 보면 다음과 같다. 첫째 과도정부 지도자들은 현재 민주정의당 정권의 지도자들로 대치해서 생각할 수 있다. 둘째 만약 선거를 통해 정권이 교체된다면, 야당으로 전락한 현 집권세력에 대해 정치보복이 없어야 한다는 것으로 생각할 수 있다. 셋째 만일 현 집권당에 대한 국민의 지지보다 다른 정당에 대한 국민의 지지가 더 높은 것이 선거에서 판명될 때, 현 집권당은 권력의 이양에 저항하려 하지 말고 협조해야 한다는 것으로 생각할 수 있다. 넷째 현재의 야당은 강경 일변도와 투쟁 일변도의 변칙적 방법으로 집권을 기대하기보다는 국민에게 집권능력이 있는 세력임을 인식시키고 국민의 지지를 바탕으로 선거에서 승리하려는 자세를 보여야 한다는 것으로 생각할 수 있다.

되풀이된 정치보복

현 정치상황을 위의 네 가지에 비추어 보면 어떠한가. 첫째, 현 정권 지도자들은 민주적 절차를 통해 새로운 제도를 창출하겠다는 확고한 의지를 가지고 있는가? 민주정의당은 지금까지 헌법을 개정할 생각이 없으며 현재의 대통령 선출방식을 바꿀 용의가 없음을 일관되게 강조해 왔다. 민주정의당은 현행 헌법이 국민투표에서 압도적 지지를 얻어 확정되었으며 지난 12대 국회의원선거에서 가장 많은 의석을 획득한 것은 현행 헌법과 대통령선거 제도에 대해 재신임을 받은 것이라는 논리를 가지고 있다.

그러나 민주정의당은, 정치풍토 쇄신을 위한 임시조치법에 의해 4년 동안 정치활동을 금지당했던 야당정치인들이 주축이 되어 선거 며칠 전에 결성한 신한민주당이 12대 국회의원선거에서 29.4%의 지지를 받아 67명이나 국회의원으로 당선시켰고, 또 기존의 야당들을 규합해 원내 의석 1백1석의 강력한 세력으로 등장한 것이 국민의 지지와 어떤 관계가 있는가를 직시해야 한다. 국민의 뜻이 무엇이고 국민이 원하는 바가 무엇인가는 여당과 야당 의원들이 논리적 설전을 벌여 이기는 것과는 관계없이 엄연한 현실로 존재하고 있다. 따라서 민주정의당은 국민의 뜻이 무엇인가를 정확히 파악하는 것이 필요하며 국민의 지지를 확보해 집권을 계속하겠다는 의지를 갖는 것이 필요하다.

둘째로 야당이 집권했을 때 정치보복 가능성은 어떠한가? 한국 정치를 특징지어 온 현상 중의 하나는 정치보복의 악순환이다. 정권이 바뀌면 상대 세력에 대해 신체적으로 보복을 가한 것은 물론 정치적 제한을 가한 것만도 4번에 달한다. 첫 번째는 1948년 9월 7일 제헌국회를 통과한 반민족행위처벌법으로, 일제 때의 친일세력을 응징하기 위한 것이었다. 두 번째는 1960년 민주당정권에서 제정한 공민권제한법으로, 이법은 해당자 6백12명에 대해 7년 동안 그리고 5백54명에 대해 5년 동안 정치활동을 금지했으나 5·16군사쿠데타로 실효를 상실했다. 세 번째는 1962년 3월 군사정부의 국가재건최고회의에서 제정한 정치활동정화법이었는데, 이법에 따라 최종적으로 3천38명이 정치활동이 금지되었다가 여러 차례에 걸친 해금 조치로 해제되었다. 네 번째는 1980년 11월 국가보위입법회의에서 제정한 정치풍토 쇄신을 위한 임시조치법으로, 5백67명에게 1988년 6월 30일까지 7년 8개월 동안 정치활동을 금지했으며, 3차에 걸쳐 모두 해금되었다. 첫 번째 경우는 다소 다르기는 해도 4번에 걸친 정치보복 조치들 모두가 소급입법이었고 또 정부수립 이후 집권했던 자유당정권, 민주당정권, 민주공화당정권, 민주정의당정권 모두가 집권 초기나 집권 직전에 상대 정치세력을 규제하기 위해 취한 조치였다.

정치보복 막을 제도적 장치를

이런 정치보복의 악순환을 겪어 왔기 때문에 앞으로 정권이 교체되면 또 다시 정치보복이 자행될 가능성이 없지 않다. 이런 우려는 집권당으로 하여금 어떤 수단과 방법을 써서라도 권력을 계속 유지하려고 만들 수 있기 때문에 정치보복을 막을 제도적 장치를 마련하는 것이 필요하다.

정치보복의 악순환에도 불구하고, 일부에서는 정권이 바뀐 후에 전임 정권의 실정에 대해 책임을 추궁하거나 제재를 하지 않고 넘어갔기 때문에 그 후에 집권한 정권들도 계속해서 자의적으로 통치를 하면서 책임을 지지 않는다는 주장을 한다. 그러나 정권의 통치에 대한 책임은 투표를 통해 그 정권을 실권시키는 방법으로 추궁되어야지 실권한 후에 소급법을 만들어 정치보복을 하는 것은 정치 발전에 전혀 도움이 되지 않는다. 이런 주장은 물론 집권하는 동안에 무슨 일을 하던 책임을 묻지 말고 넘어가야 한다는 의미가 아니며, 전 정권이 자신에 대해 정치보복을 가했기 때문에 그에 대한 보복으로 또 다른 정치보복을 하겠다거나 또는 자신에게 위협이 되는 상대세력을 제거하기 위한 수단으로 정치보복이 행해져서는 안 됨을 의미한다.

순조로운 정권이양

평화적 정권교체의 세 번째는, 만일 대통령선거에서 민주정의당 후보자에 대한 지지보다 야당 후보자에 대한 지지가 더 높을 경우에 현 집권세력은 순조로운 권력이양에 협조할 것인가의 문제이다. 이 점과 관련해 노태우(盧泰愚) 민주정의당 대표위원은 취임 직후 가진 기자회견에서 '선거에서 국민의 신임을 받지 못할 경우 야당을 할 각오가 되어 있다'고 밝힌 바 있다. 물론 노 대표위원의 이 말 한마디로 위와 같은 경우에 순조로운 정권이양이 이루어질 것으로 믿는 것은 너무 정치를 모른다는 비판을 받을 수도 있다. 과거 민주공화당 정권에서 대통령선거나 국민투표가 실시되었을 때, '현직 대통령이 낙선하게 되면 어떤 사태가 일어날지 모른다'거나 '친위쿠데타가 일어날지 모른다'거나 또는 '국민투표가 부결되면 나에 대한 불신임으로 알고 대통령직을 사임하겠다'거나 하는 공포분위기 조성이나 심리적 압박을 가했던 경험에 비춰 보면, 선거를 통해 정권이 교체될 수 있는 계기가 왔을 때 과연 순조롭게 정권이양이 이루어질 것인가에 대해 의구심을 갖지 않을 수 없다.

선거를 통해 정권이 교체될 수 있는 계기가 만들어지고 또 순조롭게 정권이양이 이루어졌던 경험을 가진 일이 없기 때문에 이런 경우에 진행될 양상에 대해 걱정이 되는 것은 당연하다. 특히 혁명이나 쿠데타와 같은 비정상적 방법으로 권력을 잃었던 자유당정권. 민주당정권, 그리고 민주공화당정권이 말 한마디 제대로 못하고 몰락한 것이 우리의 정치현실이었다. 국민의 뜻에 의해 평화적 정권교체를 이룰 수 있는 계기가 왔음에도 비정상적 수단을 사용해 정권이양을 거부한다면 그 세력은 정치발전에 역사적 오점을 찍는 것으로 후세에 길이 지탄받을 것이다. 한국정치의 발전은 한 단계 한 단계 조치들이 순리에 따라 무리 없이 진행될 때 이루어질 것이다.

평화적 정권교체의 네 번째는, 야당세력이 급격하고 과격한 방법으로 집권하려 하기보다는 점진적이고 온건한 방법으로 이를 추구해야 한다는 점이다. 이 점에서 오늘의 한국 야당은 어떠한가? 야당의 집권 가능성과 관련해 다음의 몇 가지 점을 생각할 수 있다. 첫째는 현재의 야당세력에 대한 국민의 지지가 어느 정도인가의 문제이다. 앞에서 지적한 바와 같이 현재의 제1야당인 신한민주당은 창당 얼마 후에 당의 골격조차 제대로 갖추지도 못한 상태로 선거에 임했지만 기존의 제1야당인 민주한국당을 누르고 강력한 정치세력으로 부상했다.

야당의 좌표와 위상

그러나 신한민주당에 대한 국민의 지지는 신한민주당이 그동안 보여 준 업적에 대한 평가를 바탕으로 이루어진 것이 아니었다. 신한민주당의 약진은 민주정의당의 4년 통치에 대한 반발, 들러리 야당의 성격을 강하게 나타냈던 민주한국당에 대한 배신감, 4년 동안 정치활동을 금지당했던 정치인들에 대한 동정심, 민주정의당에 대한 견제세력을 키워야 한다는 국민의 인식 등이 복합적으로 작용한 결과였다.

이런 점에서 볼 때, 여당에 대한 반발로 무조건 야당을 지지했던 국민은, 야당도 여당보다 나은 것이 없다는 점을 인식하게 되면 곧 지지를 철회할 것이다. 따라서 야당은 자신의 업적, 노력, 집권 대체세력으로서의 가능성 등을 국민에게 보여 주어 지속적 지지를 받을 수 있는 국민적 기반을 확보해야 한다. 특히 야당이 수권 능력에 대한 적절한 평가도 없이, 동정심에 바탕을 둔 국민의 지지에 의해 집권하게 될 때, 그런 정당의 통치로 과연 정치발전이 이루어질 것인가는 깊이 생각해야 할 문제이다.

그러면 집권을 위해 야당은 어떤 전략을 추구해야 하나? 4·19혁명의 결과로 민주당이 집권했던 경우를 제외하면 한국의 야당은 정권교체와 관계없이 언제나 야당이었던 특징을 갖고 있다. 이런 상황은 야당에게 국민의 지지를 얻어 정권을 잡는 것은 현실적으로 불가능하다는 생각을 갖게 만들었고, 그 결과 국민의 지지기반 확보를 통한 선거 승리보다는 과격한 극한투쟁이 전략의 주를 이루어 왔다. 이에 야당에 대한 평가는 그 정당이 제시하는 정책이나 수행해 온 업적, 조직과 이를 기반으로 하는 집권 대체세력으로서의 능력보다는 얼마나 강력한 대여투쟁을 벌이는가를 바탕으로 이루어졌다. 이에 극단적 방법을 사용할수록 야당의 선명성이 제고되는 것으로 인식되었다. 그러나 맹목적 투쟁을 강조하는 야당보다는 집권 대체세력으로 능력을 강화시키는 야당이 등장할 때 정치발전의 가능성은 높아질 것이다.

신한민주당은 지금 국민이 정권을 맡겼을 때 이를 맡아 통치를 해나갈 능력을 갖추고 있는가를 스스로 물어보는 자세가 필요하다. 혹자는 '누구는 언제 정권을 잡을 준비를 하고 있다가 집권했는가'라는 반론을 제기할 수도 있다. 하지만 집권 준비가 되어 있지 않은 세력이 집권한 후에 얼마나 많은 시행착오를 겪었고, 여러 문제를 야기했는가는 우리 헌정사에서 이미 여러 번 경험한 바 있으며 또다시 그런 바람직하지 않은 과정을 반복해서는 안 된다. 한국사회가 정치·경제·사회 등 모든 면에서 복합적인 상황에서, 집권에 대비한 구체적 준비 없이 단지 투쟁만으로 집권하려는 정당은 장기적으로 보면 국민의 지지를 받을 수 없다.

여당과 야당에 대한 충언(忠言)

지금까지 린즈가 제시한 4가지 조건에 비추어 한국정치발전의 단기 목표인 평화적 정권교체를 위해 집권당과 야당이 어떤 자세를 가져야 하는가를 살펴보았다. 그러나 이런 4가지 문제 이전에 '현행 헌법에 규정된 대통령선거 방법으로는 평화적 정권교체의 가능성이 제도적으로 불가능하기 때문에 우선 헌법을 개정하는 것이 필요하다'

는 주장에 관해 논의하는 것이 필요하다.

앞에서 지적한 바와 같이 1988년에 실시되는 대통령선거는 국민이 원하는 후보자를 대통령으로 선출할 수 있는 기회가 보장되는 선거가 되어야 한다. 따라서 현행 헌법의 개정 여부는 현재의 대통령 선출 방법이 과연 국민이 원하는 후보자를 민주적으로 선출할 수 있는 제도인가에 비추어 논의되어야 한다. 따라서 민주정의당이 주장하는 '현행 간선제 대통령 선출 방법의 고수'라는 주장과 신한민주당을 비롯한 재야세력의 '직선제 개헌' 주장은 크게 의미가 없는 주장이라 하겠다. 국민이 원하는 것은 국민의 지지를 받는 후보자가 대통령으로 선출될 수 있는 제도이기 때문에 그것이 직선제냐 간선제냐의 논의는 큰 의미가 없다. 여당과 야당은 단순한 호헌이냐 개헌이냐의 대립에서 탈피해 국민의 지지를 더 많이 받는 후보자가 대통령이 될 수 있는 선거제도가 무엇인가에 대한 연구와 논의를 해야 한다.

이 과제는 여당과 야당의 대화와 논의, 그리고 타협의 결과로 이루어져야 하며, 현행 헌법의 수호라는 경직된 여당의 자세와 극한적 투쟁을 통한 직선제 개헌 외에는 다른 것을 생각할 수 없다는 경직된 야당의 주장이 상존하는 한 정치발전에 대한 기약은 불가능하다 하겠다.

여당인 민주정의당은 지난 4년 동안의 통치를 통해 충분한 국민적 지지기반을 확보했는가에 대한 반성이 필요하며, 남은 2년 동안에 이를 확대하기 위한 방안이 무엇인가를 강구하고 실천해야 할 것이다. 특히 지난 4년 동안 정통성의 문제가 계속해서 야기된 것이 충분한 국민적 지지기반의 결여와 밀접히 관련되었음을 깊이 인식해야 한다.

반면에 신한민주당을 비롯한 재야세력은 국민이 자신을 집권 대체세력으로 인정하고 있는가에 대한 정확한 분석과 자신이 집권에 대비해 모든 준비와 능력을 갖춘 세력인가를 스스로 평가하는 것이 필요하다. 이들 또한 앞으로 남은 2년의 기간을 직선제 개헌만을 위한 극한투쟁으로 소모할 것인가, 아니면 국민적 지지기반을 확고히 하기 위해 자체 능력을 향상시키고 집권 태세를 강화하는 데 앞으로 2년을 보낼 것인가에 대한 충분한 논의와 반성이 있어야 한다. 이것은 여당과 야당이 한국의 정치발전에 기여할 수 있는 최소한의 자세 정립이 될 것이다.

03

5 · 16은 우리 정치에 무엇을 남겼나?

〈신동아(新東亞)〉 1986년 5월호

군부의 정치개입 원인과 5 · 16의 성격

제3세계에서 흔히 발생하는 군부의 정치개입은 어떤 원인에 근거하는가? 이에 관한 학자들의 분석은 첫째 군 장교의 개인적 야망이나 불만, 둘째 제3세계 군부가 갖는 조직상의 특징과 사회에서의 위치, 그리고 셋째 사회적 상황 등을 주요 원인으로 지적한다.

군부의 역사가 짧고 규모가 소규모이며, 군부가 체계적이고 전문적인 조직의 성격이 약한 국가에서는 군부의 정치개입은 군 장교의 개인적 야망이나 권력에 대한 욕구가 주요 원인이 된다. 이런 현상은 지역적으로 아프리카 국가에서 발생하는 군부쿠데타에서 특징적으로 나타난다. 이런 국가에서 군의 정치개입은 군부가 집단적으로 정치에 개입하기보다는 군 장교 개인이 군부라는 조직을 권력 장악의 발판으로 삼으며, 군부쿠데타가 성공한 후에도 군부가 집권하기보다는 쿠데타를 주도한 일부 집단의 개인적 차원에서 통치가 이루어진다.

둘째로 군의 조직적 특성을 바탕으로 정치개입이 이루어지는 경우는 라틴아메리카의 군부쿠데타에서 주로 나타난다. 이 지역에서는 군부가 전통적으로 강력한 조직으로 존재해 왔으며, 군의 정치개입은 개인적 야망의 실현보다는 군부 집단의 이익을 보호하거나 확보하기 위해 나타난다. 이 경우 군부는 하나의 조직으로 정치에 개입하기 때문에 군부가 정치의 전면에 등장하며 주도적 역할을 한다. 따라서 이 경우에는 군부정권이 장기간 계속되는 양상을 나타내는 반면, 위의 첫 번째 경우에는 군부집단 전체가 쿠데타를 주도한 세력을 계속해서 지원해 주는 것에 대해 반발의 여지가 있기 때문에 단기간의 군부정권 이후에 민간정부로 형식을 바꾼 후 계속 집권하는 양상을 보인다. 따라서 첫 번째 경우에는 군부 전체가 정치적 의사를 갖고 있다거나 군부가 집권하고 있다는 지적은 부적절하다.

셋째로 사회적 상황에 의해 군부가 집권하는 경우는 대내외적 위기, 민간정부의 부패와 무능, 사회적 혼란 등을 군이 집권해 극복한다는 명분을 표방하면서 정치에 개입한다. 이 '위기'는 군이 정치에 개입하는 단순한 명분으로 이용하는 경우도 있지만 실제로 존재하는 위기 상황이 군부가 정치에 개입하는 동기가 되는 경우도 있다.

위와 같은 이론적 맥락에서 볼 때 우리나라의 5·16은 어떤 성격을 갖는가? 결론부터 얘기하자면, 5·16은 당시의 사회상황을 쿠데타의 명분으로 표방하면서 민주당정부를 붕괴시켰지만, 실제로는 권력 장악을 위한 일부 군 장교의 개인적 야망의 결과였던 면이 강하다. 5·16이 발생하기 이전의 군부는 새뮤얼 헌팅턴이 제시한 바 있는 군의 직업주의(professionalism)가 강했다고 할 수 있다. 즉 자유당정부나 민주당정부에서 군부는 정치와 독립된 상태를 유지했다. 대부분의 장성이나 군 장교는 직업군인으로서 확립된 의식을 가지고 있었으며 현실정치에 조직적으로 영향을 미치거나 간섭하는 성격을 갖고 있지 않았다. 5·16 이후 군사정부에 참여했던 비(非)주체세력의 상당수가 군으로 원대 복귀한 것은, 군부가 제도적으로 정치에 개입했다기보다는 박정희(朴正熙) 장군을 중심으로 한 일부 장교들의 권력에 대한 개인적 욕망이 5·16을 유발한 것으로 볼 수 있다.

합법적 정부를 무력으로 전복시킨 5·16

박정희 장군은 이미 4·19혁명 이전에 군부쿠데타로 자유당정부를 전복시킬 계획을 가지고 있었으나 4·19혁명이 발생하면서 이런 기도가 좌절된 적이 있으며, 또 민주당정부를 무력으로 붕괴시키려는 계획을 세운 것이 장면정부가 출범한 18일 후인 1960년 9월 10일이었다고 한다. 이런 점에서 보면 5 · 16 주도세력이 군부쿠데타의 명분으로 내세운 국가 위기와 사회혼란, 민주당정부의 부패와 무능은 명분의 성격이 강했다고 할 수 있다.

물론 4 · 19혁명 이후 과도정부 기간과 민주당정부 기간 중 지속적으로 나타난 소요와 데모, 파업 등으로 정치와 사회의 혼란은 심각한 것이었다. 몇 차례의 위기설은 이런 사회 혼란을 표현하는 것이기도 했다. 그러나 1961년 들어 혼란의 정도는 점차로 줄어들기 시작했으며 4 · 19혁명 이후 무절제하게 분출되었던 국민의 정치참여 욕구도 제 위치를 찾아가고 있었다. 특히 장면정부 집권 초기 국민의 과도한 요구와 주장을 효과적으로 통제하지 않은 것은, 정부가 무능했기 때문만이 아니라 자유당 독재 아래서 맛보지 못했던 자유를 실감해 볼 기회를 주려 했던 장면정부의 의도된 정책의 결과였다고 할 수 있다. 과장되어 지적되었던 민주당정부의 부패도 5 · 16 이후의 군사재판에서 실상과 다르다는 것이 증명된 바 있다. 이런 점에서 볼 때 5 · 16은 군부 내의 위치에 불만을 가진 일부 장교들이 합법적 정부를 무력으로 전복시킨 사건이었다.

정치에 개입한 군부의 유형을 아모스 펄뮤터는 중재자 유형과 통치자 유형으로 나누어 설명한다. 중재자 유형은 쿠데타를 주도한 장교들이 국가위기를 해결한 후 약속한 대로 군으로 돌아가는 유형이다. 이들은 계속해서 통치할 의도를 가지고 있지 않으며 또 실제로 그런 능력도 가지고 있지 않다. 이런 유형은, 군부 내에서 정치참여에 대한 일체감이 약할 때, 군부통치를 반대하는 강력한 민간세력이 존재할 때, 그리고 상징적이 아닌 실제적 국가위기가 존재하는가에 대해 강한 회의가 있을 때 나타난다. 통치자 유형의 군부 지배는 계속해서 군부 집권을 기도하는 유형으로, 군부는 새로운 이데올로기를 창조하고 자신들을 정치세력으로 조직화하기 위해 새로운 정당을 조직하고 사회의 근본 개혁을 추진한다.

현상 유지와 보수적 성격의 쿠데타 세력

이런 두 가지 유형에 비추어 5·16을 보면, 5·16 주도세력은 통치자 유형이었다고 할 수 있다. 5·16을 주도한 군 장교들은 정권을 장악하고 이를 영속화하려는 면에서 통치자적 성격을 띠었지만 사회를 개혁하려는 구체적 계획을 가지고 있었던 것은 아니며, 실제로 그런 능력도 없었다. 또 전체 군부가 제도로서 이런 기도를 뒷받침하는 상황도 아니었고 민간 정치인들의 도전 또한 무시할 수 없는 상황이었다.

이들이 민정 이양을 위한 선거를 앞두고 자신들이 타도 대상으로 삼았던 자유당 출신, 민주당 출신 등의 구정치인을 받아들이고 이들에 대한 지지에 힘입어 선거에서 승리할 수 있었던 점은 5·16 주도세력이 통치자적 군부 정치의 기반을 갖추지 못한 채 정권욕만을 앞세운 성격을 띤 집단이었음을 나타낸다. 이런 점에서 볼 때 5·16은 흔히 제3세계의 군부쿠데타가 개혁적 성격을 강하게 띠는 것과는 달리 현상 유지라는 보수적 성격을 띠고 있었으며, 무력으로 정권을 장악한 이후에는 정치영역의 모든 면에서 자신들의 기득권을 유지하고자 하는 정책을 일관되게 추진해 갔다고 할 수 있다.

군의 정치개입 선례와 정통성 위기

5·16은 현대 한국사회에 정치적 면에서만이 아니라 경제적·사회적 면에서도 큰 영향을 미쳤다. 5·16 주도세력이 큰 업적으로 내세웠던 경제적 성장은 외면적으로 과시된 성과와 더불어 내면적으로는 대외적 의존의 심화라는 문제를 초래했으며, 정치영역에서는 대부분 부정적 평가를 내릴 수밖에 없는 결과를 남겼다.

5·16이 한국정치에 남긴 가장 큰 부정적 영향은 군부의 정치개입이라는 선례를 만들었다는 점이다. 앞에서 지적한 바와 같이 건국 이후 군부는 직업군인의 전문성을 띠어 왔으며 정치와는 독립된 정부의 한 조직으로 기능해 왔다. 특히 6·25전쟁을 겪으면서 군의 전문성은 더욱 강화되었으며, 자유당정부에서는 군을 정치적 목적에 이용하려는 정치인의 기도를 과감히 거부한 선례도 있다. 그러나 뚜렷한 통치의식을 갖추지 못한 일부 장교들의 개인적 야심과 불만에서 야기된 5·16은 제3세계 국가에서 흔히 일어났던 군의 정치개입이 우리에게도 예외가 아니라는 것을 실증적으로 보여 주었다.

군의 정치개입에서 가장 위험한 점은, 이런 현상이 '예외적 현상'으로 한 번에 그치는 것이 아니라 일반적 현상이 될 가능성이 크다는 점이다. 예를 들어 군의 정치개입이 빈번히 발생하는 라틴아메리카의 경우, 가장 극단적인 볼리비아는 독립 이후 1백50년 동안 1백80회의 쿠데타와 봉기를 겪었으며, 온두라스에서는 같은 기간 동안 1백36회의 쿠데타와 쿠데타 기도가 발생했다. 우리나라의 경우에도 5·16 이후 군사정부 기간 동안 계속해서 발표되었던 쿠데타 기도는 일부 군인들에게 무력을 이용하면 소수의 인원으로도 권력을 탈취할 수 있다는 잘못된 인식을 갖게 한 결과였다고 볼 수 있다.

3공화국과 4공화국 기간 동안 군부는 제도로 보았을 때는 정치와 독립된, 바람직한 양상을 보였다. 그러나 내면적으로 보았을 때는 라틴아메리카 국가들에서 나타나는 것처럼 신직업주의(neo-professionalism) 의식이 싹트기 시작했으며, 유신체제 이후의 혼란기에 다시 군의 정치개입이 나타난 것은 앞으로도 이런 현상이 다시 일어날 가능성이 있다는 우려를 갖게 만들었다.

5·16이 한국정치에 남긴 두 번째 부정적 영향은 통치세력의 정통성 문제와 관련된다. 군의 정치개입과 관련해 명확히 해야 할 점은, 모든 군부 통치는 잘못된 것이고 정통성이 없으며, 모든 민간 통치는 바람직한 것이며 정통성을 갖는다는 주장은 옳지 않다는 점이다. 정권의 정통성은 국민이 그 정권을 정당한 통치 주체로 받아들이는가에 의해 결정되는 것이지 통치세력이 누구인가에 의해 결정되는 것은 아니다. 예를 들어 전체 국민이 공감하는 위기 상황에서 다른 대

안이 없을 때, 군이 정치에 개입해 위기를 극복하고 다시 군 본연의 임무로 돌아갈 때까지 군부 통치를 계속한다면 이는 국민으로부터 정통성을 인정받을 수 있을 것이다. 반면 부패한 민간정부가 국민의 의사에 반해 장기집권을 하고 독재를 하는 경우에는 정통성을 가질 수가 없다.

그러나 국민의 동의와 관계없이 무력을 동원해 정권을 장악하는 쿠데타는 그 자체로서 정통성이 결여되어 있다. 따라서 일부 군 장교의 정치적 야망에 의한 5·16쿠데타는 정통성을 결여한 것이었다. 다만 상대적으로 부정이 적고 공정했다고 평가된 1963년 대통령선거에서 군사정부의 연장세력인 박정희 후보자가 승리함에 따라 정통성의 기반을 확립할 수 있었고 1967년 대통령선거에서 두 번째 승리함으로써 정통성 문제는 완전히 해결되었다.

그러나 박정희 대통령은 1969년 3선 개헌 과정에서부터 어렵게 확보한 정통성을 방기(放棄)하는 경향을 띠기 시작했고, 1972년 유신조치를 취하면서 5·16 당시에 겪었던 정통성 위기에 다시 직면하게 되었다. 그 이유는 그 후의 통치 과정에서 국민의 지지 없이 계속된 억압과 탄압만으로 정권을 연명해 나가는 악순환을 초래했기 때문이다. 따라서 5·16이 한국정치에 미친 영향에서 불행한 점은, 쿠데타를 통한 군부의 집권이라는 불행한 사태에 더해 이 정권이 어렵게나마 획득한 정통성을 유지하지 못하고 비극적으로 퇴진하는 이중의 불행을 한국정치사에 남긴 점이다.

독제 체제와 변칙적 정치현상 강화

5 · 16이 한국정치에 남긴 세 번째 부정적 영향은, 유신체제에서 특징적으로 나타났던 독재체제의 유산을 들 수 있다. 한국의 독재정치는 민간정부였던 이승만(李承晩)의 자유당정부에서도 나타났지만, 중요한 것은 한국정치가 이를 극복하고 앞으로 나가지 못하고 몇 10년씩 퇴보하는 전례를 남겼다는 점이며, 독재체제의 내용 또한 더욱 나쁜 양상들을 나타낸 점이다.

유신체제는 계엄령을 선포하고 일방적으로 헌법에 삽입한 비민주적 조항들을 기반으로 성립된 체제로, 유신헌법은 국민 의사가 제대로 반영될 수 없는 통일주체국민회의에 의한 간선제로 대통령을 선출하면서 대통령의 중임 제한을 철폐해 사실상 종신대통령제를 규정했다. 또한 정치 · 경제면에서 긴급조치권을 포함하는 막강한 권한을 대통령에게 집중시켰다.

이런 독재체제의 제도적 강화는 국회, 정당, 선거 등과 같은 공식적 정치제도와 기구의 정치력은 약화시키고 정보기관이나 청와대 비서실과 같은 비정치 기구들과 그 책임자들이 실질적 권력을 장악해 한국정치를 이끌어 나가는 변칙적 성격을 강화했다. 이 체제는 유신헌법에 관한 논의나 반대 의견의 제시를 범법행위로 규정하고 이를 주장하는 사람들을 구속할 정도로 국민의 의사표시를 완전히 억압했으며, 유신독재에 반대하는 수많은 사람들을 체포 · 구속해 국제적으로 인권탄압 문제를 야기했다.

국민의 정치참여 배제

5 · 16이 한국정치에 남긴 부정적 영향은 국회, 선거, 정당 등의 정치과정에서도 나타났다. 1963년 민정이양 직후 단기간 활발한 활동을 했던 국회는 점차 권한과 기능이 제한되어 갔다. '능률적이고 생산적'이라는 명분 아래 국회는 행정부가 제안한 법안들을 처리하는 상징적 존재로 격하되어 갔다.

3공화국과 4공화국 기간 동안 5 · 16주도세력은 11차례의 국회법 개정을 통해 국회활동을 최소화하고 의원들의 의정활동은 최대한 제한하는 방향으로 유도했다. 국회의 회기를 보면 민주당정부에서 정기국회는 1백20일, 임시국회는 회수와 일자에 제한을 두지 않았던 것을, 유신체제에서는 정기국회를 90일로 단축하고 임시국회도 총 30일을 초과할 수 없도록 해 연 1백50일을 초과할 수 없도록 했다. 이것은 국회가 행정부의 업무 수행에 부담이 된다고 보는 행정만능발상에서 나온 것으로, 국회에서 행사되는 야당의 견제 기능을 최대한 억제하려는 것이었다.

국회에서 의원의 활동도 크게 억제되었다. 민주당정부에서는 의원 10인 이상의 찬성으로 의안 발의가 가능하던 것이, 유신체제에서는 20인 이상으로 바뀌어 의원들의 입법 기능 수행을 어렵게 만들었다.

또 의원들의 발언 회수와 시간 면에서도 1973년 15차 국회법 개정에서는 발언 시간을 30분으로 제한했고, 15분 이내에서 1차 연장이 가능하도록 제한했다.

발언자의 수에서도 민주당에서는 각 교섭단체의 의석 비율에 따라 결정할 수 있었던 것이, 유신체제에서는 각 교섭단체별로 2인까지만 할 수 있도록 제한했다. 이것은 토론을 통해 국민 의사를 반영하고 수렴하는 장소인 국회를 발언과 토론 없는 무언의 장으로 만들려는 의도였다. 또한 행정부 견제 면에서도 국무총리, 국무위원 등의 국회 출석 요구에 요구 의원의 수적 제한을 두지 않던 것을 20인 이상의 서면 요구가 있을 때에만 가능하도록 했다.

이런 법적 조치들은 국회가 가장 본질적 기능인 입법 기능과 국민 의사 대변 기능, 국정 비판 기능 등을 활발히 수행하지 못하도록 제도적으로 규제한 것이었다. 그러나 현실적으로 보다 더 심각한 것은 의회민주주의에 가해졌던 이런 제약과 규제가 5 · 16주도세력이 정권에서 물러난 후에도 원상복귀되지 못하고 계속되고 있다는 점이다. 국회의 구성에서도 유신체제에서는 대통령이 국회의원의 3분의 1을 사실상 임명하는 비민주적 제도를 강요했으며, 비례대표제를 기반으로 한다는 전국구 국회의원제도는 집권당만 유리하게 하는 비(非)비례제도를 적용했던 유산이 현재까지도 남아 있다.

5 · 16이 한국정치에 남긴 부정적 영향의 또 한 가지는 국민의 정치참여를 점진적으로 제한해 나갔다는 점이다. 이런 현상은 앞에서도 지적한 바 있는 5 · 16주도세력의 정통성 결여에서 기인하는 것이

다. 민주정치의 본질이 국민에 의한 정치라는 점에서 보면, 민주정치의 성패는 국민의 활발한 정치참여에 의해 좌우되는 것이다. 그러나 5·16 이후에는 일반 국민들이 정치에 참여할 수 있는 유일한 기회인 선거마저 계속된 선거법 개정을 통해 제약하는 방향으로 나갔다. 즉 5·16 이후 3공화국과 4공화국에서 있었던 8차례의 선거법 개정은 유권자가 후보자의 정견이나 업적 및 인물됨에 대해 충분히 알 수 있는 기회를 증가시켜 나간 것이 아니라 오히려 그런 기회를 가능하면 주지 않으려는 방향으로 추진되었던 것이다.

선거운동에 종사할 수 있는 운동원의 숫자가 8차례의 선거법 개정에서 점차 축소되었으며, 후보자를 알리는 선거벽보도 인구 50인당 1매이던 것을 1백인당 1매로 제한했고, 후보자에 관한 소형 인쇄물이나 선전 게시물 배포마저 폐지시켜 버렸다. 또한 1972년부터는 아예 신문광고도 폐지시켰고 확성기 사용까지 금지시켰다. 또 유권자에게 후보자의 정견을 알릴 수 있는 기회였던 개인 연설회도 회수 면에서 제한을 가하다가 결국은 완전히 폐지시켰으며, 후보들의 합동 연설회도 회수를 제한해 버렸다. 이런 선거운동 제한은 과열선거를 방지하고 불필요한 낭비를 막는다는 명분하에 채택되었지만, 실제로는 국민의 정치참여를 최대한으로 억제하려는 발상에서 나온 것이었다. 적실성 없는 선거법 개정의 계속은 결국 선거운동을 음성화시켜 금전 살포를 통한 표의 매수현상을 초래했으며, 엄격히 제한된 선거법을 준수해서는 누구도 선거에서 당선될 수 없는 상황을 만듦으로써 모든 후보자들을 범법자로 만드는 결과를 초래했다.

　이외에도 5·16은 행정 만능 현상의 초래, 정당제도의 무력화, 정
치자금과 관계된 부정·부패, 정치보복 등 한국정치에 여러 가지 부
정적 영향을 남겼다. 5·16주도세력의 집권 기간 동안 정착된 이런
부정적 영향의 상당 부분은 그들이 권력에서 물러난 이후에도 여전
히 한국정치에 유산으로 남아 있다. 5·16이 한국정치에 남긴 가장
심각한 해독은 이런 부정적 영향을 일시적이고 잠정적인 것으로 남
긴 것이 아니라 제도적으로 남겼다는 점이다.

04

여성과 정치

〈조선일보사보(社報)〉 1986년 5월 3일

정치는 남성의 활동 영역이고 여성의 활동 영역은 가정이라는 인식이 일반적으로 받아들여져 왔으며, 여성 중에서도 상당수가 이것을 당연한 것으로 여겨 왔다. 여성과 정치에 관한 이런 인식은 현실에서도 그대로 반영되어 현 12대 국회의원 276명 중에서 여성의원은 7명으로 전체 의석에서 차지하는 비율은 2.5%에 불과하다.

전체 유권자의 45%가 여성인 것에 비하면 여성은 정치에서 매우 낮게 대표되고 있다. 제헌국회 이래 현 12대 국회까지 여성의 비율이 가장 높았던 때는 9대 국회의 5.5%였으며 가장 낮은 것은 3대 국회 때의 0.5%였다. 7대 국회까지 국회에서 여성의원 비율이 2%를 넘지 못하던 것이 그 이후 그나마 5% 정도까지 오르내린 것은 전국구 국회의원제도나 유신체제 때의 유정회 등을 통해 지명된 여성들이 선거 없이 국회에 진출할 수 있었기 때문이다.

이처럼 국회에서 여성의원 비율이 낮은 이유는 우선 정치에 진출하려는 여성의 수가 절대적으로 적기 때문이다. 12대 국회의원 선거 때까지 여성 후보자가 가장 많이 출마한 선거는 제헌국회 때의 19명이었고, 2대 국회와 11대 국회 때 10명씩의 여성후보자가 입후보한 것을 제외하면, 나머지 선거에서는 여성 후보자 수가 10명 미만이었고, 8대와 9대 국회의원 선거에서는 여성 국회의원 후보자가 2명씩에 불과했다. 이런 현상이 나타나는 이유는 첫째, 정치에 대한 여성의 관심이 낮고, 여성의 의식이 정치화되지 않은 점에서 찾을 수 있다. 둘째는 한국에서 정치세계는 여성이 감당하거나 도전하기에는 너무 혼탁한 세계이기 때문이라 할 수 있다. 그러나 이런 정치세계에서도, 선거 없이 임명에 의해 당선된 여성 의원을 제외한 여성 정치인들은 대부분이 남성 정치인에 뒤지지 않는 투사형의 여성들이었다.

1970년대까지 여성과 정치의 특징이 여성들의 소극적 정치참여, 극히 소수의 여성정치인들에 의한 정치활동 주도, 정치에 대한 여성의 관심 저조 등이었던 데 비해, 1980년대에 들면서 이전과는 상당히 다른 현상이 나타나고 있다. 여성의 교육수준 향상, 여성의 사회진출 증가, 근로여성의 수적 증가 등의 결과로 정치에 대한 여성의 관심이 높아지고 이에 따라 정치참여도 증가하고 있다.

구체적 예를 들면, 여성이 선거 시에 남편이나 아버지의 의견에 따라 후보자에게 투표하던 경향은 상당히 약화되어 한 가정 안에서도 남편과 아내, 아버지와 딸이 서로 다른 후보자에게 투표하는 양상이 증가하고 있다. 특히 투표에만 참가해 자신이 지지하는 후보자에게 한 표를 찍는 소극적 수준을 넘어, 자신의 정치적 의사를 적극적으로 나타내는 양상이 증가하고 있다. 1980년대의 대학생 데모와 그 이전의 대학생 데모는 여러 면에서 차이를 보이지만, 그 중의 하나는 1980년대부터 대학생 데모에 참가하는 여학생의 수와 비율이 상당히 높아진 점이다.

또 하나의 특징은 여성 근로자의 주동에 의한 노동쟁의가 빈번하게 발생하는 점이다. 노동쟁의의 근본 원인은 물론 생계 문제나 노동환경 문제 등에서 찾을 수 있지만, 그런 집단행동에 참여하는 여성들은 이미 상당한 수준의 정치의식을 갖고 있다. 이런 현상은 여러 방면에서 전개되고 있는 여성운동과 더불어 여성의 정치화가 점차 강화되어 가는 것이라고 생각할 수 있다.

오늘날의 민주정치는 정당이 핵심이 되는 정당정치임에도 불구하고 한국의 경우에는 정당이 정치를 주도하지 못하는 양상을 보여 왔다. 여기에는 여러 다른 이유도 있지만 정당 자체가 국민의 지지를 기반으로 하는 정당이 되려는 노력이 약했기 때문이다. 정당의 입장에서는 점차로 정치화하는 경향이 높아지고 있는 여성들을 자기 정당의 지지기반으로 끌어들이는 것이 정당의 국민적 기반을 공고히 하는 데 도움이 될 수 있다. 특히 정치화 경향을 띠는 여성근로자가 많음을 고려하면 이들이 바라는 바를 정당의 정강정책에 반영하고 이를 구현하려고 노력하는 것이 정당이나 여성근로자 모두에게 도움이 되는 결과를 가져올 수 있다.

산업화가 계속해서 진행됨에 따라 근로자의 수도 지속적으로 증가할 것으로 예측되는 상황에서 정당이 이들의 이해를 대변해야 한다는 것은 당연한 것임에도 불구하고, 아직도 우리 정당은 노동계층에 대해서는 적극적 관심을 보이지 않고 있다. 그런데 1920년대에 설립된 영국의 노동당이 주요 정당이었던 자유당을 짧은 기간에 앞질러 제2정당이 된 후 보수당과 정권을 주고받을 정도가 된 것은 노동자를 대변하는 정책을 개발하고 이들을 지지기반으로 삼았기 때문이다.

이런 점에서 보면 우리 정당도 모든 것을 포용하는 캐치올(catch all) 정당의 성격을 탈피해 특정한 세계관을 표방하는 정당으로 변모하는 것이 필요하다. 이 과정에서 노동계층의 상당 비율을 차지하고 있는 근로여성들을 정당의 지지기반으로 확보하는 노력이 필요한데, 이것은 기존의 여당이나 야당, 어느 쪽에서도 적극적으로 추진할 수 있는 것이다.

민주정치의 확립은 정당정치의 확립에서 찾아야 하며, 정당정치의 확립은 국민적 기반을 바탕으로 하는 정당의 출현에서부터 기대할 수 있다. 정당에 대한 국민의 지지는 자신의 이해관계가 정당의 이해관계와 일치할 때 공고해질 수 있으며, 이것은 정당이 사회의 특정 계층이나 사회 구성원들의 이해를 적극적으로 대변할 때에만 이루어질 수 있다. 그 첫 번째 대상으로 정치화 성향이 높아지고 있는 여성을 목표로 한다면, 정당 자체의 기반 확충에 상당한 성과를 거둘 것으로 예상된다.

05

대안 없는 비판의 정치사로 얼룩져

[특집] 오늘의 한국, 그 40년의 나이테: 정치

〈2000년〉 1986년 8월호

해방 이후 40년 동안 한국사회가 여러 분야에서 괄목할 성장을 이룩해 온 것에 비하면 정치 분야의 발전은 극히 부진했다. 특히 1960년대 이후 경제와 사회, 산업 분야에서 우리가 이룩한 눈부신 성장을 토끼의 달리기에 비교한다면 민주정치 발전을 향한 과정은 거북이의 느린 걸음에 비견할 만했다. 40년이란 짧지 않은 기간, 국민이 민주정치 발전에 쏟은 관심과 노력이 결코 미약한 것이 아니었음에도 불구하고 우리가 원하는 정도의 정치가 이루어지지 않은 것은, 정치란 것 자체가 사회의 모든 면과 직간접으로 복잡하게 얽혀 있는 종합적 현상이기 때문이다.

경제의 성장이나 과학의 발전이 하루아침에 이루어지는 것이 아니듯이, 정치의 발전도 단시일에 기대할 수 있는 것이 아니다. 그러나

40년이란 긴 시간은 한국의 정치발전이나 민주정치의 확립을 위한 기반을 다지기에는 충분한 시간이었다. 이 긴 시간 동안 우리 정치는 과연 어떤 성공을 했고 또 어떤 실패를 했는지 살펴보자.

한국정치를 밖으로 드러난 면만 보면 성공한 것보다는 실패한 것이 더 두드러진다. 우리는 아직 평화적 정권교체의 선례를 만들지 못하고 있으며 정권의 교체는 언제나 혁명이나 쿠데타와 같은 비합법적이고 변칙적인 방법을 통해서만 이루어졌다. 국가지도자는 대부분 독재자로 변해 명예스럽지 못하게 권좌에서 물러났고 8차례나 있었던 헌법 개정은 많은 경우 정치지도자가 자신의 집권을 연장하기 위한 방편으로 이용했다. 국회는 대부분의 시기에 '행정부의 시녀'라고 불릴 정도로 독자적인 권한을 행사하지 못하면서 강력한 행정부에 종속되는 양상을 보여 3권분립이란 표현은 애초에 어울리지 않는 듯했다.

정당은 국민의 지지를 바탕으로 정권을 잡는 정치집단이 아니었다. 그보다는, 여당은 정부의 외곽에서 정권을 보조하고 정당화해 주는 역할에서 벗어나지 못했고, 야당은 파벌이나 계보의 이해관계에 따라 이합집산하면서 정권보다는 당권에 연연했으며, 개인의 이익을 위해서는 소속했던 정당에 큰 타격을 주면서까지 배신하는 양상을 나타내기도 했다. 선거는 돈을 얼마나 쓰느냐에 따라 당선과 낙선이 결정되는 금권정치가 만연했고, 정정당당하고 공정한 경쟁보다는 흑색선전과 상대방에 대한 인신공격으로 얼룩졌다. 여당은 달성할 가능성도 별로 없는 선심공약을 남발하면서 국민들을 기만했고 공영방송은 여당 후보자 위주의 일방적이고 편파적인 보도를 해서 그 보도만 들으면 야당 후보자는 하나도 없고 여당 후보자만 단독 출마한 것처럼 착각하게 만들었다. 반면에 야당은 속칭 '바람'에 모든 것을 걸면서 대안 없는 맹목적 비판만을 되풀이했으며 정권을 획득하면 어떤 정책을 펴나가겠다는 공약은 '가뭄에 콩 나기' 정도였다.

이런 모습들이 과거 40년의 한국정치를 특징짓는 현상들이었다. 그러면 지금까지 한국정치는 실패의 연속뿐이었는가? 우리는 애초부터 민주정치의 성취라는 목표를 달성할 가능성이 없는 가망 없는 국민이었는가? 그렇지 않다. 보는 시각을 달리해 피상적 정치현상이 아니라 내면적으로 진행되고 있는 정치과정을 분석해 보면 우리 정치도 상당히 희망적이고 긍정적인 양상을 띠고 있음을 알 수 있다.

많은 사람들이 한국에서 민주정치가 정착되지 못하는 원인을 국민의 낮은 정치의식과 비민주적 성향에서 찾고 있지만, 우리 국민은 1956년 정·부통령선거에서 야당의 장면(張勉) 부통령 후보자를 당선시켰던 민주적 능력을 가지고 있었다. 1960년에는 자유당정권의 불법·부정선거에 항거해 독재정권을 붕괴시킬 정도의 민주의식과 의지를 가지고 있었다. 1960년대 이후 경제성장과 사회발전의 결과로 국민이 고등교육을 받을 기회가 확대됨에 따라 국민의 정치의식은 더욱 높아졌으며 산업화의 결과로 새로운 정치세력이 나타나고 있다. 숫자적으로 증가하고 있는 중산층은 한국정치에 건전한 영향력을 행사할 수 있는 새로운 계층이다. 경제성장은 경제력을 갖춘 기업가의 층을 두텁게 했으며 계속해서 증가하는 노동계층도 정치력을 행사할 수 있는 잠재적 세력집단이다. 지식인은 사회 각계각층에서 정치발전에 긍정적 기여를 할 수 있는 위치에 있으며, 대학생을 중심으로 한 젊은 세대는 이미 비판세력으로 자리 잡고 있다. 농촌도 과거와 같이 여당의 표밭이었던 시기는 지나가고 있다.

이처럼 사회가 다원화하면서 새롭게 등장한 집단세력들은 자신과 관련된 문제에 대해 적극적 관심을 가지고 민주정치의 확립 과정을 예의주시하는 잠재적 정치세력들이다. 이제 한국정치는 이들의 요구와 비판을 외면하거나 이들의 지지기반을 확보하지 않고는 지탱해 나가기 어렵게 되었다. 민주정치가 국민에 의한 정치임을 재인식할 때 잠재적 정치세력인 이들의 존재는 한국의 민주정치 발전을 앞당길 기반이 되고 있다.

06

학생시위 어떻게 변할까?

대학생 설문조사에 나타난 학생운동의 방향과 성격

〈월간 조선(月刊 朝鮮)〉 1987년 5월호

학생운동, 어떻게 달라졌나?

1983년 학원자율화 이후 학생시위의 발생은 급격히 증가해 왔으며 학생운동의 성격과 내용, 이념, 수단 등도 급격히 변화하는 양상을 띠어 왔다. 특히 최근에는 학생운동이 추구하는 목표의 하나로 좌경성향이 대두하면서 학생운동은 정계뿐만 아니라 일반 국민의 중요한 관심사가 되고 있다. 이 글은 대학생을 대상으로 한 설문조사 결과를 중심으로 현재 진행되고 있는 학생운동의 성격이 무엇이며 어떤 상황에 있는가를 살펴봄과 동시에 학생운동과 학생시위에 대해 대학생이 어떤 의견을 가지고 있으며 또 어떻게 평가하고 있는가를 밝힌다. 이 글에서 사용한 자료는 1986년 5월과 6월에 서울, 부산, 대구, 광주,

대전, 전주에 있는 10개 대학의 대학생 5천 명을 표본으로 설문조사를 통해 수집했다. 표본의 추출에는 서울과 지방, 전공, 학년, 성별 등을 고려해 표본의 대표성을 최대화했다.

1980년을 기점으로 이전과 이후의 학생운동과 학생시위는 발생, 이념, 조직, 전략 등에서 큰 차이를 나타낸다. 1980년 이전의 학생시위가 발생 면에서 일과성(一過性) 내지는 우발성을 띠었던 데 반해 그 이후의 학생시위는 치밀한 계획 아래 지속적으로 발생하고 있다.

이념면에서 보면 과거에는 이상적 차원에서 민주주의 수호나 회복이라는 것이 주를 이루었으나, 현재는 학생운동권 내의 치밀한 사상교육 및 학습과 더불어 민주주의로부터 공산주의사상에 이르는 다양한 이념과 사상을 체계적이고 집중적으로 공부하며 이를 학생운동과 학생시위의 이념적, 이론적 기반으로 삼고 있다.

조직 면에서도 과거에는 정치적으로 중요한 이슈가 있을 때면 기존의 학생회와 같은 상설조직이 주동이 되어 시위를 벌이다가 정치적 이슈가 해결되거나 이에 관한 사회적 관심이 감소하면 자연적으로 시위도 끝나는 양상을 보였다. 이에 비해 현재의 학생운동은 운동권 또는 이념 서클이라고 지칭되는 상설 조직이 구성되어 있고 여기에서 학생운동의 전술과 전략에 대한 토론과 방향 제시가 계속해서 이루어진다. 이런 조직들은 지표로 삼는 이념에 의거해 현실사회를 진단하고 자체적으로 규정한 모순이나 문제를 해결하기 위한 체계적 전략과 전술을 수립한다. 1980년 이전과 이후의 학생운동과 학생시위를 특징짓는 이런 성격 때문에 현재의 학생운동이나 학생시위는 쉽게 해결되거나 중지될 수 없는 상황에 있다.

이념성 · 과격성 · 조직성이 특징

1980년대 중반부터 학생운동은 형태의 다양화, 주장과 내용의 급진화, 조직의 치밀화, 그리고 당면과제와 정치적 입장을 둘러싼 운동권학생 내부의 사상투쟁 격화 등의 특징을 나타내고 있으며, 이것은 특정 쟁점을 중심으로 응집되고 분산되던 1970년대까지의 학생운동과는 차이가 있다. 대학생들은 학생운동의 이런 성격 변화를 뚜렷하게 인식하고 있다. 대학생들은 1980년대 이전과 이후 학생운동의 가장 중요한 차이로 29.2%가 이념성, 27%가 과격성, 23.6%가 연합성, 그리고 18.2%가 조직성을 들고 있다.

학생운동과 학생시위를 주동하는 운동권학생들의 이념적 기반이 되고 있는 이론들로는, 민주주의, 민족주의, 마르크스주의, 신마르크스주의, 신제국주의, 종속이론 등을 들 수 있으며, 이들은 구체적으로 반독재, 반외세, 민족해방을 기치로 삼는다. 운동권학생들의 과격성은 이들의 이념적 기반에 근거하는 것으로, 이들은 계급 사이의 모순에 바탕을 두고 있는 현실 문제들은 개혁의 방법으로는 해결될 수 없으며 투쟁을 통해 자신들이 추구하는 바를 달성할 수 있다고 생각한다. 따라서 이들은 과거와 같이 투석전에만 의존하는 것이 아니라 화염병 투척이나 공공건물 점거, 기물 파괴, 분신, 방화 등의 과격한 수단을 사용하고 있다.

또 하나의 특징인 연합성에서는, 각 대학 운동권학생들 사이의 긴밀한 연계를 바탕으로 시위도 개별 학교별 시위보다는 전국 단위, 지역 단위의 연합시위를 시도한다. 연합성의 성격은 또 과거와 같이 학생운동을 독립적으로 추구하는 것이 아니라 사회 변혁이라는 큰 기치 아래 학생운동을 노동운동, 농민운동, 빈민지역운동, 종교운동, 문화운동 등과 긴밀히 연계해 추진한다.

네 번째 특징인 조직성은 대중 조직을 운동 조직에 연결시켜 상호보완 체제를 구축하는 한편, 학생운동 조직을 체계적으로 확대 강화해 미조직 대중과 비조직 대중을 운동권으로 유입 확대시킨다는 것이다. 또한 운동권학생 조직은 이념서적의 학습을 통해 학생운동의 전략과 전술을 터득하고 이의 실현을 위한 구체적 방안을 계획하며 동조세력을 확대해 나가는 이론형 조직과 학원시위의 표면에 나서서 직접 주도하는 실행 책임을 맡은 행동형 조직으로 구성된다. 이들은 정치 · 경제 · 사회 영역에서 주요 문제를 모두 쟁점화해 학생운동 조직의 상설화와 함께 학생시위의 상시화를 추진한다.

대학생들이 학생운동이나 학생시위를 통해 현실참여를 함에 있어 그 기반을 이루는 것은 현실에 대한 인식이다. 대학생들은 현 사회를 어떻게 생각하고 있는가를 보면 다음과 같다. 첫째로 일반 국민의 여론이나 희망이 정치영역에 반영되는 정도에 관한 의견을 보면, '국민 의사가 정치에 아주 잘 반영되고 있다'는 견해를 보인 대학생은 전혀 없으며, '어느 정도 반영되고 있다'는 의견도 1.7%에 불과했다. 이에 비해 '반영이 안 되고 있다'는 견해가 61.9%, '전혀 반영되지 않고 있다'는 견해가 17.5%를 차지해 전체의 70.4%가 부정적 반응이었다.

둘째로 우리 사회에 사회정의는 어느 정도나 확립되어 있는가라는 질문에 '확립되어 있다'는 의견은 5.9%에 불과했고, '확립되어 있지 않다'는 의견이 무려 84.3%였다. 이같이 현실에 대해 비관적이고 부정적인 견해는 대학생들이 학생운동이나 학생시위에 참여하도록 하는 중요한 원인이 된다.

혁명적 방법에 기대

또한 우리나라에서 혁명이 발생하면 지금까지 이루어 온 발전을 저해할 것인가라는 질문에 대해서는 21.2%가 '발전을 저해할 것'으로 본 반면에 58.4%는 '발전을 저해하지 않을 것'이라고 보는 것으로 나타나 현실 문제의 개선을 위해 혁명적 방법을 사용할 수도 있다는 견해가 반 이상을 차지했다. 또한 대학에서 반공 이념 교육을 해야 할 필요성에 관해서는 57.4%가 필요성을 인정하는 데 비해 28.7%는 불필요하다는 의견을 보였다.

이런 의견들은 대학생들이 국민 여론의 반영, 사회정의의 실현 등에는 부정적 견해와 비판적 의식을 가지고 있으면서도 반공 이념 교육에 관해서는 그 필요성을 인정하는 비율이 높아, 여러 중요한 문제들에 관해 일률적인 생각을 갖기보다는 개별 문제에 관해 독립적 판단을 하고 있음을 알 수 있다. 또한 현실에 대한 비판의식과 불만이 학생운동 참여나 시위로 나타나고 있음도 알 수 있다.

올해 들어 소강상태를 보이고 있는 학생시위는 지난 몇 년 동안 연중무휴로 발생했던 것과는 큰 차이를 보이고 있다. 설문조사에서 나타난 결과를 보면, 대학생들 중에서 한 번이라도 시위에 참여한 경험이 있는 대학생은 43.9%를 차지한 반면, 56.1%는 한 번도 시위에 참여한 적이 없었다. 또 시위참여 경험이 있는 대학생들만을 대상으로 시위에 참여한 정도를 묻는 질문에는 '아주 적극적으로 참여'한 경우가 8.2%, '적극적'으로 참여한 경우가 16.3%, '소극적'으로 참여한 경우가 33.9%, '아주 소극적'으로 참여한 경우가 15.4%로 시위 참여 대학생들의 대부분은 소극적으로 참여했음을 알 수 있다.

대학생들의 시위 참여를 교내시위, 연합시위, 가두시위 별로 나누어 보면, 교내시위에는 '적극적 참여'가 35.9%인 반면 '소극적 참여'는 61.1%로 나타났다. 이 결과는 교내시위에 참여하는 대학생들의 다수가 소극적으로 참여함을 보여 준다. 교내시위보다 더 적극성이 요구되는 연합시위를 보면 '적극적 참여'가 20.5%, '소극적 참여'는 41.4%, 그리고 교내시위에는 참여한 적이 있으나 연합시위에는 참여한 적이 없는 대학생들이 38.1%를 차지했다. 가두시위는 공권력에 의한 제약이 보다 강해서 연행 등의 위험 부담이 더 큰 시위인데 여기에 '적극적으로 참여'한 비율은 17.3%, '소극적 참여'는 45.4%, 그리고 가두시위에 참여한 적이 없는 비율이 37.3%로 위의 연합시위의 경우와 비슷한 비율을 보였다.

이런 조사결과에서 알 수 있는 점은, 대학생들이 시위에 참여하는 경우에도 소극적으로 참여하는 경우가 대다수를 차지하며, 대학생들의 시위 참여의 대부분은 교내시위에 한정되고 시위 참여자 중에서도 연합시위나 가두시위에는 30% 이상이 참여해 본 적이 없음을 알 수 있다.

대학생들은 학생운동이나 학생시위를 주동하는 운동권학생이 전체 학생의 10% 미만으로 보는 비율이 63.1%를 차지했으며, 80% 정도의 대학생들은 운동권학생들이 15% 미만에 불과하다고 보고 있다.

생활 정도와 학생시위 참여는 무관계

대학생들이 시위에 참여하는 동기 면에서도 대부분의 대학생들은 일시적 충동에 의한 참여가 가장 높은 것으로 나타났다. 시위 참여의 동기에 대해 41.9%가 '시위 현장을 보고' 참여했다고 응답했으며, 19.1%가 '시위 안내벽보를 보고', 17.5%가 '스스로의 결정에 따라', 15.8%가 '친구나 동료의 연락을 받고', 그리고 5.7%가 '선배의 권유에 따라'인 것으로 나타났다. 이들 중에서 '스스로의 결정에 따라'가 15.8%밖에 안 되는 것은 대다수 시위참가자들이 동원이나 일시적 충동에 의해 시위에 참가하고 있음을 나타낸다.

반대로 시위에 참가하지 않는 대학생들에게 그 이유를 물었을 때 가장 많이 언급된 것이 '학생시위에 찬성하지 않기 때문'으로 26.8%

를 차지했고, '무관심'이 19.6%, '개인적 사정'이 18.5%, '용기가 없어서'가 14.7%, '학생시위가 과격해서'가 11.7%, '현 상황에 대한 정확한 판단 미비'가 4.4%, '성공 여부에 대한 확신이 없기 때문'이 1.3% 등이었다. 이 결과는 대학생의 40% 정도가 학생시위나 시위 방법에 대한 불신 때문에 시위에 불참하며, 33%는 개인 사정이나 용기 부족 등의 개인적 이유, 그리고 무관심이 20% 정도인 것을 알 수 있다.

학생운동이나 학생시위와 관련해 흔히 지적되는 요인으로 참가 학생의 사회 경제적 배경이 있다. 그러나 '가정환경이 어려운 대학생이 시위에 참여하는 경향이 높다'라는 주장은 조사결과 적실성이 없는 것으로 나타났다. 즉 상류층 배경의 대학생들 중에서 45%가 시위에 참여한 경험이 있고 55%가 시위 참여 경험이 없으며, 중류층 배경 대학생들의 경우에는 41%가 시위 참가 경험이 있는 데 비해 59%가 시위 참가 경험이 없으며, 하류층 배경 대학생들의 경우에는 56%가 시위에 참가한 경험이 있고 44%가 시위 참가 경험이 없었다. 이 결과는 학생의 사회경제적 배경과 시위 참가 사이에는 뚜렷한 상관관계가 없음을 보여 준다.

시위의 가장 큰 원인은 민주화 지연

대학생들은 학생운동 자체에 대해서는 전반적으로 긍정적 견해를 가지고 있다. 대학생들은 학생운동은 본질적으로 민주적이라고 보는 견해가 80%였으며 이에 반대하는 견해는 8.5%에 불과했다. 그러나 학생운동이 추구하는 목표가 무엇인가에 대해서는 분산된 견해를 보였다. 학생운동의 목표 중의 하나가 현재의 정치체제를 바꾸자는 것이라는 주장에 대해 51.4%가 찬성한 반면 29.1%가 반대했다. 또 학생운동 목표 중의 하나가 학생과 근로자를 연계시키는 데 있다는 주장에 대해서는 36.8%가 찬성하고 34.9%가 반대하여 거의 비슷한 비율을 보였다. 운동권학생들과 재야세력 또는 정치세력과의 연계에 대해서는 58.1%가 외부의 영향을 받는다고 보았고 16.5%는 영향을 안 받는다고 보았다.

이런 결과들에서 볼 수 있는 것은 대학생들이 학생운동 자체에 대해서는 긍정적 시각을 가지고 있으나 학생운동이 추구하는 목표와 방향, 학생운동의 순수성 내지는 독자성 등에 대해서는 긍정적 반응 못지않게 부정적 반응도 높다는 점이다. 이런 면에서 대학생들은 현재 진행되고 있는 학생운동이 아직 미숙한 상태에 있다고 보는 견해가 56.3%였으며 16.8%만이 이에 반대하는 반응을 보였다. 이것은 대학생들이 현재 진행되고 있는 학생운동에 대해 불만족도가 높음을 나타내는 것이다.

1960년대 이후 한국정치에서 중요한 현상으로 계속되고 있는 학생시위는 대부분이 정치적 문제 때문에 발생했다. 1980년대에 계속되고 있는 학생운동과 학생시위도 주요 원인은 정치적인 것이다. 학생운동이 계속되고 있는 원인으로는 민주화의 지연과 현 정권의 비민주적 통치가 가장 많이 지적되었는데 전체의 63.9%나 됐다. 이런 현상은 현 정권이 태동하는 과정에서 제기된 정통성 문제와 정권 성립과정의 비정상적 상황에서 만들어진 여러 법들이 계속 존속하고 있는 것과 관계가 있다. 또한 대학생들이 민주화에 대해 기대하는 정도가 과거보다 훨씬 더 높기 때문에 이런 반응을 보이는 것으로 볼 수 있다.

두 번째로 많이 지적된 것은 현 정권의 정통성 문제로 전체의 17.1%를 차지했다. 이것은 1979년 10·26사건 이후 나타났던 순수 민간정부 수립에 대한 기대가 5·17사태를 계기로 무산된 데 대한 대학생들의 깊은 불만과 이에 따른 거부감에 기인한 것이었다.

세 번째로 많이 지적된 것은 군의 정치개입으로 14.6%였다. 1961년에 5·16을 통해 군의 정치개입이 이루어졌음에도 당시에는 이런 주장이 강하게 제기되지 않았던 것은, 5·16 이후 3년 동안의 군사정부 통치와 오래 계속된 계엄령으로 학생시위가 발생할 수 없었기 때문이라 할 수 있다. 또 5·16 이전에 민주당정권의 비능률과 사회적 혼란 때문에 국민들 사이에 불안감이 있었고, 이런 상황에서 발생한 5·16은 일부 국민들로부터 호의적 지지를 받기도 했다. 이에 비해 5·17 이전의 상황은 장기간의 유신체제가 끝나고 진정한 민주화의 가능성에 대한 기대가 상승된 때였는데 이때 내려진 긴급조치에 대해 대학생들은 정당성을 인정하지 않기 때문이다. 또한 현 전두환정권은 5·16 이후와 같은 군정 기간 없이 통치를 한 것도 5·16 이후 상황보다 더 많은 학생시위가 일어난 원인으로 볼 수 있다.

네 번째로 많이 지적된 것은 외세의 영향으로 3.9%를 차지했다. 근래 학생운동에서 외세로 비판받는 대상은 미국으로, 학생시위 주동자들은 제국주의 세력인 미국이 정치적·경제적으로 한국을 수탈하고 있다고 주장한다. 미국을 제국주의 세력으로 보며 미국을 대상으로 하는 학생운동이 가열된 것은 1985년에 있었던 미국문화원 점거 사건이 그 시발이었다.

종합적으로 볼 때, 학생운동이 계속되는 원인은 현실정치에 문제가 있기 때문이다. 크게는 민주주의가 제대로 실현되지 못하고 있기 때문이며, 구체적으로는 정권의 정당성 문제, 외세의 영향 등이 지적되고 있다. 이런 문제들은 정부의 정책이나 노력으로 단기간에 해결될 수 있는 것이 아니기 때문에 학생시위는 끊임없이 계속되고 있으며 언제 해결될지도 알 수 없는 양상으로 진행되고 있다.

61%가 폭력시위에는 반대

대학생들이 학생운동에서 사용되는 수단에 대해 갖는 인식은 학생운동의 목표에 대해 갖는 인식과는 차이를 보인다. 대학생들은 '현재 진행되고 있는 학생운동은 수단 면에서 민주적인가'라는 질문에 대해 47.1%가 긍정적 반응을 보인 반면 28.9%는 부정적 반응을 보였다. 특히 대학생들은 학생운동이나 학생시위에서 폭력적 수단을 사용하는 데는 부정적 견해가 강했다. 학생운동에서 추구하는 목표를 빨리 성취하기 위해 폭력도 사용할 수 있다는 주장에 대해 60.5%는 반대했으며 21.5%만이 찬성했다. 이것은 시위에 참가하는 대학생들의 일부는 폭력적 수단을 사용해서라도 그들이 추구하는 목표를 달성해야 한다는 의식을 강하게 갖지만 시위에 참가하지 않는 대학생들의 다수는 어떤 명분에서도 폭력을 사용하는 것에는 반대라는 의견이었다.

대학생들은 자신들이 생각하는 순수한 의미의 학생운동과 소수 핵심 운동권학생들에 의해 이루어지는 학생운동을 구별하려는 의식이 강하다. 전체 대학생들 중 극렬한 학생운동 참가자는 소수라는 주장에 대해 60.9%가 찬성했으며 20.9%만이 이에 반대했다. 특히 학생시위에 참여한 경험이 없는 대학생들의 71.5%는 극렬 운동권학생의 수는 소수에 불과하다고 보아 학생운동 전체를 극렬하고 과격한 것으로 보는 견해는 잘못이라고 인식했다. 대학생들은 앞으로의 학생운동은 현재보다는 더 평화적 방법으로 추진되어야 한다는 데 74.2%가 찬성했으며 6.9%는 현재와 같은 방법으로, 그리고 18.9%는 현재보다 더 강경한 방법으로 추진할 것을 주장했다.

특히 시위에 참가한 경험이 없는 대학생들 중 86%의 절대 다수가 평화적 방법에 의한 학생운동의 전개를 바람직한 것으로 보는 반면에 시위참가 경험자들은 31.6%가 현재보다 더 강경한 방법의 시위를 주장하고 있어 일반 대학생들과 운동권 핵심 학생들 사이의 차이가 심하다는 것을 보여 준다.

시위의 영향력에는 회의

대학생들은 자신들이 참여하거나 주위에서 진행되는 학생운동이나 학생시위의 효율성에 대해 어떻게 생각하고 있을까? 학생운동의 효율성은 여러 면에서 생각할 수 있겠으나 이들이 추구하는 목표 달성에 어느 정도나 영향을 미칠 수 있는가로 파악할 수 있다. 전체적으로 대학생들은 학생시위나 학생운동의 문제 해결력에 대해 비관적으로 보는 견해가 높은 것을 알 수 있다. 학생시위가 문제해결에 크게 영향을 미친다는 의견은 1.6%에 불과하며, 상당히 영향을 미친다는 의견도 20.7%에 불과했다. 그러나 전혀 영향을 못 미친다는 의견 또한 8.2%에 불과하며 조금 영향을 미친다는 의견이 69.4%를 차지했다.

시위 참가 경험이 있는 대학생들은 34.7%가 '상당히 영향을 준다'는 의견을 보인 반면 시위 참가 경험이 없는 대학생들은 12.9%만이 '상당히 또는 크게 영향을 준다'고 보았다. 대부분의 대학생들이 '학생시위가 조금 영향을 미친다'라고 보는 것은 학생운동이나 학생시위가 내걸고 있는 주장인 민주화 달성이나 외세배격 또는 정권타도 등이 학생운동이나 시위를 통해 성취되는 것은 쉽지 않다고 보기 때문이다. 그러면서도 끊임없이 이런 문제들을 제기하면 국민의 관심을 환기시킬 것이고 정부는 이런 문제들을 점진적으로 개선할 것이기 때문에 성과를 볼 수 있다고 생각한다. 즉 운동권 핵심학생들은 과격한 투쟁이나 조직적 시위로 자신들이 추구하는 목표를 단기간에 실현할 수 있다는 강한 신념을 가지고 있으나 일반 대학생들은 이에 대해 회의적으로 생각하고 있는 것이다.

그러면 대학생들은 학생운동이나 학생시위가 앞으로 어떻게 진행될 것으로 전망할까? 대학생들은 현재의 학생운동이나 학생시위가 계속 확대되어 나갈 것으로 전망하고 있다. 현재의 규모나 빈도보다 학생시위가 축소될 것으로 전망한 대학생들은 8.4%, 현상유지를 할 것이라는 전망은 17.8%에 불과했으며, 나머지 73.8%는 현재보다 더 확대될 것으로 전망했다.

대학생들이 학생시위가 확대될 것으로 전망하는 이유는 1986년 후반기와 1987년이 개헌 정국의 시기이기 때문에 학원 밖의 정치와 관련된 쟁점들을 내걸고 있는 운동권학생들이 개헌 정국의 시기를 그냥 넘기지 않을 것으로 생각하기 때문이라고 볼 수 있다. 또한 1986년에는 5월에 발생한 인천 사태를 비롯해서 지방 도시들에서 개최된 야당의 개헌 현판식에서 운동권학생들의 주장과 행동이 부각되었고, 일부 지역에서는 과격한 투쟁 양상이 나타났던 점을 감안할 때 이런 경향이 쉽게 진정되지는 않을 것으로 생각하기 때문이다.

그러나 1986년 10월의 건국대 사태를 기점으로 학생운동에 대한 정부의 대응 조처가 강경해지고 학생운동이나 학생시위에 대한 대학생들의 지지가 감소하면서 운동권학생들의 세력이 고립화되는 경향을 보임에 따라 올해 봄은 학생운동이 일단 소강상태를 보이고 있다.

앞으로 정권교체 기간에 학생운동이 어떤 양상으로 전개될 것인지는 미지수지만 학생운동이 이 시기에 더욱 확대될 것이라는 예측은 가능하다.

학생운동의 해결은 민주화뿐

앞에서 본 바와 같이 대학생들은 학생운동이나 학생시위의 주요 원인을 현실정치의 잘못에서 기인하는 것으로 보고 있다. 따라서 이들은 학생운동의 해결 방안도 현실정치의 문제를 해결하는 데서 찾아야 한다고 보고 있으며, 학생운동이나 학생시위의 해결책은 정부가 어떻게 대처하는가에 달렸다고 보고 있다.

대학생들 중에서 정부가 학생운동에 대처함에 있어 가장 바람직한 것은 진정한 민주정치를 실시하는 것이라는 견해가 49.5%를 차지했다. 다음으로 문제 해결을 위한 대화가 필요하며 특히 대학생들의 의견을 정부가 최대한으로 수렴해야 한다는 의견이 32.8%를 차지했다. 이것은 폭력을 사용하지 말고 평화적 방법으로 학생운동을 추진해야 한다는 견해가 대학생들의 다수를 차지했던 것과 일맥상통하는 것으로, 정부는 학생운동에 대해 강경한 규제 위주로 나갈 것이 아니라 대학생들의 정당한 의견을 수렴하고 받아들여야 한다는 생각을 나타낸 것이다.

학생시위의 해결 방안으로 대학의 자율성 보장을 지적한 대학생들도 전체의 12.1%를 차지했다. 대학의 자율성 보장은 학생시위에서 오래 전부터 제기되어 온 내용이지만 이의 해결을 지적한 대학생은 12.1%밖에 되지 않는 것은 1986년도의 학생운동이 일관되게 학원 밖의 문제들을 쟁점으로 삼았기 때문이라 볼 수 있다. 즉 작년도 학생시위나 학생운동의 주요 쟁점은 국가적 문제, 정치적 문제, 사회 전반적 문제, 대외적 문제가 주를 이룬 반면 교내 문제에는 거의 신경을 쓰지 않았는데, 이 결과 일반 대학생들도 학생운동의 해결은 교내 문제보다는 국가적 문제의 해결에 있다고 생각하고 있음을 보여 주는 것이라 하겠다.

정권교체를 학생시위의 해결 방안으로 지적한 학생들은 4.4%를 차지했다. 이것은 아주 낮은 비율이지만 민주정치 실현과 마찬가지로 학생시위의 해결책은 현실정치의 문제를 해결하는 데서 찾아야 한다는 표현이며, 특히 현 정권의 정통성문제를 학생시위의 원인으로 보는 대학생들이 이런 의견을 가지고 있는 것으로 생각할 수 있다. 마지막으로 전체의 1% 정도 대학생들은 정부의 자제, 정부와 학생 사이의 상호 신뢰회복, 시위의 정당성 인정 등을 들고 있다.

대학생들의 조사에서 위와 같은 학생운동 해결 방안이 제시되는 데 비해 정치권에서는 학생운동의 해결 방안에 대한 해결책의 강구가 부족하다. 이런 상황이 우리 사회가 매년 학생운동과 학생시위로 골치를 썩으면서도 해결이 이루어지지 않고 해를 넘기게 되는 이유이다.

학생운동이 해결되기 위해서는 학생운동 세력이 주도하고 있는 역할을 다른 세력이나 집단이 담당해야 한다. 그 세력은 다름 아닌 정치권이며 구체적으로는 정부, 여당, 야당, 국회 등이다. 정부가 국민의 의사를 충분히 수렴하지 못하고 있고 또 여당이나 야당이 정치문제의 해결에 주도적 역할을 하지 못하고 있기 때문에 학생운동 세력은 자신들만이 이를 해결할 수 있다고 생각하며 이런 인식 때문에 학생운동과 학생시위가 계속되고 있는 것이다.

정치가 정치권의 주도로 순조롭게 이루어져 정치적·사회적 민주화가 진전되는 것이 필요하며 사회 내의 다양한 기구와 제도적 장치들이 고유의 기능과 역할을 수행할 때 대학생들은 학원에서 학업에 전념하게 될 것이다.

07

6공화국 민주정치의 길

〈산정연구(産政研究)〉 1988년 2월호

민주정치 발전을 위한 또 한 번의 기회

6공화국의 출범을 앞두고 우리는 전에 없던 기대와 희망을 가지고 있다. 그 이유는 1972년 10월유신 이후 15년 동안 국민들이 진정한 민주정치를 경험하지 못하고 살아왔기 때문이다. 작년 6월 전국을 들끓게 했던 민주화에 대한 욕구의 분출로 6·29선언과 12월의 대통령 직접선거를 경험한 우리는 이제 민주정치 실현을 위한 또 한 번의 기회를 맞고 있다.

돌이켜보면 우리는 1960년 4·19혁명과 1979년 10·26사태 이후 두 번에 걸쳐 민주정치를 실현할 기회가 있었으나 두 번 모두 1961년 5·16과 1980년 5·17의 군부의 정치개입으로 기회를 상실했었다.

두 번에 걸친 쓰라린 경험은 민주정치를 실현하기 위한 기회를 성공시키는 것이 결코 만만한 일이 아님을 느끼게 한다.

그러면 6공화국에서 민주정치를 실현하기 위한 길은 무엇인가? 민주주의는 하나의 제도인 동시에 생활양식이다. 따라서 민주주의가 실현되고 민주정치가 정착되기 위해서는 제도적 기반과 실제 정치면에서의 기반 두 가지가 모두 갖추어져야 한다.

제도 면에서는 작년 여당과 야당이 합의를 통해 헌법을 개정하고 국민투표를 거쳐 새로운 헌법을 갖게 되었다. 4공화국 헌법은 통일주체국민회의(統一主體國民會議)가 그리고 5공화국 헌법은 대통령선거인단이 대통령을 간접으로 선출하도록 규정했기 때문에 국민의 지지를 얻지 못했고 이에 의거해서 선출된 대통령은 국민들로부터 정통성(正統性)을 인정받을 수 없었다. 4공화국과 5공화국에서 다수 국민과 야당이 요구하고 주장한 것이 대통령직선제였음을 생각하면 이것을 규정한 새 헌법의 채택은 민주정치 발전을 위한 기반을 마련한 것이다. 새 헌법은 이외에도 대통령의 권한을 축소시키고 입법부의 권한을 확대시키는 규정을 갖추고 있다는 점에서도 민주정치 실현을 위한 기반을 제공하는 것이다.

다음 단계에 추진해야 할 일은 헌법에 기반을 두고 모든 법들을 민주적인 것으로 개정하는 일이다. 여기에는 선거법, 국회법, 정당법 등과 노동법, 집회와 시위에 관한 법 등 국민의 정치·사회적 권리와 밀접하게 관련된 법들에서 비민주적 요소를 제거하고 보다 합리적이고 적법한 것으로 개정해야 한다.

의회정치의 활성화 방안

민주정치의 실현에서 가장 핵심인 제도는 의회와 정당이다. 현대 민주정치는 대의정치(代議政治)로 이를 행하는 주체는 국민의 대표인 국회의원들이고, 또 이들이 국민의 의사를 수렴하고 대변하며 필요한 경우에는 법제화(法制化)를 하는 국회이다. 3공화국 후반부터 우리 정치는 행정이 강화되고 정치는 약화되는 양상을 나타내기 시작했으며 4공화국부터는 국회 권한을 대폭 약화시키고 행정부 권한은 강화시킴에 따라 행정국가(行政國家)의 양상을 나타내게 되었다. 따라서 국회는 상징적 존재로 변모하여 행정부를 지원하고 보조해 주는 상태로 격하되기도 했다.

6공화국에서 민주정치를 위해 추진해야 할 과제는 국회 활성화이다. 그러면 국회 활성화는 어떻게 실현해야 하는가? 국회의 기능에는 여러 가지가 있으나 행정국가적 양상을 강하게 나타내고 있는 상황에서는 행정부의 독주를 효과적으로 견제하는 것이 중요하다. 행정부가 집행하는 정책이 제대로 수행되고 있는가를 확인하고 잘못된 점이 있으면 이를 비판하고 제대로 수정하도록 하기 위해서는 국회가 항상 열려 있어야 하며 행정부에 대한 견제와 감시가 지속적으로 진행되어야 한다.

이런 면에서 우선적으로 추진해야 할 것은 국회법 개정이다. 현재 국회법은 국회를 1년 동안 최대 120일 밖에 열지 못하게 규정하고 있다. 또한 국회 개회도 정기국회를 제외한 임기국회는 열기가 매우 어렵게 만들어 놓았다. 국회가 열리더라도 정부가 수행하는 정책이 제대로 수행되고 있는가를 확인할 수 있는 기간은 며칠에 걸친 대정부질의(對政府質疑) 기간으로 한정해 놓았다. 이 기간에도 행정부 책임자인 국무총리나 각 부처 장관들은 의례적이고 판에 박힌 부정확하고 피상적인 답변으로 일관하면서 넘어가는 것이 관례처럼 되어 있다. 4공화국과 5공화국에서 국회는 행정부를 견제하고 규제할 권한이 없었기 때문에 의원들 또한 형식적이고 의례적인 질문만 하고 끝내는 것으로 알아 왔고 행정부는 무책임하게 답변만 하면 끝나는 것으로 간주해 왔다. 6공화국에서 국회활동이 이런 구태의연(舊態依然)한 방식으로 계속된다면 민주정치의 실현이나 정치발전은 기대할 수 없다.

예를 들어, 박종철 고문치사사건이나 부천서(署)의 성고문(性拷問)사건 등은 작년 6월의 민주화운동을 초래했던 중요한 사건들이었지만, 국회는 이 사건들의 조치에 아무런 역할도 하지 못했다. 그 이유는 이런 사건들이 발생했을 때 국회가 즉각 소집되지 못했고 사건에 대한 관심이 거의 없어질 때쯤 소집되더라도 단기간의 의례적 질문과 답변만 하고 넘어갔기 때문이다.

이런 문제를 해결하기 위한 방안은 영국의회에서 행하고 있는 제도를 도입하는 것이다. 즉 국회 개회 기간 중 매일 일정 시간을 대정부 질문 시간으로 정해 놓고 행정부 활동에 관해 매일 질문이 가능하도록 하는 것이다. 이 제도는 어떤 중요한 사건이 발생하면 국회에서 이에 관한 문제들을 즉각 파악하고 논의해서, 잘못이 있으면 책임지게 하는 제도이다. 또 행정부 책임자가 무책임하고 불성실한 답변을 하더라도 그것이 일회성으로 끝나는 것이 아니라 그 다음날도 미진하고 불성실한 부분에 대해서는 질의와 추궁을 계속할 수 있기 때문에 행정부는 임기응변(臨機應變)으로 넘어갈 수가 없게 된다. 행정부가 불성실하게 넘어가려 할 때에는 곧 국민에게 알려져 여론이 악화되고 지탄을 받아 책임을 면할 수 없게 된다.

이와 함께 국회 회기를 현재보다 대폭 연장하여 국민을 대변하는 기관인 국회가 닫혀 있는 국회 또는 죽어 있는 국회가 아니라 활발하게 움직여 수시로 일어나는 문제들에 대한 활발한 토론을 통해 정치를 바로잡는 역할을 해야 한다. 국회의 활성화는 말로만 되는 것이 아니라 이를 가능하게 만드는 제도와 절차를 마련해야 이룰 수 있다.

국민에 기반을 두는 정당 육성 방안

민주정치는 의회정치이며 또 정당정치이다. 정당은 민주정치와 의회정치에서 핵심 주체이기 때문에 정당이 활성화되거나 정치의 주역이 되지 않고는 민주정치를 기대하기 어렵다. 그러나 우리 정당은 지금까지 정당이라고 이야기하기가 부끄러운 수준이었다. 여당을 제외하면 대부분 야당들은 상설 지방 조직은 물론이고 등록 당원조차 제대로 갖추지 못했다. 몇 십만 명이나 몇 백만 명의 당원이 있다고 주장하지만 선거 때는 그 당원 수만큼의 득표도 못하는 것이 현실이다. 당비를 제대로 납부하는 당원도 별로 없고, 선거철이면 우후죽순(雨後竹筍)처럼 나타났다가 선거가 끝나면 사라지는 포말정당(泡沫政黨)이 대부분이다. 야당은 인물 한 명의 후광에 따라 이합집산하는 정치인들로 이루어져 1년에도 몇 번씩 정당을 만들고, 옮기고, 없어지는 한심한 양상을 나타냈다.

여당도 총재 한 명의 뜻이나 지시에 따라 이의(異議) 없이 일사불란하게 움직여 당내 민주화는 상상도 할 수 없던 것이 5공화국까지 정당 모습이었다. 여당은 국민이 어떻게 생각하고 있고 무엇을 바라고 있는지에 관계없이 총재 의사에 따라 모든 것을 해 나갔으며, 야당 또한 국민이 자기 정당을 어떻게 평가하고 무엇을 바라고 있는지에 관계없이 중심 인물을 둘러싼 몇 십 명 또는 몇 백 명의 정치인들이 이합집산하는 것을 정당정치의 본질인 것처럼 행동해 왔다.

6공화국에서도 여당과 야당의 정당 활동이 이런 식으로 계속된다면 민주정치 발전은 기대할 수 없다. 정당들은 선거 때 자기 정당 후보자에게 표를 찍어 주는 것을 자기 정당에 대한 국민의 지지로 생각하고 있으나 이것은 절대로 잘못된 것이다. 이제 우리 정당은 허공에 뜬 정당, 소수 인물에 매달려 있는 정당이 아니라, 국민 속에 뿌리를 내리고 국민의 지지에 기반을 두는 정당으로 탈바꿈해야 한다.

이것은 말과 생각으로만 되는 것이 아니라 제도로 보장되어야 한다. 국민에 기반을 두는 정당이 되기 위해 필수적인 제도 중의 하나는 후보자에 대한 공천권을 정당의 총재나 지도자가 갖는 것이 아니라 일반 당원이 갖는 것이다. 이 제도는 미국의 예비선거(豫備選擧: primary elections)에서 볼 수 있는데 각 지구당의 당원들이 그 지구당에 출마할 정당 후보자를 투표로 결정하는 방식이다. 후보자의 공천권을 당의 지도자가 갖는 한 정치인들은 국민이 어떻게 생각하고 지구당의 당원들이 어떻게 생각하고 있는가에는 관심을 갖지 않으며 지도자가 어떻게 생각하느냐에만 관심을 갖고 지도자의 지시를 무비판적으로 추종하게 된다.

이와 반대로 정치인이 지역구 당원들에 확고한 기반을 두게 되면 정당의 지시가 국민의사에 위배되는 것일 때에는 과감하게 이를 거부할 수 있다. 이것은 선거 때에만 잠시 나타났다가 사라지는 정당 활동을 일신하여 지역 차원에서 상설 정당 활동을 활성화할 수 있는 계기가 될 것이다. 당원들이 자신을 대표할 후보자를 직접 선출할 수 있는 기회를 가진다면 국민이 정당에 가입하려는 의사도 증가하게 될 것이다.

정치인의 교체

6공화국의 민주정치 확립을 위해 필요한 또 하나의 과제는 정치인의 교체로 이것은 여당이나 야당 모두에게 해당된다. 4공화국과 5공화국의 권위주의정치에서 여당은 국민을 억누르고 통제하면 되는 것으로 인식했고 야당에 대해서도 함께 어울려 정치를 해 나가는 상대가 아니라 억압하고 없애야 할 상대로 인식했다. 아직도 권위주의적이고 억압적인 정치가 가장 효과적이라는 생각을 버리지 못하는 정치인들에게 민주정치의 확립이라는 과제를 기대할 수 없다.

야당 또한 정치는 타협 없이 투쟁하는 것이라는 생각을 버리지 못하거나 20년 전이나 30년 전에 행해지던 구태의연한 정치행태에서 벗어나지 못하면서 선동과 바람으로 정치를 해 나가려는 정치인들이 남아 있는 한 야당이 민주정치 발전에 기여할 것으로 기대할 수 없다.

시대가 변하면서 사회 환경도 변하고 있고 국민의 의식 수준도 변하고 있다. 국민의 민주정치에 대한 욕구는 팽배하고 있는데, 여당정치인들은 아직도 규제와 억압으로 정치를 해 나가면 된다고 믿거나, 컴퓨터 한 번 만져 본 적도 없으면서 대통령선거 결과는 정부와 여당이 사전에 계획한 컴퓨터 조작에 의한 것이기에 선거 패배에 승복할 수 없다고 떼를 쓰는 정치인들이 야당을 이끌고 있는 한 우리 정치에서 민주정치는 기대할 수 없다.

6공화국에서 민주정치를 달성하기 위해서는 여당과 야당 정치인의 일대 각성이 필요하다. 6공화국은 과거와는 다른 민주정치를 실현하기 위한 기회라는 점을 깊이 인식해야 하며, 국민은 돈으로 매수하거나, 권력으로 억압하거나, 바람으로 선동할 수 있는 무지(無知)의 대상이 아니라 진정한 민주정치가 어떤 것인지를 명확하게 인식하고 있는 국가의 주인임을 인식해야 한다.

그러나 지금까지 비민주적 정치의 타성에 젖어 온 정치인들이 자발적으로 이런 각성을 하리라고는 기대하기 어렵다. 이런 정치인들은 정치에서 과감히 도태시켜 정치인의 교체를 이루어야 한다. 이를 위해서는 국민들이 이들을 선거에서 낙선시켜 정치의 장에 발을 못 붙이도록 하는 것이 새로운 시대의 국민에게 주어진 과제이다.

08

1990년대 한국 정계의 과제 : 신뢰와 비전 있는 정치를

〈서울신문〉 1990년 1월 4일 17면 전면

1990년대 한국정치가 실현해야 할 최대의 과제는 민주정치의 정착이다. 이 과제는 해방 이후 46년 동안 우리 정치의 염원이었지만 아직까지 제대로 실현하지 못하고 있다. 1990년대 정치가 1980년대까지의 정치와 단절된 상태에서 새롭게 전개되는 것은 아니기 때문에 민주정치의 정착이라는 과제는 지금까지 이를 저해해 왔던 요인들을 제거해 나가는 데서 시작해야 한다.

지난 45년 동안 한국정치가 국민의 외면 속에 지탄받아 온 것은 무엇 때문인가? 그 원인은 여러 면에서 찾아 볼 수 있지만 가장 본질적 원인은 장기간 계속된 권위주의정치가 우리 정치에 남겨 놓은 악(惡)유산 때문이다. 6·25 발발과 함께 시작된 10년 동안의 자유당정권의 독재, 5·16군부쿠데타 이후 3년 동안의 군사정부, 7년 동안의 유신체제, 12 · 12군부내반란과 5 · 17 군부의 정권 장악이라는 불법 과정을 통해 성립된 8년 동안의 5공화국 통치 등 28년 동안에 걸쳐 행해졌던 독재와 권위주의정치 아래서 한국정치는 1인 독재와 1당 횡포, 야당에 대한 탄압, 국민에 대한 억압과 규제, 인권 침해, 부정과 부패로 특징지어졌으며 이 기간은 민주정치 정착의 희망을 말살시키는 기간이었다.

민주화의 기반 조성

이런 권위주의정치의 연속은 이 구조 속에서 정치를 해 온 정치세력들의 정치문화가 비민주적인 것으로 고착되게 만들었다. 권위주의정치 아래서 집권세력은 국민을 무시하면서 자신들이 원하는 바를 자의적으로 밀어붙이는 일방적 횡포를 일상화했다. 이런 세력의 탄압 아래에서 명맥을 유지해야 했던 야당은 정치적 연명을 위해 이들과 야합하거나 아니면 극한 대립과 투쟁으로 선명성을 부각시킬 수밖에 없도록 만들어졌다. 국민은 이런 정치행태에 혐오감을 갖고 외면하거나 매도했으며 집권세력은 한편으로는 국민의 탈정치적 행태를 조장시키면서 다른 한편으로는 정보를 통제하고 현실을 왜곡하면서 여론을 조작해 한국정치를 더욱 황폐화시켜 왔다.

이런 한국정치의 현실을 감안할 때 6공화국 출범 이후의 2년 동안은 민주화 추진과 민주정치 확립을 위한 기반 조성에서 의미 있는 기간이었다. 이 기간은 유신독재가 시작된 이후 15년 만에 처음으로 민주화를 추진한 시기였고 장기간의 권위주의정치가 남긴 악유산을 해소할 수 있는 기간이었다. 다행히 이 기간 동안 한국정치는 법과 제도 면에서 괄목할 만한 발전을 이룩했다. 법적으로는 국민이 오랫동안 갈망하던 민주헌법을 갖게 되었고 제도적으로는 국민의사에 따라 대통령을 직접 선출할 수 있게 되었다. 국회의원 선거제도는 집권당 후보자의 당선을 보장하기 위해 도입했던 1선거구 2인 선출 제도를 폐지하고 1선거구 1인 선출 제도를 회복해 집권여당에게 참패를 안겨 주었으며 헌정 사상 최초의 여소야대(與小野大) 국회가 탄생했다. 대통령의 권한은 비상조치 선포권의 제한과 국회해산권의 폐지로 축소되었고 국정감사제도의 회복과 청문회 제도의 도입으로 국회의 권한이 강화되어 행정부와 입법부의 균형과 견제가 상당한 정도로 가능하게 되었다.

행정부 독주에 대한 견제 강화

법적·제도적 면에서의 이런 진전에도 불구하고 6공화국 2년 동안의 현실정치가 답보 상태를 보이면서 국민을 실망시켜 온 원인은 어디에 있는가? 노태우 대통령이 5공화국 성립 과정과 5공화국 집권 기간 동안 핵심 역할을 한 인물이었고 또 대통령선거에서 36.6%라는 높지 않은 지지를 통해 당선되었음에도 불구하고 새 공화국 초기에 국민이 노 대통령에게 건 기대는 상당한 것이었다. 이것은 6공화국이, 장기간에 걸친 권위주의정치에 대한 국민의 저항으로 종식되고 성립된 정부라는 기대 때문이기도 하지만 또 한편으로는 과거로부터 대전환을 함으로써 한국정치에 새로운 민주정치의 장을 열어 보이겠다는 노 대통령의 약속을 국민이 믿었기 때문이다.

그러나 노태우정권 2년 동안의 정치는 국민의 기대와는 큰 차이를 보이는 무능력과 혼란의 연속이었으며 5공화국의 권위주의정치 행태에서 크게 벗어나지 못하는 과거정치 행태의 연장이었다. 6공화국 정부가 해결해야 할 가장 시급한 과제였던 5공화국 비리 청산과 광주문제의 해결은 아무런 진전 없이 2년 동안 답보 상태를 보여 왔다. 1989년 12월 15일 여당과 야당이 타협을 통해 합의한 5공비리와 광주문제의 해결 방안은 정호용 씨와 이희성 씨의 공직 사퇴와 전두환, 최규하 두 전직 대통령의 국회 증언이었다. 5공화국에서 저질러졌던 모든 비리와 광주의 비극이 과연 이 두 사람이 책임을 지는 것으로 해결될 수 있는 문제인가? 또 이 두 사람이 일시적으로 공직에서 물러나는 것으로 해결되었다고 이야기할 수 있는 문제인가? 5공화국 8년 동안 많은 국민을 탄압하고 정치를 퇴보시켰으며 국제사회에서 '한국은 독재국가'라는 지탄을 받게 했던 모든 잘못들이 두 전직 대통령이 몇 시간 동안 자기 입장을 설명하는 것만으로 끝낼 수 있는 문제인가? 여당과 야당 사이의 타협에 의해 제시된 해결 방안은 국민이 원하던 5공비리의 척결과 광주문제의 진정한 해결을 위한 것이 아님은 모든 국민이 느끼고 있다.

현 집권세력과 민주정의당에 의한 정치가 5공화국의 정치 수준을 벗어나지 못하고 있는 것은 6공화국이 인적 구성에서나 이들이 갖는 의식면에서 5공화국의 연장에 불과하기 때문이다. 6공화국의 성립은 정당 사이의 정권교체가 아닌 국가지도자만의 인물 교체였기 때문에 이것이 정치개혁에 큰 한계를 갖게 하는 것임을 보여 주는 역사적 교훈이었다. 집권 초기의 짧은 기간 동안 소수의 새 인물들을 충원하면서 국민에게 기대를 갖게 했던 6공화국 정권은 곧이어 5공화국에서 핵심 역할을 했던 인물들과 유신체제 말기의 독재체제에서 주도적 역할을 했던 인물들로 진용을 구축함으로써 새로운 시대적 여망에 부응하기를 스스로 거부했다. 이런 인물들이 국정을 이끌어가는 6공화국 정권에서 어떻게 큰 변화와 전환을 통한 민주정치의 정착을 기대할 수 있겠는가?

1980년대 후반 국내외 정세는 큰 변화를 보여 왔다. 공산주의체제인 소련과 동유럽 여러 국가들에서 공산당 내 개혁파가 추진한 자체 개혁과 자기 변신은 그 정도의 개혁도 보여 주지 못하고 있는 우리 집권세력과 여당에 비애감을 느끼게 한다. 만일 집권세력과 여당이 여러 가지 제약으로 인해 인적 개혁을 할 수 없는 처지라면 옛 인물들이라도 스스로의 의식 개혁을 통해 민주정치를 실현해 보이겠다는 의식의 전환이나마 보여 주어야 하지 않겠는가?

인적 개혁 뒤따라야

위의 분석에서 1990년대에 현 집권세력과 여당인 민주정의당이 나아가야 할 방향은 명확해진다. 첫째는 과거 권위주의정치에서 주도적 역할을 했던 인물들로 재구성한 현 집권체제를 혁신적으로 개편하는 것이다. 이것은 2년 전 6공화국정부가 출범할 때 실현했어야 할 과제였으나 아직까지도 실현되지 않고 있다. 둘째로 만일 이런 인적 개혁이 불가능하다면 최소한 현 집권세력과 여당의 핵심세력이 스스로 의식을 대전환시켜 과거 권위주의정치에서 고착되었던 정치행태에서 벗어나야 하며 진정으로 국민을 위한 정치를 하겠다는 의지를 보여야 한다. 이런 인적 쇄신과 의식 개혁은 과거 정치에서 계속되어 온 권위주의적 정치문화를 타파하고 민주적 정치문화를 바탕으로 정치의 기틀을 마련하는 계기가 될 것이다. 국민의 의식이 급격히 상승하고 변화하는 속에서 현 집권세력과 여당정치인들이 스스로 의식 전환을 하지 못하고 강압정치의 비호 속에 안주해 오던 정치행태를 벗어나지 못한다면 이들의 재집권 기대는 백일몽에 불과한 것이 될 것이다.

시급한 야당의 체질 개선

　13대 국회의원선거 결과 여소야대 국회가 성립되었을 때 긍정적 기대와 부정적 우려가 함께 대두됐다. 긍정적 면에서는 여당의 일방 독주가 불가능해졌기 때문에 여당과 야당 사이에 견제와 균형이 이룩될 것이라는 기대였고 부정적 면에서는 평화민주당, 통일민주당, 신민주공화당의 3개 야당이 힘을 합하면 이들이 원하는 것은 무엇이든 결정할 수 있기 때문에 야당의 횡포가 심해지지 않을까 하는 우려였다. 특히 5공화국 8년 동안 끊임없는 탄압 속에 고초를 당한 3개 야당의 입장을 고려하면 이런 우려는 상당한 근거를 가지고 있었다. 그러나 지난 2년 동안 여소야대 정국에서 3개 야당이 보여 준 정치행태는 위의 우려를 기우로 돌리게 했다. 3개 야당은 정부·여당과의 대립 속에서도 협상과 타협을 통해 정국을 이끌어왔으며 야당의 독주로 정치가 파탄을 겪은 일은 없었다. 오히려 6공화국 2년 동안 최대의 정치적 위기였던 노태우 대통령의 중간평가 문제에서 야당들이 이의 유보에 협조함으로써 위기극복에 기여했다. 5공비리 청산에 관한 12월 15일의 여당과 야당들의 합의 때에도 정부·여당과의 야합이라는 비판을 감수해 가면서까지 과거 정권의 문제를 일단락 지으려는 협조를 했다. 또한 악법의 개폐, 과거 정권에서의 비리 폭로, 행정부 독주에 대한 견제, 민생 문제 등에서 보여 준 야당들의 행태는 과거 정권에서 보았던 극한투쟁, 선동정치, 선명성 경쟁, 반대를 위한 반대 등과는 다른 것이었다.

지금까지 국민의 가장 큰 고민은 여당과 야당 어느 쪽도 진정으로 지지해 주고 싶은 정당이 아니라는 점이었다. 권위주의정권이 미워서 야당에 표는 주지만 이합집산을 일삼으며 선동정치에 의존하는 야당에 정권을 주는 것이 과연 현명한 처사인가에 대한 우려와 회의는 국민을 주저하게 만들어 왔다.

그러나 지난 2년 동안 야당들이 보여 준 정치행태는 미약한 수준이지만 정책 대결을 강조하는 것이었고, 대립 속에서도 협상하고 타협하는 것이었다. 국정감사와 청문회에서 보여 준 야당의 능력 발휘는 소수 의원들에 국한된 것이기는 했으나 야당의 능력에 신뢰를 더하는 계기가 되었다.

이런 야당의 성격 변화가 가능했던 가장 큰 원인은 국회에서 야당 세력이 여당 세력보다 더 강력했기 때문이었다. 즉 여당은 더 이상의 일방적 횡포가 불가능한 상태에서 야당과 타협하지 않으면 안 되었고 야당 또한 대통령이 거부권을 행사할 가능성이 높은 상황에서 여당과 협상을 하지 않으면 안 되었다. 이런 여소야대 정국은 야당의 정치행태를 민주적으로 전환시키는 데 기여한 원인이었다. 이런 점에서 볼 때 1990년대의 한국정치가 민주정치를 실현해 나가는 데 필수적인 전제 조건은 현재 이루어지고 있는 여소야대 정치구조를 지속시켜 나가는 것이다. 만일 현 집권세력과 여당의 반성과 자체 개혁이 없는 상태에서 여대야소 구도로 되돌아가게 된다면 1990년대의 한국정치는 또다시 국민의 의사를 무시하고 정부·여당이 일방적으로 독주해 나가는 권위주의정치로 회귀하게 될 것이다. 따라서 1990년대 초에 활성화될 야당통합이나 정당들 사이의 통합, 그리고 새로운 형태로의 정계 개편은 이런 점을 염두에 두고 이루어져야 하며, 그렇지 않으면 한국정치는 또다시 후퇴를 면치 못할 것이다.

1990년대에 정당들 사이의 정권교체를 실현하기 원하는 야당의 과제는 야당통합과 야당의 체질 개선이다. 지난 대통령선거에서 패배한 책임을 지고 김영삼 씨와 김대중 씨는 정계에서 은퇴해야 한다는 주장도 있지만 현 상태에서 두 김 씨의 정계은퇴는 오히려 정권교체의 가능성을 무산시킬 위험이 있다. 두 김 씨가 한국정치의 발전을 위해 기여해야 할 바가 무엇인가는 명확하다. 그것은 자신들이 두 개로 갈라 놓은 야당 세력을 다시 통합하는 것이며 더 나아가 두 사람 중 한 명이 양보해서 상대방을 야당지도자로 만드는 것이다. 이런 기대는 지난번 선거에서 불가능한 것으로 판명된 것이기는 하지만 정부형태를 내각제 등의 다른 정부형태로 개편할 경우에 두 김 씨는 정치발전에 함께 기여할 여건을 마련할 수 있을 것이다. 따라서 야당통합은 정부형태 변화와 함께 이루어질 때 그 가능성이 큰 것이다.

국민을 위한 정치로

야당이 추진해야 할 또 하나의 과제는 자기 개혁을 통한 야당의 체질 개선이다. 지난 2년 동안 야당에 대한 국민의 인식이 어느 정도 호의적으로 변한 것은 사실이지만, 이런 변화에도 불구하고 다른 한편으로는 야당 국회의원들의 자질 문제와 정치행태가 야당의 이미지를 실추시키고 있다. 야당도 이제는 정부·여당에 대한 극한투쟁에서 존재 의의를 찾던 행태를 마감해야 한다. 1990년대에는 언제라도 정권을 담당할 수 있는 능력을 갖춘 집권 대안세력으로 스스로를 재정비해야 한다. 이를 위해 야당 생활 45년 동안 체질화된 속성을 과감하게 탈피함과 동시에 야당의 인적 구성을 획기적으로 개선해 만년 야당을 탈피하고 집권을 대비하는 체제로 바꾸어야 한다.

1990년대에 급격하게 변화할 국제정세와 남북관계, 그리고 국내 정세에 대응해 나가기 위해서는 정치세력들의 부단한 자기 개혁이 뒤따라야 한다. 이제 한국정치는 권위주의정치의 유산인 공작 차원에서 벗어나 상대 정당이 아니라 국민을 보면서 국민을 위하는 정치로 방향을 바꾸어야 한다. 이것은 한국정치에서 민주정치를 확립하기 위한 출발점이 될 것이다.

09

한국경제와 종속이론

1970년대 후반 한국에 소개되어 1980년대 중반까지 인기를 끌었던 이론들 중의 하나가 종속이론이었다. 이 이론은 1950년대 라틴아메리카의 경제학자들 사이에서 논의되기 시작해 1960년대 말 세계 각국에 알려지기 시작했다. 이 이론이 주장하는 핵심 내용은, 세계 자본주의국가들은 중심부를 구성하는 소수의 선진 산업국가들과 주변부를 구성하는 나머지 후진 저발전국가들로 이루어져 있으며, 중심부와 주변부의 관계가 계속되면서 중심부는 주변부를 경제적으로 수탈하고 그 대가로 중심부 자본주의국가들은 계속해서 발전한다는 것이다.

이런 관계가 형성된 것은 자본주의 발전 과정에서 선진국이 저발전국을 원료 공급처와 상품 판매처로 자본주의 체제에 편입시켰으며, 1차 상품의 주요 생산지인 저발전국은 싼값으로 지하자원이나 농산물 등을 선진국에 수출하는 반면에 선진국은 싸게 구입한 원료를 가공해 생산한 공산품을 비싼 값으로 저발전국에 수출하는 부등가 교환이 발생하기 때문이라는 것이다. 이에 선진국과 저발전국의 경제 관계가 강화되고 활성화될수록 저발전국은 경제적으로 수탈을 당함으로써 발전이 저해되고, 반대로 선진국은 계속적으로 경제적 이익을 얻음으로써 더욱 발전하게 된다는 것이다.

또한 주변부를 구성하는 저발전국은 자본이나 기술이 없는 반면에 선진국은 그것을 가지고 있기 때문에 경제 성장을 추진하는 저발전국은 필요로 하는 자본과 기술을 선진국으로부터 받아들여야 하며 그것 때문에 종속 현상이 초래된다는 것이다. 즉 선진국으로부터 직접 투자나 차관 형식으로 자본을 받아들이는 과정에서 저발전국 국내 시장이 외국 자본에 침투되고 지배되는 현상이 나타나며, 저발전국의 국가경제가 외국 자본에 의해 좌우되기 때문에 자주적 경제 체제를 유지할 수 없고 선진국의 조종에 좌우되는 종속경제가 된다는 것이다.

그런데 주변부 국가가 이런 종속에 빠지게 되는 주된 원인들 중의 하나는 주변부 국가 안에서 다시 중심부를 구성하는 고위 정치인이나 관리, 그리고 대기업을 위시해 경제권을 장악하고 있는 사람들이 외국과의 무역, 외자 도입, 외국의 기술 도입, 해외 자본투자 허가, 국내시장 개방 등의 정책을 수립하고 추진하는 과정에서 자기 국가와 국민의 이익을 고려하기보다는 자신의 개인적 이익이나 치부를 위해 중심부 국가들과 야합하는 내판적 성격을 띠기 때문에 종속이 심화된다는 것이다.

우리 사회에서는 외채 규모가 급증하고 외채망국론이 대두되었던 1980년대 초중반에 학자들과 학생들을 중심으로 한국경제가 과연 종속경제인가 아닌가에 관한 논란이 많이 전개되었다. 그러나 한국경제의 특징이 다국적 기업의 직접투자보다는 외채를 도입해 상대적 자율성을 가지면서 투자할 수 있었던 점, 수출이 1차 상품 위주가 아니라 공산품 위주였던 점, 1980년대 후반부터 무역흑자의 시작으로 외채가 감소하기 시작한 점 등 때문에 종속이론은 한국에 적용되지 않는다는 주장이 강화되었고 한국경제의 종속논쟁은 끝맺음을 하는 듯했다.

그러나 최근 들어 선진국의 시장개방 압력의 결과로 수입이 급증하고 이와 동시에 과소비 풍조가 만연하면서 한국경제가 다시 위기에 돌입하는 것 같은 양상을 보이고 있다. 특히 외국상품의 수입에서 대기업들이 주도적 역할을 하고 이들이 수입 가격의 10배에 가까운 엄청난 폭리를 취하면서 물가 앙등과 과소비 풍조를 조장하는 양상을 띠고 있으며 수출 부진을 수입에서 얻는 이익으로 보완하려는 양상을 보이고 있다. 즉 저발전국의 정치·경제세력들이 선진국 자본이나 기업과 결탁해 국가경제를 종속경제로 떨어뜨리고 국민을 피해자로 만든다는 주장이 1980년대 후반부터 다시 제기되어 우려를 자아내게 한다.

올해부터 다시 무역적자시대로 돌아갈 가능성이 우려되는 시점에서, 대기업을 위시한 우리 기업들이 돈이 벌릴 만한 것이면 무엇이든 수입해서 비싼 값으로 판매하고 있는 현상을 보면 한국경제의 종속 현상은 어쩌면 지금부터 시작되는 것이 아닌가 걱정하게 된다.

10

현실과 법, 그 어긋남의 역사

[특집] 우리의 선거문화를 재조명한다

〈지방자치〉 1990년 4월호

선거는 대의정치에서 국민을 대신해서 정치를 담당할 대변자를 선출하는 과정이다. 대의정치에서 국민의 정치참여는 선거 때 투표에 참여하는 것만으로 한정되는 경우가 많기 때문에 선거는 민주정치에서 가장 중요한 과정이기도 하다. 따라서 어떤 정치체제에서 민주정치가 잘 수행되고 있는가를 파악하는 중요한 척도 중의 하나는 선거가 얼마나 민주적으로 치러지는가이다. 만일 국민의 대변자를 선출하는 과정 자체가 비민주적이라면 그런 비민주적 과정을 통해 선출된 사람이 국민의사를 민주적으로 대변할 것으로 기대하기는 어렵다.

우리는 1948년 5월 10일 제헌의원을 선출하기 위한 선거를 처음 실시한 이래, 13번의 대통령선거와 13번의 국회의원선거, 3번의 지방의회의원선거와 2번의 지방 자치단체장 선거를 치렀다. 이 선거들에서 나타난 선거행태에서 지적되어 온 것들은 부정선거, 불법선거, 관권선거, 타락선거, 행정선거, 동원선거, 바람선거, 지역감정에 근거한 투표와 선거 등이었다. 부정선거는 1960년의 3·15부정선거와 1967년의 6·8부정선거에서 특히 두드러졌으나, 그 외의 모든 선거에서도 부정이나 불법, 타락 등이 정도의 차이만 있을 뿐 계속해서 문제로 제기되었다.

올해 4월 3일에는 대구 서갑구에서 국회의원 보궐선거가 실시되고 올해 하반기에는 지방의회선거가 실시될 예정인 현 시점에서, 지금까지 우리의 선거풍토는 어떠했고 문제점은 무엇이었는가, 그리고 이런 문제들을 해결하기 위한 방안은 무엇인가를 알아본다.

법이 정한 규칙과는 상관없이 치러져 온 선거들

우리나라에서 실시된 선거들에서 나타난 가장 큰 문제는 선거가 법이 정한 규칙들과는 관계없이 진행되어 왔다는 점이다. 이런 현상은 정부수립을 위해 실시한 제헌의회선거부터 시작되어 작년에 있었던 동해시와 영등포을구의 재선거까지 계속되고 있다. 이런 비민주적 선거 행태는 시기적으로 변하는 특징을 보였는데 우리 선거에서 나타난 일탈 현상은 3단계로 변천해 왔다고 할 수 있다.

첫 번째 단계는 부정선거 단계이다. 이 단계는 선거가 집권세력의 계획된 부정에 의해 훼손된 단계이다. 시기적으로는 자유당정권 전체 시기를 비롯해 민주공화당 정권 시기에도 이런 부정이 자행되었다. 두 번째 단계는 불법선거의 단계로 이 시기에는 계획적이고 조직적이며 공개적인 선거부정은 사라졌으나 선거 과정이 불법으로 전개된 단계이다. 이 단계에서는 선거를 규정하는 법을 무시하는 불법선거운동이 일반화되었다. 물론 첫 번째 단계인 부정선거 단계에서도 이런 불법선거가 함께 자행되었다. 세 번째 단계는 타락선거 단계로 금력이 선거를 좌우하며 선거 분위기가 과열과 타락으로 특징되는 시기이다. 이 시기에도 불법선거는 동시에 진행되었으며 선거가 돈에 좌우되는 금권선거의 특징이 강화되었다.

자유당정권 이래 1960년대 후반까지 자행되었던 부정선거가 1970년대 이후에는 크게 감소한 면만 보면 우리 선거풍토에 발전이 있었다고 할 수도 있겠으나, 또 한편으로는 불법선거와 타락선거, 금권선거가 계속되고 있기 때문에 우리 선거문화는 아직도 선진화되기에는 요원하다 하겠다. 선거부정은 특정 후보자나 정당이 정당하게 얻을 수 있는 것보다 더 많은 표를 얻기 위해 유권자를 매수하고 투표용지를 훼손하며 산표(算票) 과정을 불법으로 조작하는 것을 말한다. 역사적으로 볼 때 비교적 널리 사용된 선거부정의 방법은 유령유권자 등록(선거인 명부에 허위 성명 등재), 유권자에 대한 위협이나 금품 제공, 투표함에 부정표 투입, 투표 내용의 변조, 투표지의 탈취, 산표 결과에 대한 허위 보고 등이다.

우리 선거에서는 이 모든 방법이 이용되었다. 특히 자유당정권 시절의 일부 선거와 3·15부정선거에서는 후보자의 등록 방해, 유령유권자 조작, 유권자에 대한 위협과 협박, 투표함에 부정표 투입(3할 사전투표나 5할 사전투표 등), 3인조·5인조 투표 등 단체로 기표소에 들어가 서로 투표 결과를 확인하게 하는 공개투표, 투표함 바꿔치기, 야당 후보자에 기표된 투표지를 훼손해 무효표로 만들기 위한 '피아노표' '빈대표' 등의 투표지 훼손, 집계 과정에서 야당에 기표된 표를 여당 득표에 포함시켜 계산하는 등 상상할 수 있는 모든 부정한 방법을 동원해 여당 후보자를 당선시키는 작태를 보였다. 이렇게 비민주적 방법으로 선거를 이용한 결과 자유당정권은 국민혁명인 4·19혁명에 의해 타도되었다.

부정선거는 약화, 불법·타락선거는 강화

민주공화당 정권은 1967년의 6·8부정선거에서, 박정희 대통령의 세 번째 대통령 출마를 보장할 헌법 개정을 추진할 수 있는 국회의원 수를 확보하기 위한 전략으로 전국의 여러 투표구에서 조직적 부정을 자행했다. 이때에는 자유당정권에서 사용했던 투표함 바꿔치기, 사전투표, 야당 투표지 훼손 등의 방법을 사용해 국회 의석의 3분의 2를 훨씬 넘는 수를 당선시켰다. 그러나 부정선거에 대한 국민적 저항에 직면한 민주공화당정권은 대통령이 국민에게 공개 사과를 하고 부정이 두드러졌던 지역에서 일부 민주공화당 당선자를 제명시켰다.

1970년대에 들어와서는 이런 조직적이고 계획적인 부정선거는 사라졌는데 그 이유는 두 가지 면에서 찾을 수 있다. 첫째는 유신체제 성립 이후 대통령에 대한 직접선거가 없어진데다가 국회의원도 3분의 1은 대통령이 지명하게 됨에 따라 굳이 부정선거라는 무리수를 써서 선거에 이기지 않더라도 집권여당이 행정부와 입법부를 완전히 장악할 수 있었기 때문이다. 둘째는 선거를 실시한 지 20년이 넘었고 또 그 과정에서 여러 가지 부정선거를 보아 온 국민의 정치의식이 어느 정도 신장되어 국민을 완전히 무시하는 부정선거를 하는 것이 어렵게 된 데에도 원인이 있다.

이처럼 적나라한 부정선거가 자취를 감추었다고 해서 선거법에 규정된 적법한 과정과 절차를 따라 선거가 진행된 것은 아니었다. 즉 부정선거는 사라졌으나 불법선거와 타락선거는 계속되어 왔고 이런 성격은 오히려 더욱 강화되는 양상을 보여 왔다. 이와 함께 관권선거나 행정선거 또한 지속적으로 시행되어 왔다.

선거법은 선거운동 과정에서 득표를 위해 할 수 있는 활동의 범위와 해서는 안 되는 범위를 규정하고 있다. 그러나 이 법이 제대로 지켜진 적은 한 번도 없으며 이 법을 제대로 지키고 당선된 국회의원 또한 한 명도 없다고 해도 과언이 아닐 정도로 선거법이 무시되는 상황에서 선거가 진행되어 왔다. 이런 불법선거를 주도했던 주요 세력 중의 하나가 정부이다. 즉 정권을 잡은 세력이 집권 연장이나 자기 세력의 확대를 위해 정치에 중립을 지켜야 할 공무원을 선거에 이용하는 관권선거를 자행하고 행정력을 동원해 자기 정당 후보자에게 유리하도록 직접 또는 간접으로 영향을 미쳤다.

자유당정권과 민주공화당 정권에서는 여당이 경찰, 공무원 등을 동원해 야당 후보자의 선거법 위반을 적발하거나 단속해 야당 후보자를 낙선시키려 했으며, 반대로 여당 후보자의 선거법 위반은 눈감아 주고 단속도 하지 않았다. 특히 자유당정권에서는 경찰이 선거에 개입해 여당의 선거운동에 앞장서고 야당 후보자들에 대해서는 선거운동 방해, 감시, 미행, 협박 등을 자행했고 유권자들에게도 직접적 위협을 가했으며 반공청년단 등의 폭력 조직을 앞장세워 불법선거를 자행했다.

3·15부정선거에 대한 응징으로 4·19혁명을 경험한 정치인들은 그 이후에는 적나라한 불법선거를 자제하는 면을 보여 정부의 직접적인 선거 개입보다는 여당 후보에 대한 지원을 위해 선거 기간 중 공무원의 연고지 출장, 정부 사업의 선거 기간 중 발주, 정부의 계획을 여당의 공약 사업으로 발표, 선심 공약의 남발 등 행정적으로 여당 후보를 지원하는 행정선거 양상을 보였다.

6공화국에서도 계속되는 행정선거

이런 행정선거는 5공화국, 6공화국에서도 계속되고 있지만 6공화국에 들어와서는 새로운 양상이 나타나고 있다. 즉 1989년에 있었던 동해시와 영등포을구 국회의원 재선거에서 나타났던 바와 같이 일개 지역구의 재선거에 정당이 총력을 집중하는 현상이 나타났다. 이것은 야당에서도 비슷한 양상을 보였지만 여당은 정당의 총재인 김영삼 대통령이 직접 지역구민들에게 서신을 보내 여당 후보자를 지원하며 선거운동에 개입하는가 하면 올해 1990년 4월에 있을 대구 서갑구 보궐선거에는 인근 지역 출신 현역 여당의원을 37개 투표구의 책임자로 지명해 득표 활동을 독려하는가 하면 대통령이 37명 국회의원들을 청와대로 소집해 득표 활동을 독려하는 양상까지 보이고 있다.

대통령이 일개 지역구 보궐선거에까지 앞장서서 개입하는데 선거가 과열되는 것은 당연하며 여당 후보자의 당선을 위해 모든 수단과 방법을 총동원하는 것은 동해시와 영등포을구 재선거에서 나타났던 바와 같다. 이것은 여당 후보자가 보궐선거에서 패배할 경우를 우려해 과민하게 대응하고 있기 때문이며, 이런 행태가 선거를 더욱 과열시키고 있다. 정부와 여당은 이 보궐선거가 단순히 지역대표를 뽑는 선거가 아니라 5공청산 종결 여부를 심판하고 3당합당이 잘한 것인지 여부를 검증하는 '작은 총선거'라고 의미를 확대시킴으로써 지역 주민들에게 심리적으로 압박감을 주고, 자연스럽게 이 지역 행정기관의 선거 개입을 유도하려는 기도가 숨어 있는 것이라고 볼 수 있다. 특히 이 보궐선거의 후보자 등록 과정에서부터 안기부 등 정보사찰기관이 정호용 후보자를 미행한 것이나 정 후보자 지지자들에 대한 세무사찰 압력이 가해지고 있다는 정 후보자 측의 주장을 감안하면 우리 선거에서 약화되어가는 듯 보이던 관권 개입이 다시 강화되는 퇴행적 현상을 나타내고 있다.

불법선거 및 관권선거와 더불어 우리 선거풍토의 폐해인 타락선거와 금권선거는 자유당정권부터 있어 왔으나, 자유당 시절의 타락 정도가 시골장터에서 공짜 막걸리나 먹이고 고무신이나 나눠 주던 양상이었다면, 민주공화당 정권 때는 사랑방좌담회라는 명칭으로 집권여당의 공조직을 통해 유권자를 동원해 음식을 제공하고 홍보와 회유하는 것으로 진전되었다. 이와 함께 유권자에게 각종 선물이나 현금, 식사를 제공하고 관광여행을 보내 주는 것이 선거운동의 관행으로 정착되었다. 5공화국과 6공화국에서도 이런 폐해는 그대로 계속되고 있으며 오히려 타락과 과열의 정도가 더욱 심화되어 가고 있다. 또한 선거운동 기간 동안에 당원 확장이란 명목으로 3만 원 내지 5만 원씩 주고 정당 당원증을 나누어 주면서 돈을 주는 대가로 표를 찍어 줄 것을 요구하는가 하면, 지난 대통령선거 때 본 바와 같이 후보자의 유세장에 참석하는 대가로 이삼만 원씩을 나누어 주는 식으로 금권선거와 타락선거가 만연되어 있다.

엄격한 법 적용과 준엄한 처벌이 처방

그러면 위와 같은 불법 · 타락 · 금권선거를 척결하고 민주적이고 공명한 선거풍토를 정착시킬 방안은 무엇인가? 선거가 법의 테두리 안에서 공정하게 실시되고 있는 선진국들도 역사적으로 보면 개탄스

러운 정도의 부정과 타락이 선거를 특징지었던 시기가 있었다. 예를 들어 민주정치의 본산이고 의회민주주의의 표본인 영국도 1700년대 후반과 1800년대에는 선거에서 부정과 타락, 폭력이 만연했다. 당시 후보자의 인기는 그들이 제공하는 음식이나 술에 따라 결정되었고 선거운동 기간에는 몇 개의 지정된 식당에서 특정 후보자가 제공하는 음식과 술이 그 지역의 모든 남녀에게 제공되어 시가지가 술에 취한 사람으로 가득할 정도였다. 또한 특정 후보자를 지지하는 사람들이 패거리를 지어 다니면서 상대 후보자를 지지하는 사람들을 폭행하는 일이 비일비재했다. 또 유권자를 돈으로 매수해 표를 획득하는 일도 많았다.

이런 불법·타락 현상이 사라지기 시작한 것은 1872년 선거법 개정 이후로, 그 후 협박과 폭력 사용은 거의 볼 수 없게 되었으며 1833년 제정된 부패행위금지법은 이런 변화에 큰 기여를 했다. 이 법은 유권자를 매수하거나 금품을 제공하는 부패 행위에 대해 엄중한 처벌을 가했고 선거비용도 엄격히 제한했다. 또 선거비용의 회계보고가 사실임을 선서하지 않으면 의석을 차지할 수 없게 했다. 이에 부정선거나 불법선거로 당선된 의원이 선거법 위반으로 의원 자격을 상실하는 사례가 많아지게 되자 선거부정이 격감했으며 20세기에 들어와서는 선거법 위반이 거의 없어지게 되었다. 이에 따라 제1차 세계대전이 끝난 1918년 이래 현재(1990년)까지 선거법 위반으로 국회의원직을 상실한 의원은 2명밖에 되지 않는다.

미국에서도 선거에서 부정행위가 만연되어 있었는데 1912년 오하

이오 주의 아담스 군에서는 그 지역 유권자의 26%에 달하는 1천6백 79명이 금품에 매수당한 것이 인정되어 이들의 공민권을 박탈한 일이 있었다. 이후 부패행위방지법을 제정하고 여러 차례 개정해 선거 부정을 엄단하자 현재는 선거부정이나 타락선거, 불법선거는 자취를 감추었다.

이런 외국의 예로 볼 때, 우리도 선거풍토를 정화하고 불법선거와 타락선거를 근절시키는 유일한 방안은 선거법을 엄격하게 적용하고 선거법을 위반한 모든 당선자와 후보자에게 선거법을 예외 없이 엄격히 적용해 의원직을 박탈함으로써 두 번 다시 선거에 출마하지 못하게 만드는 것이다. 선거풍토를 개선하기 위해 정치인이나 유권자의 의식 개혁을 주장하는 의견도 있으나 이런 의식 개혁은 단기간에 쉽게 이루어질 수 없기도 하지만 엄격한 법 적용과 위법 사항에 대한 준엄한 처벌이 동시에 진행되지 않고는 의식 개혁 운동은 성공할 수 없다.

현행 선거법의 대폭 개정이 선결 과제

엄격한 선거법 적용이 실현되기 전에 우선 선행해야 할 것은 현행 선거법을 대폭 개정하는 것이다. 그동안 선거법은 8번 제정되고 8번 개정되어 왔으나 대부분의 선거법 개정은 5 · 16군부쿠데타, 유신독재체제, 5 · 17불법 정권찬탈 등의 비합법적이고 불법적인 방법으로 권력을 장악한 세력들이 계속해서 정권을 유지하기 위해 자신들에게 유리한 방향으로 선거법을 제정 또는 개정한 것이었다.

이와 달리 여당과 야당 사이의 협상을 통해 선거법을 개정한 것이 몇 번 있었는데 이 경우에는 지엽적 차원에서 선거운동 범위를 확대하는 수준이었다. 1988년 13대 국회의원선거를 앞두고 여당과 야당이 합의한 선거법 개정도 기존 선거법에서 선거벽보, 현수막, 합동연설회 등의 숫자를 약간 더 늘리고 소형 인쇄물 배포를 허가하는 수준에서만 이루어졌다. 이에 선거운동의 범위가 약간 확대되기는 했지만 그럼에도 불구하고 현행 선거법은 선거운동을 하라고 만들어 놓은 법이라기보다는 선거운동을 하지 말라고 만들어 놓은 법이라 할 수 있다. 즉 현행 국회의원선거법 중에서 선거운동에 관한 조항은 48개 조항에 달하지만 이 중에서 실제 선거운동에서 할 수 있는 것을 규정한 조항은 8개 조항에 불과하고, 선거운동에서 할 수 없는 것을 규정한 조항은 29개 조항에 달하고 있어 이 선거법은 선거운동을 활성화하기 위한 선거법이 아니라 어떻게 하면 선거운동을 못 하게 할 것인가라는 의도에서 만들어진 법이라 하겠다.

현행 선거법의 이런 성격은 유신체제 때 정치의 활성화를 최대한 억제하고 선거를 요식 행사로 전락시키는 동시에 국민의 정치참여나 야당의 정치활동을 제한하려는 의도에서 선거법을 만들었기 때문이다. 그 이후 5공화국 집권자나 집권여당도 같은 의도에서 가능한 한 기존 선거법을 유지하고자 했다. 1987년 6월 민주화운동 이후 민주화 분위기 속에서 여러 개선 조치가 이루어졌지만 선거운동을 규정한 법조항들은 전혀 현실에 맞지 않는 수준에 머물고 있다.

현행 선거법의 선거운동 제한 규정이 너무 비현실적이고 비합리적이기 때문에 이 선거법 아래에서는 누구도 제대로 선거운동을 할 수 없으며, 이 결과 모든 후보자들이 선거법을 위반하는 것을 당연한 것으로 생각하고 있다. 또 선거법을 위반하고 당선되어도 누구도 거기에 대해 부담감을 갖거나 처벌될 것을 두려워하지 않는 상태이다. 선거관리위원회의 입장에서는 공명선거를 보장하기 위해 후보자의 불법선거운동을 고발한다 하더라도 국회의원 당선자와 낙선한 후보자들의 거의 대다수가 불법선거운동을 했기 때문에 이들을 전부 고발하거나 그렇지 않으며 아무도 고발하지 않는 두 가지 길밖에 없었으며 지금까지 후자의 관행이 계속되어 왔다.

선거관리위원회의 규모와 위상 현실화도 절실

작년에 동해시와 영등포을구 재선거가 실시된 원인은, 영등포을구에서는 금품 제공의 선거법 위반 행위가 법원에서 불법으로 판결이 났기 때문이고 동해시에서는 불법선거와 타락선거를 자행한 당선자와 후보자 전원에 대해 법원이 1백만 원부터 1백50만 원의 벌금형을 선고하고 일부 선거운동원들에게 실형을 선고했기 때문이다. 이것은 선거관리위원회와 사법부가 부정 · 불법 · 타락선거의 척결에 강한 의지를 보이기 시작한 것으로 매우 바람직한 현상이다. 그러나 이 두 가지 경우는 일부 지역에 한정된 선거였기 때문에 이런 고발과 이에 대한 엄정한 판결이 가능했으나 앞으로 있을 전국적 지방선거나 국회의원선거에서 선거관리위원회의 인력으로는 위와 같은 감시와 불법 또는 부정 적발을 바탕으로 한 고발이 사실상 불가능하다.

과거에 정권유지와 국민의 정치참여 억제, 야당의 정치활동 제한 등을 목적으로 만들어졌던 현행 선거법을 대폭 개정해 현재 규제하거나 금지하고 있는 대부분의 선거운동을 전면 자유화해야 한다. 대신에 현실 상황을 감안해 꼭 제한하거나 금지해야 할 사항들만을 규제하는 선거법을 제정하고 이를 어기는 후보자에 대해서는 예외 없이 엄격한 법적 처벌 조치를 취해 당선자는 당선을 무효화시키고 낙선 후보자에게는 일정 기간 피선거권을 제한해야 한다. 이처럼 부정이나 불법적 방법으로 당선된다 하더라도 절대 의원직을 유지할 수 없다는 점을 후보자와 유권자에게 인식시키는 것만이 우리 선거풍토를 바꿀 수 있는 유일한 길이다. 따라서 선거법을 현실에 맞게 개정함과 아울러 선거관리위원회의 규모와 위상도 현실화해서 명실상부하게 공명선거를 관리할 수 있도록 인력과 예산 및 행정 지원을 함으로써 불법선거와 타락선거를 방지하는 제도적 개혁이 요구된다.

11

새 인물 선출, 정치쇄신의 계기로

한국일보 91년 주제: 투표혁명을 이루자

〈한국일보〉 1991년 1월 30일

우리 사회의 여러 분야 중에서 정치가 가장 후진성을 띠고 있고 또 국민이 가장 싫어하고 지탄하는 직업이 정치인이라는 것은 중학생들까지 공감하고 있다. 정치현실이 이처럼 실망스러운 시점에서 새로운 정치로 전환하기 위한 큰 혁신이 있어야 한다는 바람과 주장이 고조되고 있고 또 이를 위한 변화가 시작된 것은 지극히 다행한 일이다. 3월에 실시할 예정인 기초 및 광역지방의회선거와 내년에 실시할 국회의원선거와 대통령선거는 우리 정치가 현재의 후진성을 탈피하고 새로운 정치로 나아갈 계기가 될 수 있기에 중요성이 매우 크다.

30년 만에 되찾은 지방자치를 위한 선거가 지금까지 실시된 선거에서 나타났던 폐해를 되풀이하게 된다면, 아직까지는 중앙정치 차원에서만 행해지던 파행정치가 전국 방방곡곡으로 확대·만연되어 우리 정치를 회복불능 상태로 만들 위험성이 있다.

이번 지방의회선거에서 선거혁명을 일으켜 정치를 쇄신할 인물을 선출하기 위해서는 다음의 세 가지 조건이 동시에 추진되고 실현되어야 한다. 첫째는 지방의회선거에 입후보하는 사람들 중에 새로운 인물이 다수를 차지해야 한다. 그런데 이번 선거에 출마를 희망하는 인물의 대다수는 정당에 속해 있는 정치인이거나 또는 정치에 직접 간접으로 관계하면서 정치의 파행에 일익을 담당했던 사람들이다. 이런 인물들은 정치 속성이나 행태 그리고 가치관 등에서 우리 정치를 저질로 만들어 온 기성 정치인들과 다른 점이 별로 없어서 이들이 당선된다면 구정치의 폐해를 그대로 모방하고 답습해 나갈 사람들이다.

이번 선거를 통해 유권자가 뽑고 키워야 할 새로운 인물이란 지금까지 정치의 언저리에서 얼쩡거렸으면서도 유권자에게는 얼굴이 알려지지 않았던 사람이 아니라, 사회의 각 분야에서 전문 지식을 바탕으로 한 활동을 통해 국가와 사회 발전에 기여해 온 사람들이다. 만일 부동산 가격 폭등이나 투기 등으로 하루아침에 떼돈을 만지게 된 졸부들이나 민주주의에 관한 책 한 권 읽어 본 적이 없이 정치권에 빌붙어 권모술수나 익혀 왔던 정치꾼, 그리고 극한투쟁만을 민주정치의 모든 것으로 잘못 이해하고 있는 인물들만이 출마하는 속에서 유권자가 선택을 강요받는다면 이런 선거는 우리 정치 수준을 끌어올리기보다는 더욱 퇴화시키는 작용을 하게 될 것이다.

이번 선거는 부적격 정치인을 물갈이하고 현 정치의 쇄신에 앞장 설 새 인물을 뽑는 선거가 되어야 한다. 그러나 우리 정치의 문제는 정치 일선에 나아가 활동할 것이 요구되는 인물들은 정치에 투신하는 것을 기피하는 점이다. 정치참여를 기피하는 이유는 기존 정치판을 경멸하고 불신하기 때문인 점도 있지만 이에 못지않게 개인의 능력이나 노력만으로는 기존 정치를 쇄신시키는 데 역부족이라는 인식 때문이다. 이런 여건에서는 각 사회단체와 조직이 정치위원회를 구성하고 자체 조직 내에서 새로운 인물을 선발해 선거에 출마하도록 만드는 것이 필요하다. 그들이 이처럼 사회적 기반을 가지고 있는 단체의 조직적 지원을 받아 선거에 당선된다면 지지 세력의 지원을 받아 정치쇄신을 주도해 나갈 수 있을 것이다. 현재 여러 이익집단이나 사회단체가 지방의회선거에 후보자를 낼 계획을 가지고 있고 또 이런 집단이나 단체가 선거운동을 지원할 계획을 세우고 있는 것은 새로운 정치로 전환하기 위한 바람직하고 필요한 현상으로 이런 추세는 앞으로 더욱 활성화되어야 한다.

지방의회선거에서 선거혁명을 이룩하기 위한 두 번째 조건은 유권자 정치의식의 혁명적 전환이다. 우리 국민은 이미 여러 차례에 걸친 선거 이변을 통해 정치인에게 경종을 울려 왔다. 또한 1987년 민주화운동 과정에서 보여 준 국민의 행태는 국민이 민주정치를 제대로 할 수 있을 정도의 높은 정치의식을 가지고 있다는 평가를 낳게 했다. 그러나 국민혁명의 분위기 속에 실시된 선거에서 5공화국의 집권당이었던 민주정의당 후보자가 당선된 것이나 또 대통령선거와 국회의원선거에서 절대적 요인으로 작용한 것이 지역감정에 근거한 지역주의 성향의 투표였다는 점은 과연 우리 국민의 정치의식 수준이 민주정치를 제대로 할 수 있는 수준에 도달한 것인가라는 의문을 갖게 한다. 저질 정치를 자행하는 정치인을 뽑아 국회에 보낸 것은 바로 유권자이다. 이런 점에서 보면 이번 선거에서 유권자의 각성은 선거혁명을 이루는 데 필연적 요건이다.

지난 40년 동안의 선거에서 나타난 특징들을 보면 1960년대 초까지는 정부·여당에 의한 적나라한 부정선거이던 것이 1970년대에는 관권선거와 행정선거라는 정부의 간접적 영향력 행사로 바뀌었다. 1980년대에도 이런 성향이 완전히 없어진 것은 아니지만 보다 큰 문제로 등장한 것은 여당과 야당을 불문하고 후보자들이 자행한 불법·타락·금권선거였다. 1990년대 선거는 후보자와 정당에 의해 자행되는 불법·금권선거를 묵인하고 방조하던 데에 종지부를 찍는 선거가 되어야 한다. 그러나 유권자 의식의 개혁은 유권자의 양식에 호소하는 것만으로는 효과를 볼 수가 없으며 지식인·학생·민간 사회단체들이 불법·타락선거 방지를 위한 기구를 조직하고 계몽과 감시 및 고발 활동을 체계적으로 전개해야 한다.

지방의회선거가 새로운 정치를 확립하기 위한 시발점이 되기 위해 추진하고 실행해야 할 세 번째 조건은 공명선거 실시를 위한 정부의 확고한 의지이다. 이미 대통령을 비롯해 선거 관련 부처 장관들은 기자회견을 통해 불법·타락선거를 엄격히 규제할 것을 언명했다. 그러나 이런 정부의 의지 표명은 과거의 모든 선거들에서도 있어 왔던 관행이었다. 그러면서도 선거가 끝나고 나면 선거과정에서 수없이 많은 불법과 부정이 자행되었음에도 불구하고 그것 때문에 처벌을 받는 일은 극히 드물었다. 특히 당선자가 불법선거운동 때문에 당선자 자격을 박탈당한 것은 40년 동안 단 몇 차례에 불과했다. 특히 이번 지방의회선거는 2년 전에 선거를 연기시켰던 노태우정부에 대한 중간평가 성격을 띨 것이고 또 3당합당의 적실성에 대한 국민투표의 성격도 없지 않기 때문에 과연 정부가 여권 후보자의 낙선을 감수하면서까지 불법선거운동을 엄정하게 규제할 것인가에 대해 의문을 갖게 된다.

지금까지 모든 선거가 그래 왔던 것처럼 우리 선거가 공명선거가 되느냐 안 되느냐의 관건은 권력을 잡고 있는 여당과 이를 지원하는 행정부가 어떤 의지를 가지고 있는가에 달려 있다. 만일 대통령을 위시한 선거 관련 부처가 공명선거 실시에 대해 진정한 의지와 사명감을 가지고 불법을 자행한 후보자나 선거운동원을 여야를 불문하고 엄격하게 척결한다면 국민의 지지를 확보해 여당은 다음 국회의원선거와 대통령선거에서도 승리할 수 있을 것이다. 그러나 이와 반대로 이번 선거를 6공화국정권에 대한 평가로 확대 해석하면서 선거에서 승리하기 위해 수단과 방법을 가리지 않고 또 여권 후보자의 불법선거운동을 묵인하는 편파적 행태를 보인다면, 내년에 있을 두 차례 선거에서 패배를 자초하는 결과를 보게 될 것이다.

선거의 엄격한 관리에서 행정부 못지않게 중요한 것은 사법부의 역할이다. 경찰이나 검찰 혹은 선거관리위원회가 엄정한 중립적 입장에서 선거법 위반자들을 고발하는데도 이 고발을 제대로 처리하지 않는다거나 과거와 같이 당선자에 대한 선거소송을 정치적 이유로 지연시킨다면, 후보자들로 하여금 무슨 수단을 써서라도 당선만 되면 기정사실화가 된다는 잘못된 인식을 갖게 만들 것이다. 선거 과정에서 자행되어 왔던 불법행위와 타락행위를 근절시킬 수 있는 최선의 방법은 법을 어기고 당선된 후보자는 필연적으로 당선자 자격을 박탈당하게 된다는 전통을 세우는 것이다.

새로운 정치에 대한 기대 속에 치르게 되는 이번 선거에서 선거혁명은 유권자의 각성만으로는 성공할 수 없다. 국민은 정치의식을 혁신적으로 전환하고, 행정부는 엄격한 선거관리에 대해 확고한 의지를 가지고, 사법부는 불법·탈법 선거운동에 대해 신속하고도 엄정한 처리를 하는 것이 복합적으로 이루어질 때 우리가 바라는 선거혁명이 가능할 것이다.

12

한국 정당정치에서 제3당의 역할

통일국민당 · 현대경제사회연구원 주최
〈한국정당정치 발전 세미나〉 발표문 1992년 5월 2일

한국 정당의 현 좌표

정당은 민주정치와 의회정치에서 핵심 주체이기 때문에 정당이 활성화되고 정치의 중심이 되지 않고는 민주정치를 기대하기 어렵다. 그러나 지금까지의 우리 정당들은 진정한 의미의 정당이라고 이야기하기가 어려운 수준에 머물러 왔다. 대부분 정당들이 전국적으로 상설화된 지방 조직을 갖추지 못하고 있고 선거에서는 주장하는 당원 수보다 적은 득표를 하는 경우도 적지 않다. 당비를 정기적으로 납부하는 당원을 가진 정당은 전혀 없으며 선거철에만 활동하다가 선거가 끝나면 문을 닫아 버리는 정당 조직이 대부분이다.

우리 정당정치가 이런 수준에 머물고 있는 것이 정당의 책임만은

아니다. 전반적인 한국정치가 제대로 되고 있는데 유독 정당정치만이 낙후되고 정체되어 있는 것은 아니며, 오히려 정당과 정당정치는 한국정치에서 희생물이 되어 온 면도 없지 않다. 헌정 45년을 돌아보면 우리 정당은 현실 정치의 일차적 심판 대상이 되어 제물로 바쳐졌으며 집권세력의 관용 내지는 임의적 처분에 좌우되는 시죄(侍罪)집단으로 전락해 왔다. 즉 4·19혁명이나 5·16군부쿠데타, 10월 유신이나 5·17군부의 정권탈취 등의 정치변혁이 있을 때마다 권력집단은 그간의 정치혼란과 사회불안의 일차적 책임을 정당에게 물어 철퇴를 가해 온 것이 관례가 되었고 정당이 국민에게 뿌리를 내릴 만하면 정치변혁의 희생양이 되어 소멸하는 일이 반복됨에 따라 정당의 제도화는 불가능하게 되었다. 이처럼 정당이 상시 조직을 기반으로 국민 속에 뿌리내리는 것이 불가능해짐에 따라 우리 정당은 소수의 인물을 중심으로 추종세력이 몰려드는 인물 중심의 파벌정당 성격을 띠게 되었다.

이런 점에서 볼 때 우리 정당은 엄밀한 의미에서 공당(公黨)이 아니라 소수 정치명망가의 개인적 욕구를 충족시키기 위해 기능하는 사당(私黨) 또는 붕당(朋黨)의 성격을 강하게 띠고 있다. 즉 우리 정당은 이념과 정책을 같이 하고 국민 여론을 반영하는 정책을 실현시키려는 목적을 가진 공적 조직이 아니라 정실과 이해관계에 따라 모인 인물 중심의 사적 결합체인 것이다. 세월이 흐르고 정권이 바뀌며 사회는 변하고 국민의식은 하루가 다르게 향상됨에도 불구하고 우리 정당에서는 언제나 그 인물이 그 인물로 변함이 없고 정치행태도 1950년대 우리 정치를 특징짓던 행태에서 별로 진전된 것이 없는 상태가 계속되고 있다.

한국 정당 조직의 문제와 과제

지난 40년 동안 우리 정당의 역사는 '선거정당,' '인물정당'의 역사라 해도 과언이 아니다. 선거가 없는 평상시에는 정당 조직이 휴면 상태에 있다가 선거철에는 철새가 때를 맞춰 나타나듯 하는 양상을 보여 왔다. 또 소수의 특정 인물이 중심이 되어 정당을 만들었다가 깨뜨려버리는 양상이 계속되었고, 강력한 지도력을 가진 정치인 아래서는 정당이 막강한 세력을 행사하다가도 그 인물이 사라져 버리면 정당도 함께 없어져 버리는 포말(泡沫) 정당의 양상을 보여 왔다.

역대 여당은 그래도 당원을 확보하고 증가시키려고 노력해 왔지만, 당원들이 국민 속에 파고들어가 당에 대한 지지를 획득하기 위해 적극적 활동을 하게 만들었다기보다는, 선거 때에 막대한 자금을 풀어 돈으로 조직을 가동시키거나 또는 행정부에 기대어 온갖 도움을 받는 행정선거로 집권을 유지하려는 관행을 보여 왔다. 야당 또한 평상시에 조직을 확대하고 지지세력을 확보하려 하기보다는 막연한 선동성 주장을 내걸고 투쟁을 일삼거나 또는 지역감정을 부추기고 바람을 일으켜 표를 얻으려는 비민주적 방법으로 일관해 왔다.

정당 조직에서 또 다른 문제는 정당 조직이 중앙당 위주로 구성되어 머리는 있으나 손발이 거의 없는 기형적 조직 체계를 가지고 있고, 중앙당 내에서도 권력이 소수의 지도자에게 집중되어 있어 민주적 정당정치의 구현에 큰 장애가 되고 있다. 정당의 조직이 취약해 국민 속에 침투하지 못하기 때문에 조직에 대체하는 수단으로 돈에 의존해 정치자금의 비리와 금권정치를 초래하고 있다. 또 정당 조직의 근간을 이루는 당원을 제대로 확보하지 못해 당원은 별로 없고 간부로만 이루어진 명사정당의 성격을 극복하지 못하고 있다. 정당 조직에서 나타나는 이런 문제들을 극복하고 정당 발전을 이룩하기 위해서는 여러 가지를 해결하고 극복해야겠지만 당내 민주화와 당원 확보가 가장 중요하다.

1) 정당의 당내 민주화 실현

한국 정당정치의 발전을 위해 이루어야 할 첫 번째 과제는 당내 민주화이다. 당내 민주화의 핵심은 두 가지로 볼 수 있는데 첫째는 정당에서 중요한 직책을 맡는 인물을 경선을 통해 선출하는 것이다. 둘째는 정당의 중요한 결정은, 사전에 국민과 당원의 여론을 충분히 수렴한 후 민주적인 토의를 거쳐 의결해 정당의 정책이나 공약(公約)으로 확정하는 것이다.

당내 지도적 인물의 경선은 과거 야당에서 여러 차례 행해졌으나 유신체제가 시작된 이후 없어져 버렸다. 다행히 14대 대통령선거를 앞두고 여당인 민주자유당을 비롯한 모든 정당들이 경선을 통해 대통령 후보자를 선출할 계획을 가지고 있어 한국의 정당 발전에 크게 기여할 것으로 기대된다. 그러나 이런 새로운 시도도 일과성으로 끝나버릴 수 있기 때문에 제도화해야 한다. 즉 당내 민주화를 실현하기 위한 과정과 절차를 정당의 당규로 규정한 후 이에 따라 실천하는 제도화가 필요하다. 보다 구체적으로 지적하면, 정당의 주요 직책인 원내총무나 사무총장, 원내부총무 등의 직책을 국회의원이 투표로 결정하도록 하고 정당의 총재와 부총재 등도 전당대회에서 경선을 통해 선출해야 한다. 국회의원 선거에 출마할 후보자는 물론이고 지구당 위원장도 그 선거구에 소속된 당원들의 직접투표로 결정해야 한다.

현재와 같이 정당의 지도자가 인사권과 재정권을 장악하고 있는 현실에서는, 국회의원이나 당원이 정당 지도자가 가지고 있는 의견과 다른 의견을 제기하거나 반대의사를 표명할 때에는 정당 내에서 정치생명이 끊어질 위험을 감수해야 한다. 이런 여건에서 거의 모든 당원들은 지도자의 의견이 옳건 그르건 간에 무조건 이를 따라야 한다. 이런 관행이 되풀이되는 과정에서 우리 정당은 지도자의 권위주의적 독주가 절대화되었으며, 이것은 정당에 대한 국민의 지지를 약화시키는 결과를 가져왔다.

정당이 정치의 주체가 되려면 정당을 구성하는 당원들이 주체가 되어야 한다. 정당 내 인사권의 일부를 당원에게 주는 것은 그들을 정당의 주체가 되게 만드는 것이다. 이것은 지도자의 결정에 무조건 따르는 것이 아니라 많은 당원들이 생각하는 바를 따르는 것이기 때문에 국민의 요구가 제대로 수용되고 반영될 가능성이 높아진다. 이것은 당원들에게 참여의식을 고취하게 될 것이며 결과적으로 정당 말단 조직의 활성화를 촉진할 것이다.

2) 자발적 당원의 확보

한국 정당의 조직과 관련해 또 하나의 문제는 당원이다. 당원은 정당 조직의 가장 아래 단위를 이루기 때문에 당원이 없는 정당이란 현대 정당정치에서 생각할 수 없다. 그러나 우리 정당은 가장 기본인 당원에서 큰 취약점을 가지고 있다. 역대 여당은 100만 내지 150만 명, 야당은 50만 명에서 80만 명의 당원을 확보하고 있다고 공언해 왔으나 이런 숫자들은 자기 정당의 세력을 과장하기 위한 허수에 불과했다.

우리 정당에서 진정한 당원의 수가 적은 이유는 자발적으로 정당에 가입하는 사람이 적기 때문이다. 국민이 자발적으로 정당에 가입할 생각을 하지 않는 것은 지금까지 모든 정당들이 정당의 역할과 기능을 제대로 하지 않아 국민으로부터 외면당해 왔기 때문이다.

그러나 선거 때가 되면 선거운동에 동원할 인력이 필요해 돈을 주고 당원을 사는 일이 관례화되고 있다. 이런 현상은 여당에서는 의례적인 것이며 야당도 정도의 차이는 있으나 비슷한 양상을 띠고 있다. 당원으로부터 당비를 징수하는 것이 아니라 오히려 입당료(入黨料)를 지급하면서 당원으로 끌어들이는데, 이들이 당원으로서 일체감을 갖지 않는 것은 당연하며 이들이 다른 정당 후보자에게 투표할 가능성도 없지 않다. 더구나 당원을 모으는 방법도 사전에 그가 자기 정당에 호감을 가지고 있는지 또는 성향이 비슷한지조차 따져 보지 않고 당원배가운동(黨員培加運動)이란 이름 아래 돈을 받기 위해 오는 사람을 무조건 받아들여 많은 수가 이중으로 당원 등록을 하는 양상도 나타나고 있다.

자발적으로 정당에 가입하는 당원이 없는 정당 조직이란 사상누각(砂上樓閣)에 불과하기 때문에 국민에 기반이 없는 정당은 선거 때마다 돈으로 표를 사려는 책략에만 매달려 타락선거, 불법선거, 금권선거를 초래하게 된다. 이런 구시대적 행태에서 벗어나 자발적으로 정당에 가입하는 당원이 기반을 이루는 정당 조직 체제로 전환해야 하며 그러기 위해서는 국민이 정당에 자발적으로 가입하도록 유인 요인을 제공해야 한다. 즉 정당에 가입한 사람에게 정당의 의사결정 과정에 참여해 자신의 의견을 표명할 기회를 부여해야 한다. 특히 당원들을 당내 경선에 참여시켜 정당 지도자를 선출하게 함으로써 자발적으로 정당에 가입하도록 유인책을 제시해야 한다.

3) 한국정치에서 제3당의 역할

한국에서 정당정치가 발전하려면 위에서 지적한 정당 조직의 문제들이 해결되어야 하며 이러한 과제는 기성정당만이 아니라 새로 만드는 정당에도 마찬가지이다. 그동안 한국정치에서 여당이나 야당은 상설조직에 기반을 두지 못한 인물 중심이라는 특성 때문에 생성과 소멸을 되풀이해 왔으며 제3당도 똑같은 이유로 생성과 소멸을 되풀이해 왔다.

이런 점을 감안할 때 새로 창당한 통일국민당(統一國民黨)도 조직 면에서 위의 세 가지 문제를 해결해야 한다. 기성정당과 비교할 때 모든 것을 새로 시작하는 신생정당에게는 이런 문제의 해결이 훨씬 더 용이하게 이루어질 수 있을 것이며, 그것이 제대로 되지 않을 때에는 이전의 제3당들과 마찬가지로 일과성에 그치게 될 것이다.

지금까지 한국정치에서 제3당은 거의 아무런 역할을 못 해 왔다고 할 수 있다. 5공화국 이전에는 제3당이라고 이야기할 수 있을 정도의 세(勢)를 갖춘 정당이 없었고 모두가 군소정당이었다. 5공화국에서 정권을 잡은 신군부세력이 다당제를 구축하겠다면서 제3당을 만들어 몇 년 동안 지속되었지만 두 번의 국회의원선거에서 나타난 민의(民意)에 따라 소멸했다. 6공화국에 들어와서는 여소야대(與小野大) 정치구도가 등장하면서 통일민주당(統一民主黨), 신민주공화당(新民主共和黨)이 제3당, 제4당의 위치에서 정국의 방향을 결정하는 데 영향을 미치기도 했으나 1990년 3당합당에 따라 제3당은 소멸했다.

한국정치에서 제3당이 역할을 하지 못하고 단기간 존재하다가 소멸하는 이유는 제3당이 제1당이나 제2당과 별 차이를 보이지 못하기 때문이다. 즉 지금까지 제3당은 제1당이나 제2당에서 권력경쟁에서 패배해 정당을 뛰쳐나온 인물들과 그를 추종하는 세력들이 모여 정당을 만들거나 또는 선거 때 기존 정당에서 공천을 받지 못한 인물들이 모여 정당을 만드는 양상을 보여 왔다. 이런 점에서 제3당은 이념이나 정책에서 기존 정당들과 별 차이가 없어 국민의 지지를 획득하기가 어려웠고 선거를 거치면서 사라져 버리는 양상이 되풀이되었다.

이런 경험에서 볼 때, 14대 국회의원선거를 앞두고 창당해 제3당의 위치를 확보한 통일국민당은 과거의 제3당들이 겪은 경험을 귀감으로 삼아야 한다. 통일국민당에게 가장 중요한 과제는 14대 국회 기간 동안에 제3당의 위치를 견고하게 유지하면서 15대 국회의원선거에서 세(勢)를 확대하는 것이다. 이를 위해 두 가지를 생각할 수 있는데, 첫째는 국회에서의 의정활동이고 둘째는 정당이 국민 속에 뿌리를 내리고 지지 세력을 확보해 나가는 것이다. 국회 의정활동에서 아무리 훌륭한 활동을 펼친다 하더라도 그런 의정활동이 다음 선거에서 국민의 지지와 연결되지 않는다면 정당의 존속은 위협을 받게 된다. 이 점은 한국정치에서는 국회에서의 업적이 선거 때 표(票)로 연결되지 않는 풍토를 감안할 때 더욱 그렇다. 이런 점을 감안하면, 두 번째 과제인 국민 속에 정당의 뿌리를 확고하게 내리는 것은 앞에서 지적한 한국정당 조직의 과제를 성취하는 것으로 해결해 나갈 수 있다.

통일국민당이 국회활동에서 어떤 역할을 할 것인가라는 문제에 앞서 중요한 것은 통일국민당이 앞으로 4년 동안 제3당의 위치를 유지할 수 있을 것인가이다. 지금까지 한국정당은 지도자의 운명과 함께 정당의 운명이 결정되었던 특징을 보였던 것과 마찬가지로, 제3당의 지위에 있던 정당이 그 지위를 유지하지 못하고 소멸해 버린 것도 한국정당의 특징이었다. 5공화국에서 제3당이던 한국국민당(韓國國民黨)은 두 번의 선거를 거치면서 의석이 급격히 줄어들어 자연 분해되는 식으로 소멸되었으며 6공화국에서 통일민주당과 신민주공화당은 민주정의당(民主正義黨)과 합당하면서 사라졌다. 이런 점에서 볼 때 제3당의 위치에 있는 정당이 과연 언제까지 존속할 것인가는 중요한 문제이다. 이런 문제를 해결하기 위해 통일국민당은 한국정치에서 제3당으로서 새로운 역할을 해 과거의 제3당과는 다른 면모를 보여야 한다.

이념적으로 통일국민당은 보수정당인 기존 정당들과 별다른 차이가 없다. 이런 점에서 이미 어느 정도의 지지기반을 확보하고 있는 기존 정당들과 다른 면을 보여 주지 못한다면 통일국민당은 국민의 지지를 지속적으로 확보하기 어렵다. 막연하게 중산층을 지지기반으로 삼겠다거나 또는 여당의 무능이나 실정(失政)에 실망해서 불만을 품는 국민을 지지 세력으로 확보하겠다는 전략은 신생정당으로서 극히 안일한 전략일 수밖에 없다.

신생정당이 찾아야 할 돌파구는 정책밖에 없다. 지금까지 한국정치에서 정책은 중요성을 인정받지 못한 것이 사실인데 그 이유는 그동안의 한국정치가 권위주의정치로 일관해 왔고 여당과 야당 사이의 대립이 '민주 대 독재'의 구도로 전개되었기 때문이다. 이런 구도에서는 정책에 대한 강조가 지엽적이고 기능적인 것만을 강조하는 것으로 받아들여졌고 '민주 대 반민주'라는 근원적 문제가 정치인이나 유권자의 주된 관심이었기 때문이다. 그러나 이제 민주냐 독재냐의 논쟁이 무의미하게 되었기 때문에 정당 사이의 대립은 정책을 중심으로 전개될 것이다. 여당에 비해 불리한 입장에 있는 야당, 그것도 제3당의 처지에서는 정책을 가지고 제1당과 제2당을 능가하는 지지를 확보하기가 쉽지 않다. 그러나 기성정당들이 정책정당으로 전환하지 못하고 구태의연한 행태를 계속하고 있는 상황이기 때문에 신생정당인 통일국민당이 국민이 바라는 정책을 중점적으로 개발하고 이를 실천하는 모습을 국민에게 보인다면, 정책정당의 이미지를 정립하는 것이 가능할 수 있다.

정책정당을 추구함에 있어 중요한 것은 실천 가능한 구체적 정책을 표방하는 것이다. 기성정당들이 정책정당의 면모를 확립하지 못한 이유는 그동안의 권위주의정치가 중요한 원인이기는 했지만 또 한편으로는 실현 불가능한 정책들을 미사여구 나열하듯이 제시했던 타성 때문이기도 했다. 국민이 갈망하는 구체적 정책들을 중점적으로 개발하고 이를 실현하기 위해 제1당이나 제2당과 사안에 따라 연합하는 것도 제3당의 위치를 확립하는 방안이 될 수 있다.

통일국민당이 한국정치에서 제3당의 역할을 해나가는 데는 선례(先例)가 없다는 어려움이 있다. 지금까지 한국정치에서 제3당이 존재한 적은 많았으나 그 정당들이 제대로 된 제3당의 역할을 보여 준 예가 없기 때문이다. 5공화국에서 한국국민당은 관제 야당의 성격이 강했기 때문에 독자적 역할을 수행할 수가 없었다. 6공화국 초기 2년

농안에는 통일민주당이 제3당이었지만 여소야대의 상황이었으므로 현재와 같은 양당 체제에서의 제3당 역할과는 여건이 달랐다. 따라서 통일국민당은 한국의 정당정치에서 제3당이 해내야 할 역할의 선례를 남겨야 할 과제를 안고 있다. 제3당이 어떤 역할을 할 수 있는가라는 문제는 정당 체계가 어떤 형태를 띠고 있는가 그리고 국회에서 정당들 사이의 세(勢)가 어떤 상황인가에 따라 달라진다.

정당체계 면에서 보면, 제3당은 3개 이상의 정당들이 혼재하는 다당제에서 보다 더 중요한 역할을 할 수 있다. 특히 3당체제에서 어느 정당도 국회의 다수 의석을 획득하지 못하는 상황이라면 제3당의 역할은 절대적 중요성을 띠게 된다. 14대 국회의원선거 결과로 나타난 국회의 구도는, 민주자유당을 지지하는 무소속을 포함하면 제1당인 민주자유당이 과반수를 약간 상회하는 구도이기 때문에, 제3당인 통일국민당이 중요한 역할을 할 수 있는 여건이다.

이런 여건에서 또 하나 중요한 변수가 될 수 있는 것은 14대 대통령선거의 결과이다. 앞으로 있을 대통령선거에서 어느 정당 후보자가 당선되느냐는 제3당의 역할과 밀접하게 연관되어 있다. 만일 통일국민당의 대통령 후보자가 당선되는 경우에는 통일국민당이 국회에서 다른 정당과 연합해 실질적으로 여당 역할을 할 가능성이 있다. 두 번째로 현재 야당인 민주당의 후보자가 대통령으로 당선되는 경우에도 제3당인 통일국민당의 중요성은 현재 이상으로 높아질 것이다. 세 번째로 현재 여당인 민주자유당의 후보자가 당선되는 경우에는 국회에서 민주자유당의 의석수가 과반을 겨우 넘는 수준이기 때문에, 민주자유당은 중요한 정치 문제나 정책 사안이 있을 때 통일국민당의 협조가 필요해질 것이다. 이처럼 제3당으로서 통일국민당의 역할은 대통령선거 결과에 따라 그 중요도가 결정될 것이다. 어떤 경우이든 간에 제3당인 통일국민당이 중요성을 견지하기 위해서는 제1당과 제2당 사이에서 균형자(balancer)의 위치를 정립하는 것이 필요하다. 즉 통일국민당이 기존 정치구도에서 민주자유당 편이라던가 또는 민주당 편이라는 위치를 확정짓지 않는 것이 필요하다. 중요한 정치 사안이나 정책 사안에서 융통성을 가지고 사안에 따라 대응할 때 제3당의 위상을 확보할 수 있을 것이다.

한국정치에서 통일국민당이 수행할 제3당의 역할은 대통령선거 이후에 나타날 정치구도에 따라 달라지겠지만, 통일국민당의 입장에서 볼 때 현재의 정치구도는 유리한 여건을 제시하고 있다고 할 수 있다. 이런 여건을 십분 활용해 당세(黨勢)를 확장하는 과제를 이룩할 것인가는 통일국민당의 전략에 달려 있다.

13

한국정치에서 선거의 메커니즘

〈진리 · 자유〉 1992년 여름호

올해 3월 24일에 실시된 14대 국회의원선거에서 민주자유당은 38.5%의 득표율로 237석의 지역구 의석 중 116석을 차지했다. 여기에 전국구 의석 33석을 합쳐 민주자유당이 차지한 의석수는 149석으로 전체 299석의 과반수인 150석에 1석이 모자랐다. 이 의석수는 선거가 실시될 당시 민주자유당의 195석에 비하면 46석이나 감소한 것이기 때문에 민주자유당이 선거에서 참패했다는 평가를 내릴 수 있다.

왜곡된 선거제도의 결과

그러나 다른 면에서 보면 14대 국회의원선거에서 민주자유당이 얻은 38.5%의 득표율은 유신체제가 시작되면서 실시한 9대 국회의원선거 이후 여당이 받은 득표율로는 가장 높은 것이다. 역대 국회의원선거에서 여당이 얻은 득표율은 〈표 1〉에서 보는 바와 같이 9대에서 38.7%, 10대에서 31.7%, 11대에서 35.6% 12대에서 35.3%, 13대에서 34.0%였다. 10대 국회의원선거 이후 나타났던 여당 득표율에 비교하면 14대 국회의원선거에서 여당인 민주자유당은 오히려 선전했다는 상이한 평가를 내릴 수 있다.

〈표 1〉 국회의원선거에서 여당의 득표율과 전체 의석수에서 차지하는 의석수의 비율

	국회의원선거	득표율(%)	획득한 의석 수의 비율(%)
1공화국	3대 (1954)	36.8	56.2
	4대 (1958)	42.1	54.1
2공화국	5대 (1960)	41.7	75.1
	6대 (1963)	33.5	62.8
3공화국	7대 (1967)	50.6	73.7
	8대 (1971)	48.8	55.4
4공화국	9대 (1973)	38.7	67.6
	10대 (1978)	31.7	62.8
5공화국	11대 (1981)	35.6	54.7
	12대 (1985)	35.3	53.6
6공화국	13대 (1988)	34.0	41.8
	14대 (1992)	38.5	49.8

선거가 끝나면 언론이나 유권자가 관심을 갖는 것은, 각 정당에서 몇 명이나 당선되었고, 여당의 의석수는 늘었는지 줄었는지, 야당은 어떤지, 신생정당은 몇 석이나 얻었는지, 그리고 유명 정치인들 중에서 누가 낙선했으며 화제의 당선자는 누구인지 등이다. 유권자는 여

당의 당선자가 늘었으니 당연히 득표율이 높아졌을 것이라거나 또는 당선자가 줄었으니 득표율이 낮아졌을 것이라고 잘못 생각할 수 있다.

1954년의 3대 국회의원선거부터 1985년의 12대 국회의원선거까지 31년 동안 집권 여당은 득표율은 50%에 못 미치면서(7대 국회의원선거 제외) 국회에서 차지한 의석수는 50%를 넘어 국회를 장악했고, 다수 의석을 바탕으로 국회를 독단적으로 운영했다. 이런 결과가 나타난 것은 선거에서 나타난 국민의사가 국회를 구성하는 데 제대로 반영되지 못하게 만들어 놓은 왜곡된 선거제도 때문이다. 우리 선거제도가 국민의사를 얼마나 왜곡하였는가는 역대 여당이 선거에서 얻은 득표율과 국회에서 차지한 여당 의석수 비율을 비교하면 잘 나타난다〈표 1 참조〉.

우리 정치에서 여당이라 할 수 있는 정당이 나타난 것은 1952년에 자유당이 성립되면서부터이다. 그 이후 1954년의 3대 국회의원선거부터 최근의 14대 국회의원선거까지 12번의 선거에서 여당이 50%이상을 득표한 선거는 1967년의 7대 국회의원선거 한 번뿐이었다. 이 선거에서 여당인 민주공화당은 50.5%를 득표했다. 이 선거는 국회의석의 3분의 2을 확보하기 위해 여러 선거구에서 부정을 저지른 '6·8부정선거'였는데 그 이유는 박정희 대통령이 3번째로 대통령선거에 출마하도록 하는 3선개헌을 추진하기 위한 것이었다. 이 선거 결과에 대해 야당과 국민들이 반발하자 박정희 대통령은 부정선거를 사과하는 대국민성명을 발표했고 민주공화당은 부정선거로 당선된 8

명을 당에서 제명하거나 의원직을 사퇴하도록 했다. 또 당시 야당이 던 신민당은 부정선거에 항의하며 6개월 동안 국회에 등원하지 않자 민주공화당만으로 국회를 개원해 1당 국회가 지속되었다. 따라서 이 선거에서 여당이 득표한 50.5%가 국민이 진정으로 여당을 지지한 것으로 보기는 어렵다.

12번의 국회의원선거에서 여당에 투표한 유권자의 비율은 50% 이하였음에도 불구하고 13대와 14대 국회의원선거를 제외한 10번의 선거에서 여당이 50% 이상의 의석수를 차지한 왜곡 현상이 나타났다. 특히 5대와 7대 국회의원선거에서는 여당이 75%에 가까운 의석수를 차지했는가 하면, 10대 국회의원선거에서는 여당의 득표율이 31.7%에 불과했는데 의석수에서 차지하는 비율은 62.8%로 거의 두 배에 달했다. 이런 현상은 국민의사의 적절한 대변이라는 민주정치의 기본 원리가 국회 구성을 위한 선거에서 제대로 지켜지지 않았음을 보여 준다. 이런 현상이 계속된다면 민주정치의 실현만이 아니라 평화적 정권교체의 가능성도 기대하기 어렵다.

그동안 우리 정치는 2공화국을 제외하면 대통령제를 채택해 왔기 때문에, 국회에서 여당이 다수를 차지하거나 또는 야당이 다수를 차지하거나 정권의 향방과는 관계가 없었다. 이 때문에 국민의사를 왜곡하는 선거제도를 심각하게 생각하지 않는 편이다. 그러나 앞으로는 내각제로 개헌하기를 원하는 주장이나 의견이 제기되고 국민의 공감을 받을 가능성도 없지 않다. 내각제에서는 정권의 향방이 국회의원선거 결과에 따라 결정되기 때문에 이런 점에서도 현행 선거제도는 국민의 총체적 의사가 국회 구성에 정확하게 반영되도록 개선해야 한다.

각종 선거제도의 실험장인 한국정치

1948년 5월 10일 제헌국회의원선거로 국회를 구성하고 정부를 성립한 지 44년이 지나고 있으나 우리 정치는 아직 제 자리를 잡지 못하고 있다. 이런 점은 정치의 모든 영역에서 나타나고 있지만 선거제도도 예외가 아니다. 국회의원선거는 정권이 바뀔 때마다 새로운 형태의 선거제도가 도입되었다. 1공화국에서는 1선거구 1인 선출제였고 양원제를 채택한 2공화국에서는 민의원선거는 같은 제도였으나 참의원선거는 선거구를 서울특별시와 도 단위로 하고 선거구 당 선출 의원 수를 2인에서 8인까지 하는 대선거구를 도입했고 기표방법은 선출의원 수의 절반 이하만 기표할 수 있는 제한연기(制限連記)제를 도입했다. 3공화국에서는 1선거구 1인 선출제에 전국구 국회의원제도를 추가했다. 4공화국에서는 1선거구에서 2인을 선출하는 중선거구제를 새로 도입하면서, 여기에 전체 의석 중의 3분의 1은 대통령이 지명한 후 통일주체국민회의가 추인하는 제도로 바꾸었다. 5공화국에서는 1선거구 2인 선출제를 유지하면서 3공화국에서 채택했던 전국구 국회의원제도를 다시 도입했다. 6공화국에서는 1선거구 1인 선출제로 다시 돌아가면서 전국구 국회의원제도를 함께 적용하고 있다.

대통령선거제도 또한 몇 가지 다른 제도를 실시했다. 1·3·6공화국에서는 대통령직선제를 실시했으나 1공화국의 초대 대통령과 내각제를 채택한 2공화국에서는 대통령을 국회의원들이 간선으로 선출했다. 4공화국에서는 통일주체국민회의 대의원들이 간선으로 선출했고, 5공화국에서는 선거인단이 간선으로 선출하는 등 공화국이 바뀔 때마다 다른 대통령선거제도를 채택했다.

이처럼 다양한 유형의 선거제도를 정권이 바뀔 때마다 도입했던 것은 이런 제도들이 한국의 선거풍토에 적절했기 때문이 아니다. 2공화국에서 국회의 양원제를 채택한 것이나 6공화국에서 1선거구에서 1인을 선출하는 국회의원선거제도로 되돌아간 것은 국민의 요구를 반영한 것이었다. 그러나 그 밖의 모든 선거제도들은 불법적으로 정권을 장악한 세력이 취약한 지지기반을 극복하기 위해, 비정상적 편법을 도입해 정권을 유지하려는 의도에서 도입했다. 3공화국에서 도입했던 전국구 국회의원제도는 서독과 같은 선진국에서 사용하고 있는 비례선거제도라는 명분을 내세웠으나 실제로는 전혀 비례적이 아닌 비비례적(非比例的) 제도였으며 여당에게 프리미엄을 주는 방편으로 악용했다. 이런 비비례적 전국구제도의 도입은 선거에서 30~40% 지지밖에 얻지 못하는 여당이 국회구성에서는 60~70%의 의석을 획득하게 만들었던 원인이었다.

특히 4공화국 유신체제에서 채택했던, 국회의석의 3분의 1을 대통령이 지명하는 것과 다름없는 제도는 유신독재체제가 아니고는 상상하기 어려운 비민주석 제도였다. 또한 이 시기에 시작해 5공화국 때까지 계속했던 1선거구 2인 선출제도는 불법 선거운동이나 돈으로 표를 사는 매표(買票)가 제대로 먹히지 않는 도시선거구에서 여당의 참패를 막으려는 궁여지책으로 고안한 것이었다.

6공화국에서 치러진 13대와 14대 국회의원선거에서 여당이 얻은 득표율이, 4공화국과 5공화국 때 여당이 얻었던 득표율과 비슷한 수준임에도 불구하고 두 차례 모두 국회 구성에서 여소야대(與小野大) 구도를 보인 이유는 과거에 1선거구 2인선출제 때문에 여당이 얻었던 비정상적 프리미엄이 감소된 탓이며 또한 전국구 국회의원제도에서 여당이 얻었던 비합리적 프리미엄의 폭이 줄어들었기 때문이다.

아직도 우리 선거제도에는 국민의사가 국회구성에 제대로 반영되지 않게 만드는 왜곡된 선거제도의 잔재가 남아 있으며 그중에서도 가장 심각한 것은 지엽적 수준에서만 개선되고 있는 전국구 의석 배분 방식이다. 전국구 의석 배분이 현재와 같이 정당의 지역구 당선자 수의 비율에 따라 배분하는 것이 아니라 선거에서 각 정당이 획득한 득표 비율에 따라 배분할 경우에는, 현재 제도 때문에 나타나는 각 정당의 국회 의석 비율과는 전혀 다른 양상이 나타난다. 예를 들어 13대 국회의원선거에서 각 정당이 얻은 득표 비율에 따라 전국구 의석을 배분하면, 민주정의당은 전국구 의석 75석의 34%인 26명밖에 배분받지 못해 지역구 당선자를 합해도 총 의석이 113명밖에 되지 않는다. 14대 국회의원선거에서도 38.5%의 득표율로는 62석의 전국구 의석 중 24명만을 배분받아 총 140석에 그친다. 이런 예들에서 나타나는 바와 같이 국민의사와는 다른 왜곡된 결과를 초래하는 선거제도는 당연히 시정되어야 한다.

당리당략에 따른 선거법 개정

1987년 6월민주화운동의 결과로 6공화국이 성립되면서 한국정치를 왜곡시켜 왔던 대통령의 간접선출제는 직접선출제로 바뀌었고 국회의원선거도 1선거구 2인 선출제에서 1선거구 1인 선출제로 바뀌었다. 그러나 비비례적인 전국구 국회의원선거제는 그대로 지속되고 있다. 최근 여당인 민주자유당과 야당인 민주당은 선거법 협상을 통해 국회 의석수에서 차지하는 전국구 의석수의 비율을 축소하고 또 1당에게 무조건 전국구 의석의 50%를 배분하던 제도를 각 정당이 지역구선거에서 획득한 의석수가 전체 의석수에서 차지하는 비율에 따라 배분하도록 개정했다. 그러나 아직도 선거에서 각 정당이 얻은 득표율에 따라 전국구 의석을 배분하는 제도로 고치지 않고 있다. 전국구 국회의원선거제를 도입한 것이 지역구 선거제도 단점 중의 하나인 사표(死票)를 방지하고 지역구 의석 획득이 어려운 군소 정당의 국회 진출을 보완하기 위한 것이라면, 당연히 정당이 얻은 득표 비율에 따라 의석을 배분해야 한다.

이런 선거법 개정이 이루어지지 않는 것은 여당과 야당 사이의 협상에 의해 선거법 개정이 이루어지기 때문이다. 여당과 제1야당 사이에 이해관계가 일치하는 것은 3당 이하의 군소 정당을 견제하면서 전국구 의석을 1당과 2당이 독점하는 것이다. 이에 따라 선거법은 의석 회득 가능성이 높은 1당과 2당에게 유리하게 규정되어 있다. 또한 선거법 협상에서 야당은 자기 정당에게 유리한 양보를 얻어 내기 위해 여당이 주장하는 각 정당의 의석수 비율에 따라 전국구 의석을 배분하는 주장을 묵인하고 있기 때문이다. 예를 들어 14대 국회의원선거를 앞두고 선거법 협상을 진행했을 때, 야당인 민주당이 각 정당의 득표 비율에 따른 전국구 의석 배분을 주장하다가 나중에 양보한 것은 야당에게 유리한 국회의원 후보자의 개인연설회를 허용해 준 여당인 민주자유당에 양보한, 주고받기였기 때문이었다.

여당인 민주자유당과 야당인 민주당이 당리당략 차원에서 선거법을 개정한 것은 14대 국회의원선거 과정에서도 나타났다. 14대 국회의원선거가 진행되는 기간 중에 대법원은, 무소속 후보자에게는 개인연설회를 허용하지 않고 정당이 공천한 후보자에게만 개인연설회를 허용하는 것은 위헌이라는 판결을 내렸다. 헌법에 위배되는 선거법을 만들고 그 법에 따라 선거를 실시해 온 국회의원들의 수준은 우리 정치에서나 볼 수 있는 특이한 현상이 아닌가 한다.

현행 선거법이 여당과 야당이 합의하여 개정하고 있는 점은 우리 정치가 발전하고 있는 것으로 생각할 수도 있지만 아직까지 선거가 여러 가지 비민주적 규정에 따라 실시되고 있는 것도 사실이다. 따라서 선거법 개정은 당리당략 차원을 벗어나기 힘든 여당과 야당에게만 맡겨 놓을 것이 아니라 선거법개정특별위원회를 구성해 여기에서 논의하고 개정해야 한다. 이 특별위원회에는 여당과 야당의 대표들뿐만 아니라 선거관리위원회와 사법부의 대표가 참여해 국민의사를 제대로 국회 구성에 반영할 수 있도록 선거법 개정이 이루어져야 한다.

왜곡된 선거제도 개선부터

14대 국회의원선거를 치르는 과정에서도 잘 드러났지만 선거에 관한 국민의 관심은 선거과정에 집중된다. 즉 금권선거, 관권개입, 타락과 불법의 난무, 그리고 유권자의 지역감정에 따른 투표행태 등에 대해 많은 국민들이 우려하고 있다. 물론 이런 점들은 우리 정치가 발전하고 민주화하는 과정에서 해결해야 할 문제들이다. 특히 관권의 선거개입은 선거결과를 왜곡시킬 수 있으며, 금권에 현혹된 유권자의 잘못된 투표로는 진정한 국민의 대변자를 선출할 수 없다. 망국병이라 지탄받는 지역감정의 해소 또한 우리 선거에서 극복해야 할 중요한 과제이다. 그러나 선거 과정에서 나타나는 이런 문제들이 모두 해결되어 공정하고 합리적 여건에서 선거가 실시된다 해도 그 결과는 국민의사를 제대로 반영하는 국회를 구성하는 데 부족함이 많다. 왜냐하면 현재의 선거제도 자체가 국민의사를 왜곡시키는 결과를 가져오도록 만들어 놓은 제도이기 때문이다.

많은 국민이 선거과정에서 나타나는 금권난무, 관권개입, 타락만연, 불법자행 등에 관해 우려를 표명하고 또 사회단체나 언론기관이 이런 문제를 방지하기 위한 운동을 전개하면서도, 정작 선거에 왜곡된 결과를 초래하는 선거제도, 특히 전국구 국회의원 의석 배분 제도에 관해서는 별 관심을 보이지 않는 것은 잘못된 것이다. 이것은 우리 정치에 일반화되어 있는 근원적이고 본질적인 문제에는 관심을 갖지 않으면서 지엽적이고 기능적인 수준의 문제에만 관심을 갖는 잘못된 풍토 때문이다.

이제 선거에 관심을 갖는 국민과 사회단체, 언론, 관련 분야의 학자들은 선거 과정에만 집중하던 관심을 선거법 자체의 개정에도 보여야 한다. 법이란 만들어 놓은 것이면 그대로 따라야 하는 것이라는 권위주의 시대의 타성에서 벗어나, 민주화시대에는 민주주의에 합당한 법과 제도를 갖추어야 한다는 의식이 강화되어야 한다. 민주주의 원리에 위배되는 선거법과 선거제도에서는 민주정치를 실현할 국민의 대표를 뽑는 것이 불가능하기 때문이다.

14

선거와 시민운동

공명선거실천시민운동협의회 주최 세미나 발표문, 1992년 11월 16일

권위주의정권의 쇠퇴와 시민운동의 진전

한국사회는 국가가 사회의 모든 영역에 깊이 개입해 사회를 이끌어 나가고 또 간섭하는 특징을 보여 왔다. 이런 특징은 정치 영역에서 뿐만 아니라 경제, 문화, 교육 등의 모든 영역에서 나타났다. 이것은 중앙집권적 왕정(王政)의 오랜 전통과 일본의 식민통치에 의해 강화된 점도 있으나 오랜 기간 집권했던 권위주의정권이 정치 · 사회를 일방적으로 통제해 왔기 때문이기도 하다. 그러나 산업화의 진전에 따라 사회구조에 변화가 일어나고 사회세력이 재편됨에 따라 국가의 통제에 대항할 수 있는 세력들이 사회에서 성장하기 시작했다. 이런 세력들은 여러 부문에서 나타났지만 정치의 영역에서 대표적으로 나

타났다. 권위주의정권의 억압과 통제에 도전하는 이런 세력들은 제도권 밖에서 비공식적이고 비합법적인 방법으로 국가에 저항해 왔다. 국가와 정치적 도전 세력들 사이에 거듭된 반목은 한국정치의 위기를 지속시켜 왔다.

1970년대와 1980년대에 계속된 이런 세력의 주축을 이룬 것은 재야(在野)라고 지칭되는 집단이었다. 이들은 권위주의체제였던 유신정권 아래서 정치적으로 억압과 탄압을 받은 세력들이며 여기에 1980년 광주사태와 5·17군부정권장악 과정에서 정치적 탄압을 받은 새로운 세력들이 더해졌다. 대학시절 반정부 활동에 참여했던 운동권 학생들이 주축을 이룬 이들의 반정부운동은 5공화국 권위주의정권을 지속적으로 위협했으며 궁극적으로는 1987년 6월민주화운동을 통해 권위주의정권을 끝내는 데 기여했다.

6월민주화운동 이후 실시된 13대 대통령선거와 13대 국회의원 선거 과정에서 이념적 합의를 이룰 수 없었던 재야세력은 분열을 계속한 이후 결국은 일부가 제도권 정치로 들어왔으며 이들의 활동은 운동 차원에서 정치 차원으로 전환되었다. 그러나 정치권에서 이들의 패배(구체적으로는 13대 국회의원선거에서 한겨레당, 민중의당 등의 참패와 14대 국회의원선거에서 민중당, 국민연합 등의 참패)는 이 세력들을 침체의 늪에 빠지게 만들었다. 이들의 대안으로 제도권 정치를 견제하는 새로운 세력으로 등장하고 있는 것이 새로운 차원에서 조직되어 활동하는 시민·사회단체들이다. 정치 영역에서 시민단체와 사회단체의 역할 증대는 민주정치가 정립되어 나가는 과정에서 동시적으로 나타나는 현상이라 할 수 있으며 정치발전을 위해서는 다양한 이해관계를 추구하는 시민사회의 여러 집단들이 정치과정에서 직접 · 간접으로 참여할 수 있는 통로가 열려 있어야 한다.

이런 시민단체와 사회단체의 정치참여는 몇 차례의 선거기간 동안 활발히 나타났는데 이들의 정치참여 유형은 두 가지로 진행되었다. 첫째는 자신들의 대표를 직접 국회에 진출시키려는 노력이었으며, 둘째는 한국정치풍토의 쇄신을 위해 선거에서 공명선거를 실천하려는 운동이었다. 첫째 유형은 이익집단이 자체의 이익을 실현하려는 당연한 노력으로 볼 수 있으며, 6공화국에서 실시된 기초 및 광역 지방의회선거에서 풀뿌리 수준에서 이익을 실천하겠다는 기치를 내걸고 시민단체나 사회단체가 활발히 참여했다. 둘째 유형인 시민단체 중심의 공명선거운동은 13대 국회의원선거에서 처음 나타났는데 한국의 선거풍토 쇄신이라는 면에서 큰 의미를 갖는 것이다. 특히 1991년 12월에 결성된 '공명선거실천시민운동협의회(공선협)'의 공명선거 캠페인, 선거 참여 운동, 선거 고발 창구 활동 등은 시민사회의 힘에 의한 정치풍토 쇄신의 가능성을 제시했고 앞으로의 시민운동 방향에 새로운 지평을 열었다.

14대 국회의원선거에서 공선협의 공명선거 활동

공명선거운동을 목적으로 조직된 공선협은 정치적으로 중립을 표방하는 57개 시민·사회단체들이 참여한 협의체로 출발했는데 지방의 224개 단체가 추가로 가입하면서 총 281개 단체가 참여한 전국 조직으로 확대되었다. 공선협 활동은 공명선거를 실천하기 위해 시민들이 전개하는 도덕 실천 및 선거 감시 운동에 기초를 둔 시민운동이다. 공선협 활동은 정치에 직접 참여하거나 대표자를 내보내는 정치운동이 아니기 때문에 정치적으로 중립적이고 특정 개인이나 집단의 이해관계를 배제하고 공정성을 추구하는 것을 원칙으로 천명했다.[1] 14대 국회의원선거 과정에는 공선협 이외에도 공명선거 실천을 내건 다른 시민단체나 학생 집단이 참여했으나 이들은 특정 정당이나 개인을 지지 또는 반대하는 성향을 띠었기 때문에 공선협과 차이를 보였다.

공선협이 선거 과정에서 전개한 시민운동을 보면, 첫째 공명선거 운동을 표방하는 스티커 부착 운동이었는데 이것은 유권자에게 공명선거에 관한 의식을 일깨우고 이 운동에 동참하도록 함이었다. 두 번째는 투표에서 기권을 방지해 투표 참여를 높이기 위한 운동이었다. 세 번째는 선거 고발 창구를 운영한 것이었다. 이것은 선거부정 사례를 찾아내어 후보자나 선거운동원이 선거법을 준수하도록 유도하고, 선거부정을 행한 후보자나 선거운동원을 공개해 다른 후보자에게 경각심을 주기 위한 것이었다. 또 선거부정을 하는 후보자를 유권자에

---

1) 손봉숙, "14대 국회의원선거와 시민운동 -- '공선협' 활동을 중심으로", 한국정치학회 1992년도 하계학술대회 발표논문, 2쪽

게 알려 낙선시킴으로써 공명선거 분위기를 조성함과 아울러 선거 후에 사법조치를 통해 선거부정을 행한 후보자가 법적 제재를 받게 만들기 위함이었다.

공선협이 중점적으로 추진한 이들 3가지 시민운동이 어떤 성과를 이루었는가를 보면 다음과 같다. 첫째 선거 과정이 어느 정도 공정하게 진행되었는가는 유권자나 후보자가 선거 기간에 느낀 인식을 바탕으로 분석할 수 있다. 선거운동 기간의 초반과 후반에 행한 여론조사 결과를 비교해 보면, 중앙선거관리위원회가 2월 18일에 행한 조사에서 25.8%가 '지난해 지방의회선거에 비해 선거 분위기가 더 공정하다'고 응답했다. 〈한국일보〉 3월 4일자 조사에서는 이번 선거가 '지난번보다 깨끗하다'는 응답이 37.7%였고, '마찬가지다'가 32.4%, '더 혼탁하다'가 22.9%였다. 그러나 3월 21일 조사에서는 13대 국회의원선거보다 '깨끗하다'가 40.7%로 조금 증가했고, 반면에 '더 혼탁하다'는 9.0%로 줄어들었다. 〈조선일보〉 조사를 보면 3월 19일에 '공명하다'가 40%였으나 3월 24일에는 '공명하다'가 56.6%로 증가했다. 〈동아일보〉 조사 또한 3월 12일에는 '공명하다'가 35.9%였으나 3월 19일에는 45.8%로 증가다.[2] 여론조사의 변화에서 공통적으로 나타나는 점은 선거 초기에 느껴지던 '공명하지 않다'던 분위기가 선거 과정이 진행되면서 보다 공정하고 공명한 방향으로 변하는 것으로 유권자들이 느꼈다는 점이다.

공선협이 14대 국회의원선거에 입후보했던 후보자들을 대상으로 한 조사에서 보면, 14대 국회의원선거에서 '선거의 공정성을 확보하는 데 시민단체가 크게 기여했다'는 응답이 55.3%였다. 반면에 선거의 공정성을 저해한 것이 누구였는가에 대해 '여당에 책임이 있다'는 응답이 76.8%, 정부가 73.8%, 유권자가 64.6%, 후보자가 63%, 언론이 52.2%, 기업이 46.1%, 선거관리위원회가 32.2%인 데 비해 시민단체가 공정성을 해쳤다는 응답은 9.2%에 불과했다.[3] 여론조사 결과나 후보자를 대상으로 한 설문조사에서 나타난 결과는 14대 국회의원선거가 '공정했다'고 생각하는 유권자들이 50%를 넘지 못하고 있지만, 그래도 이전 선거에 비해서 또 선거 과정이 진행되면서 공정성에 대한 긍정적 반응이 높아졌다는 점이다. 이것은 선거 과정에서 노력한 공선협의 운동이 기여를 한 것이라고 볼 수 있다. 특히 선거의 공정성 확보에 공선협이 가장 크게 기여했다는 후보자들의 평가는 이를 입증해 준다.

공선협이 두 번째로 중점을 두었던 투표참여 운동을 보면, 14대 국회의원선거의 투표율이 70.1%로 역대 국회의원선거의 투표율 중에서 가장 낮아 이 운동은 실패한 것으로 생각할 수 있다. 그러나 권위주의정권에서 선거의 투표율은 준봉(遵奉)투표[4]와 동원투표의 성격을 띠었기 때문에 비정상적으로 높았고 12대 국회의원선거에서는 5공화국 권위주의정권 아래서 선명 야당인 신한민주당의 신당(新黨)바람 때문에 투표율이 높았다. 13대 국회의원선거는 오랜 동안의

---

2) 위의 논문, 7-8쪽에서 재인용
3) 위의 논문, 8쪽
4) 윤천주, '투표참여와 정치발전' (서울: 서울대학교 출판부, 1986), 43-50쪽

권위주의정권에서 벗어나 민주정부로 전환하는 과정에서 실시되었기 때문에 투표율이 상대적으로 높았다. 이에 비해 권위주의정권에 의한 준봉투표도 없어지고 권위주의정권에 대한 반발투표도 없어진 상태에서 투표율은 선진국 선거의 특징인 낮은 투표율이 지속될 것이며, 14대 국회의원선거는 이런 추세의 시발점이었다고 볼 수 있다.

이런 점들을 감안하면서 유권자의 투표의사 변화를 보면, 〈동아일보〉 조사의 경우 '꼭 투표하겠다'는 응답이 3월 12일에는 66.8%였지만 19일에는 76.5%로 상승했다. 〈한국일보〉 조사에서도 3월 4일에 67.1%이던 것이 3월 21일에는 77.3%로 상승했다.[5] 여론조사에서 나타난 투표 의사의 상승은 선거운동 기간 중에 공선협과 같은 시민단체의 투표참여운동이 어느 정도 효과를 보인 것으로 평가할 수 있다.

공선협이 중점을 둔 세 번째 활동인 선거부정 고발창구의 운용을 보면 다음과 같다. 공선협은 유권자나 후보자가 불법선거운동 행위를 올바르게 판단할 수 있도록 선거법상 허용되는 선거운동과 불법선거운동의 주요 유형을 제시했다. 또 선거부정 고발창구의 업무를 원활히 수행하기 위해 시민선거감시단을 구성해 감시 활동에 종사하도록 했다. 시민선거감시단은 부정·불법선거를 행한 사례가 발견되면 현장에서 폭로하고 규탄하는 홍보 활동을 전개해 부정 사례가 있는 후보자를 낙선시키려는 운동을 펼쳤다. 이 운동은 부정·불법선거를 사전에 예방하고 부정을 자행한 후보자를 낙선시키려는 분위기를 조성하는 데 기여했다.

공선협이 14대 국회의원선거 기간 중 감시·고발한 수는 다음과 같다. 3월 24일까지 전국선거부정고발센터에 접수된 총 사례는 1,048건이었고 이중에서 절반이 넘는 599건이 금품 및 향응 제공이었다. 이 가운데 검찰에 고발한 사례는 25건이었고 검찰에 수사를 의뢰한 것이 23건, 그리고 선거관리위원회에 고발한 것이 4건이었다.[6]

공선협의 이런 노력으로 선거사범이 감소했는가를 보면, 선거관리위원회가 공식 집계한 바에 의하면, 14대 국회의원선거에서 선거사범으로 총 696건이 고발되었고 이중에서 구속이 6.2%에 해당하는 43건이었고, 불구속이 653건인 93.7%를 차지했다. 이런 숫자는 13대 국회의원선거 당시 선거사범이 1,101건, 구속이 75건, 불구속이 1,026건이었던 것에 비하면 선거사범이 63.2% 줄어든 것이다.[7]

지금까지 본 바와 같이 공선협은 14대 국회의원선거 기간 중 유권자와 후보자, 정당에게 공명선거 의식 고양, 투표참여, 부정선거 감시 및 고발의 3가지에 중점을 두고 시민운동을 전개했으며, 이 3가지 분야에서 모두 중요한 성과를 거두어 한국의 선거풍토를 개선하는 데 기여했다. 공선협의 공명선거를 위한 노력은 사회 각계로부터 긍정적 평가를 받아 14대 대통령선거를 앞두고는 대기업이 공선협을 지원하고 나서 깨끗한 선거풍토 정착에 일조하고 있다. 즉 대통령선거

---

5) 손봉숙, 앞의 논문, 10-11쪽
6) 위의 논문, 12쪽
7) 중앙선거관리위원회, "제14대 국회의원선거 분석, 평가" (1992), 19쪽. 위의 논문, 12쪽에서 재인용

를 앞두고 1992년 11월 9일까지 공선협에 각 기업들이 지원한 금액은 4천여만 원으로 14대 국회의원선거 때 공선협이 기업으로부터 지원 받았던 8백여만 원의 5배를 넘어섰다. 이런 현상은 중립내각이 공명선거 의지를 표명함에 따라 기업이 정부의 눈치를 안 봐도 되게 되었지만 공선협의 역할에 대한 기업의 긍정적 인식이 확대된 때문이라 할 수 있다. [8]

시민사회의 선거운동에서 개선되어야 할 사항

지금까지 공선협을 중심으로 시민단체나 사회단체의 선거참여를 본 바와 같이, 이런 단체들은 한국의 정치풍토와 선거풍토 개선에 많은 기여를 했다. 특히 유권자에 대한 공명선거 의식 함양과 투표권의 중요성에 대한 의식 제고 등은 시민정치 교육이라는 면에서 많은 기여를 했다. 그러나 이런 시민정치 교육은 단기간에 성과를 기대할 수 없으며 지속적으로 진행하면 성과가 보다 명확하게 나타날 것이다.

그러나 이런 시민운동이 선거풍토 개선에 효과적이기 위해서는 몇 가지 점에서 개선해야 할 점이 있다. 첫째는 이런 시민운동을 보장하도록 선거법을 개정해야 한다. 현행 선거법을 엄격히 적용하면 공선협과 같은 시민단체의 활동은 불법 선거운농이 될 수 있다. 최근 대통령선거를 앞두고 각 정당의 대통령후보로 결정된 정치인들이 사전 선거운동을 계속하는 것과 관련해 대검찰청이 전국 검찰에 99가지

부정선거 유형을 예시했다. 여기에는 각종 단체가 특정 후보자를 지지 또는 반대하기 위해 집회를 개최하는 행위를 불법선거 유형으로 제시하고 있고 공명선거운동을 빙자해 특정 후보자를 지지, 추천 또는 반대하는 행위도 불법선거운동으로 적시하고 있다.

검찰이 이런 사례들을 해석함에 있어 자의(恣意)적으로 해석할 가능성이 있으며 이것은 시민단체나 사회단체의 순수한 선거참여행위를 위축시킬 가능성이 있다. 예를 들어 14대 국회의원선거 때 경희대 수원캠퍼스 학생들이 용인군 신갈읍 도로상에서 시민들에게 공명선거 홍보 유인물을 배포했는데 이를 제지하는 경찰과 충돌해 10여 명의 학생이 부상당한 사례가 있다. [9]

이것이 문제가 된 이유는 학생들이 전대협 소속의 경인지부 소속 학생들이었기 때문이다. 이처럼 시민운동의 내용상에 문제가 있는 것이 아니라 운동의 주체가 누구인가에 따라 법의 적용이나 검찰·경찰의 해석이 달라질 가능성을 배제하기 위해 시민운동을 보장하는 선거법 개정이 필요하다.

대통령선거를 앞두고 11월에 개정된 대통령선거법에 의하면 새마을운동협의회, 바르게살기운동협의회 등 특별법에 의해 설립된 국민운동단체로서 정부의 출연보조금을 받는 단체들에 대해 선거참여를 금지하고 있는데, 이런 상황에서 시민단체나 사회단체의 선거

---

8) 〈조선일보〉, 1992년 11월 9일
9) 〈경향신문〉, 1992는 3월 20일

참여 활동을 보장해야 한다는 주장은 비논리적일 수 있다. 지금까지 권위주의정권이 국가기관, 공무원, 관변단체를 동원해 여당 후보자에게 유리하게 했던 전력(前歷)이 있기 때문에 민간단체들도 공명선거를 빙자한 불법선거운동을 자행할 우려도 있지만, 그런 우려 때문에 민간단체의 선거참여를 막는 것은 민주화 과정에서 지양되어야 할 것이다.

특히 정부는 시민단체를 무조건 재야운동단체와 결부시키거나 경원시하는 사고에서 벗어나야 한다. 예를 들면 공선협에 참가한 단체들 중에는 과거에는 정부에 비판적이었던 곳들도 있다. 그러나 그런 단체들이 권위주의정권의 비민주적 정치에 대해 비판한 것이었지 항상 정부에 반대한 것은 아니었다. 따라서 이런 단체에 대한 불필요한 규제는 해소되어야 한다.

시민단체의 선거참여운동과 공명선거운동이 성공하기 위해 또 한 가지 선행되어야 할 점은 검찰과 사법부의 변화이다. 14대 국회의원선거의 선거사범 203명 중에서 검찰이 구속하여 기소한 것은 4건에 불과했으며[10] 나머지 99%는 불구속 또는 무혐의로 처리했다. 이것은 검찰이 사법조치를 통해 부정·불법선거를 근절시키려는 의식을 갖지 못한 것으로 평가할 수 있다. 공명선거가 정착되려면 이에 필요한 법적 기반을 갖추어야 하고, 부정·불법선거 혐의자에 대한 수사와 재판을 신속히 진행해 위반자는 당선 무효가 되도록 해야 한다.

---◈---

10) 〈한국일보〉, 1992년 10월 22일

선거사범에 대한 수사와 재판이 엄정하게 다루어져 '당선만 되면 그만'이라는 그릇된 풍조가 개선되지 않고는 공선협의 선거부정사범 고발이 아무리 잘 운영된다 해도 선거풍토 개선으로 이어지기가 어렵다.

지금까지 진행되고 있는 공선협과 같은 시민운동은 시작 단계이기 때문에 극히 제한된 지역에서 제한된 인원으로 실행되고 있다. 이런 시민운동을 전국에서 광범위하게 실행하고 또 명사 중심의 운동에서 벗어나기 위해서는 앞으로 공선협과 같은 수많은 조직이나 단체가 만들어지는 것을 보장해야 한다. 또 참여 단체와 구성원에 대해 체계적으로 시민정치 교육을 실시하고 조직을 치밀하게 강화해야 한다. 공정하고 공명한 선거는 선거 과정에서의 노력을 통해서만 이루어지는 것이 아니다. 선거풍토 개선은 선거를 규정하고 있는 선거법의 비현실적이고 왜곡된 조항들을 하루 빨리 개정해 민주적 시민의식을 가진 국민이 자유롭게 선거운동에 참여하도록 보장할 때 기대할 수 있다.

민주화를 추진하고 있는 과정에서 선거는 법, 제도, 과정이 민주적 여건에 부합하도록 개선되어야 하며 이것이 보장된다면 시민운동은 선거풍토 개선에 보다 긍정적인 기여를 하게 될 것이다.

15

'일인지하만인지상(一人之下萬人之上)' 총리의 유형

〈신동아(新東亞)〉 1994년 1월호 별책부록 〈신한국(新韓國)의 파워 엘리트〉

한국에서 국무총리직은 정치권력과 거리가 먼 직위이다. 우리 정치는 오랜 동안 권위주의정권이 계속되면서 행정부와 대등한 위치에 있어야 할 국회와 사법부가 독립적 지위를 무시당한 채 행정부에 종속되어 왔다. 이 때문에 행정부에서 대통령 다음 직위인 국무총리의 정치적 위상이 실제 이상 높은 것으로 인식되어 왔다. 그러나 헌법이 규정하고 있는 바와 같이 국무총리는 "대통령을 보좌하며 행정에 관해 대통령의 명을 받아 행정 각부를 통괄"하는 직위에 불과하다. 따라서 그런 국무총리에게 정치적 권력이 있을 수 없다.

헌법에는 국무총리가 국무위원을 대통령에게 제청하도록 되어 있고 또 국무위원의 해임도 국무총리가 대통령에게 건의할 수 있도록 되어 있기 때문에, 국무총리가 내각을 통괄할 상당한 권한을 가지고 있는 것으로 오인할 수 있다. 그러나 규정과 현실은 전혀 다르다. 대통령의 의중에 없는 사람을 국무총리가 건의해 국무위원이 되는 경우는 없으며, 또 대통령이 해임할 생각이 없는 국무위원을 국무총리가 건의해 해임시킨 예도 없다.

특히 새 정권이 수립되면서 첫 내각을 구성할 때는 일부 장관들은 이미 내정되어 있는데 국무총리는 결정되지 않은 경우도 없지 않다. 국무총리는 잘해야 국무위원과 함께 결정되고 발표된다. 헌법 규정을 무시하는 이런 잘못된 관례는 노태우(盧泰愚)정권 때 야당인 평화민주당이 비판을 제기해 국무총리가 국무위원을 대통령에게 제청하는 형식을 갖춘 경우가 있으나, 이것도 단 한 번으로 끝났고 그 뒤로는 헌법 규정이 계속 무시되고 있다. 이것은 국무총리가 국무위원에 대한 인사권을 전혀 행사하지 못함을 나타내는 것이다. 국무총리 직에 취임하도록 교섭 받은 인사가 수락 조건으로 장관 임명권을 줄 것을 요구하자 그 교섭이 무산되었다는 일화는 국무총리가 가질 수 있는 권한의 한계를 잘 보여 준다.

총리는 소모품인가

국무총리는 행정부에서 대통령 다음 가는 위치이기 때문에 의전상으로는 상당히 높은 대우를 받고 있다. 그러나 그것이 국무총리가 실질적 권력을 가졌다는 의미는 아니다. 국무총리는 자기의 권력을 강화시키려다가 대통령의 권력과 권한에 위협을 주게 되면 국무총리 자리를 유지할 수 없다는 것을 잘 알기 때문에 대단한 정치적 야망을 가진 사람이 아니라면 자기 무덤을 스스로 파는 어리석음을 자제하게 된다.

초대 국무총리였던 이범석(李範奭)이 족청(族靑)세력을 바탕으로 세력을 확대하자 이에 위협을 느낀 이승만 대통령이 2대 정·부통령선거에서 자유당이 공천한 이범석 부통령 후보자를 무시하고 다른 후보자를 지지해 낙선하게 만든 것이 대표적 예라 할 수 있다. 국무총리 자신이 권력을 강화하지 않더라도 단순한 행정인의 위치를 벗어나 정치권에 위협이 될 기미가 보이면 정치권은 이를 용납하지 않는다. 노태우정권에서 국무총리였던 노재봉(盧在鳳)이 5개월 만에 밀려나듯이 물러난 것도 대통령의 후광으로 후계자로 부상할지 모른다는 정치인들의 우려와 견제 때문이었다.

한국에서 국무총리 직책이 정치권력과 관계가 없는 것임은 국무총리를 역임한 사람들의 면모를 보면 알 수 있다. 이승만정권 초기에 국무총리를 역임한 이범석, 장면(張勉), 장택상(張澤相)과 박정희(朴正熙)정권에서 김종필(金鍾泌)을 제외한 22명이 모두 비정치인들이었다. 장면의 경우도 국무총리를 역임할 때까지는 정치인의 성격이 약했고 김종필도 국무총리로 임명되었을 때는 1968년의 국민복지회사건, 1969년의 3선개헌, 그리고 박 대통령의 종신 대통령을 보장한 유신헌법의 채택 등으로 정치적 야망이 완전히 좌절된 상태였다.

국무총리의 이런 성격은 이들의 재임기간에서도 나타난다. 국무총리의 평균 재임기간은 15~16개월로 1년이 약간 넘는다. 그러나 역대 국무총리 26명 중에서 3년 이상 재임한 정일권(丁一權: 6년 7개월), 김종필(4년 6개월), 최규하(崔圭夏: 3년 3개월) 등 세 명을 제외하고 평균을 내면 재임기간이 10~11개월에 불과해 1년도 안 된다. 이처럼 짧은 기간 동안에 국무총리가 자신의 정치적 권한을 강화시키려 한다거나 직책을 이용해 정치적 야망을 품어 본다거나 하는 일은 실제로 거의 불가능하며, 어떻게 하면 조금이라도 더 그 자리를 연명할 것인가에 신경 쓸 가능성이 높다.

최장수 국무총리가 6년 7개월을 재임한 데 비해 최단명 국무총리는 전두환정권에서 여섯 번째 국무총리였던 이한기(李漢基)였다. 그의 재임기간은 고작 2개월. 1년을 못 채운 국무총리는 이승만 정권에서 5명 중 3명, 허정(許政) 과도정부의 허정, 민주당정권의 장면, 박정희정권의 6명 중 2명, 전두환정권의 7명 중 3명, 노태우정권의 5명 중 3명이었다. 이들이 전체 26명 중 13명으로 절반이나 되는 점은 국무총리가 소모적 성격을 가지고 있음을 나타낸다.

정권별로 나타나는 차이를 보면, 박정희정권에서는 국무총리 재임기간이 길어 정일권, 김종필, 최규하 3명이 14년 4개월이라는 오랜 기간을 재임했다. 이에 비해 이승만정권에서는 6년간 6명, 전두환정권은 7년간 7명, 노태우정권은 5년간 5명으로 평균 1년에 한 명꼴로 국무총리가 교체됐다.

국무총리의 4가지 충원 유형

국무총리가 어떤 요인이 고려되어 충원되었는가는 정권에 따라 약간씩 차이가 있으나 4가지 유형으로 나눌 수 있다. 첫째는 사회적으로 신망이 높거나 존경받는 '인물됨'이 고려된 경우로 최두선(崔斗善), 김상협(金相浹), 이한기, 이현재(李賢宰), 강영훈(姜英勳), 현승종(玄勝鍾) 등이 여기에 속한다. 이들은 정통성이 결여된 정권이 이를 보완하려는 정치적 계산에 따라 충원한 경우로 정권의 이미지 개선에 단기적으로 효과가 있었다.

이런 인물들은 정치에 물들지 않은 깨끗한 새 인물이라는 요건 때문에 학계에서 충원된 경우가 많았다. 건국 이후 1970년대 말까지는 학계 출신 국무총리가 한 명도 없었으나 전두환정권에서는 7명 중에서 2명, 노태우정권에서는 5명 중 4명이 학자 출신이었음은 큰 변화라 할 수 있다. 이들의 충원은 정권에 대한 국민의 비판을 무마하기 위함이며 정치적 분위기 쇄신용이기도 하다.

이런 유형의 국무총리 충원은 특히 정권 초기에 자주 나타나며 이들은 짧은 기간을 재임한 후에 경질되는 경우가 많았다. 최두선이 5개월, 김상협이 13개월, 이한기가 2개월, 이현재가 10개월 등으로 1년을 넘긴 것은 김상협의 13개월만이 예외였다. 이들의 재임기간이 짧은 이유는 국민의 비판 무마라는 정치적 계산으로 충원되었다는 것 외에도, 이들이 행정을 포함한 국정 전반에 관한 전문 지식이 부족하고 또 현실 정치에 대한 감도 부족했던 것이 원인으로 지적된다. 또한 행정 관료와 정치인의 텃세, 이들과의 이해관계 충돌 때문에 국무총리가 희생양이 되는 경우도 없지 않았다.

두 번째 충원유형은 행정 분야를 포함한 전문 영역에서 오랜 기간에 걸쳐 쌓은 경력이나 전문지식, 능력을 인정받아 국무총리가 되는 경우이다. 이들은 특정 행정 분야에서 경력을 쌓은 후 장관을 역임하면서 대통령의 눈에 들어 발탁된 경우로 백두진(白斗鎭), 변영태(卞榮泰), 최규하, 남덕우(南悳祐), 유창순(劉彰順) 등을 들 수 있다. 이런 유형은 주로 경제 분야와 외교 분야에서 오랫동안 일하면서 쌓은 경력과 경륜을 바탕으로 국무총리에 발탁되었으며, 최규하나 남덕우 같이 비교적 오래 재임한 경우가 있는가 하면 변영태(5개월), 유창순(5개월)과 같이 단기간 밖에 재임하지 못한 경우도 있다.

세 번째 유형은 정치적 고려와 보상에 의해 국무총리가 된 경우로 이범석, 장택상, 정일권, 김종필, 진의종(陳懿鍾), 노신영(盧信永), 노재봉, 정원식(鄭元植), 황인성(黃寅性) 등을 들 수 있다. 이범석은 이승만의 집권 초기에 정치적 기반을 제공했고, 장택상은 1952년 발췌개헌안을 통과시키기 위해 국무총리로 기용되었다. 정일권은 군부쿠데타로 집권한 젊은 군 장교들이 원로이며 불편부당한 성격의 정일권을 앞세워 군의 지지를 확보하는 한편, 군부쿠데타에 부정적 견해를 보이던 미국과의 관계 개선에 이용할 의도로 기용했다.

김종필의 기용은 3선개헌과 박대통령 3선 후에 증가한 사회적 비판과 저항에 대처하고 민주공화당 내의 친김종필파와 반김종필파 사이의 내분을 무마하기 위한 정치적 의도였다. 진의종의 기용은 야당에서 변신한 후 전두환정권을 지지한 데 대한 보답의 성격이 강하고, 노신영의 기용도 12·12군부내반란 후 군부세력 지지에 앞장섰던 것에 대한 정치적 보답의 성격이 농후하다.

노태우정권에서 노재봉의 기용은 김대중과 광주사태에 관련한 노재봉의 야당 비판이 그 근원을 이루었으며, 정원식의 국무총리 기용은 문교부장관 재직 때 전교조 불법화에 앞장서 강경하게 이를 저지한 공로에 대한 보상이 크게 작용했다. 김영삼정권에서 황인성 기용은 민주자유당 내의 최대 계파인 민주정의당 계파를 무마하고 호남세력의 비판을 무마하려는 두 가지 의도를 가지고 있었다.

국무총리 충원에서 네 번째 유형은 잊힌 인물들의 '되살아나기' 유형으로 백두진, 신현확(申鉉碻), 김정열(金貞烈) 등이 이에 속한다. 이승만의 자유당정권에서 장관을 역임했던 이들 중의 일부는 4·19혁명당시에 자유당정권의 현직 장관으로 재직해 반혁명의 원흉으로 지탄을 받았던 인물이다. 이들이 짧게는 10년, 길게는 27년 후에 박정희정권의 중반기(백두진)와 말기(신현확), 그리고 전두환정권의 말기(김정열)에 국무총리로 다시 등장한 것은 논리적으로나 상식적으로 쉽게 이해할 수 없는 기용이었다.

이런 현상은 이승만정권 때부터 기득권을 장악한 세력이 박정희정권을 거쳐 전두환정권에 이르기까지 49년간을 계속해서 지배하고있어 엘리트의 순환이 제대로 이루어지지 않고 있음을 잘 보여 주는것이다.

성공한 총리, 실패한 총리

앞에서 언급한 바와 같이 한국의 국무총리는 권력을 추구할 지위가 아니고 또 권력을 행사할 수 있는 지위도 아니다. 따라서 이들이 독자적 리더십을 가지고 행정부를 주도해 나가거나 정치의 방향을 변경시킬 수 있는 것도 아니다. 국무총리의 이런 성격 때문에 역대 대통령에 대한 평가가 여러 차원에서 이루어지고 있는 것과는 달리 총리에 대한 평가는 별 관심의 대상이 되지 않고 있다.

특히 30년 동안 계속된 권위주의체제에서 능력 있는 국무총리란 대통령의 의중을 잘 파악해 그것을 과감하게 추진해 나가는 것이라는 도식이 정착되었다. 이런 유형의 예로는 박정희정권의 김종필, 전두환정권의 노신영, 노태우정권의 정원식 등을 들 수 있다. 노태우정권의 노재봉은 새로운 아이디어에 추진력을 갖춘 것으로 기대되었으나 정치권의 견제로 좌절되었다.

국민의 신망을 바탕으로 충원된 유형 중에서 애초의 기대를 상당 정도 충족시킨 국무총리로는 노태우정권의 강영훈과 노태우정권 말기의 선거내각을 맡았던 현승종을 들 수 있다. 반대로 국민의 기대를 실망으로 바꾼 경우는 여럿이었다.

16

대한민국 장관론

〈신동아(新東亞)〉 1994년 1월호 별책부록 〈신한국(新韓國)의 파워 엘리트〉

한국의 장관이 정치엘리트인가 행정엘리트인가에 관해서는 논란의 여지가 있을 수 있으나 장관직은 행정엘리트의 속성이 보다 강하다. 장관은 자기가 맡은 부처에 해당하는 정책을 입안하고 이와 관련된 법을 제안하기도 하지만, 이러한 것들이 국가나 사회에 큰 영향을 미치는 것일 경우에는 연관 부처와의 협의를 통해 조정해야 하며 여당과 야당의 협조와 견제도 함께 감수해야 한다. 또한 최종적으로는 대통령의 허가를 받아야 한다.

이런 면에서 보면 장관은 자기가 맡은 전문 영역에서 독자적 결정을 내릴 수 있는 여지가 극히 제한되어 있다. 특히 1970년대 이후 권위주의정치가 계속되고, 또 정치보다는 행정이 우위를 차지해 온 한국정치에서는 장관도 국가적 역할이나 기여보다는 전문 영역에서 행정책임자 역할에 안주하는 속성을 보여 왔다. 실제로 한국정치는 청와대의 비서실장이나 경호실장, 그리고 안기부장과 보안사령관 등 비정치적 국가기구의 책임자가 주도해 왔으며 이들과 비교할 때 장관의 정치적 권력이란 미미한 수준에 불과했다.

이에 비해 정치엘리트인 국회의원은 국민에 의해 직접 선출되기 때문에 이들이 갖는 성격이나 충원 유형은 매우 다양하다. 국회의원 중에는 박사학위를 소지한 사람이 있는가 하면 초등학교도 나오지 못한 무학자도 있다. 재벌회장 출신이 있는가 하면 전 재산을 합해 봐야 빚이 더 많은 적자인생도 있다. 일생을 정치의 장에서 보낸 전문 정치인들이 있는가 하면 정치와는 아무 관계없이 살아온 정치 문외한들도 국회의원에 당선된다. 수십억 원의 선거자금을 쓰고 당선되는 사람이 있는 반면 돈 한 푼 안 들이고 전국구의원으로 국회의원이 되는 사람도 있다. 이처럼 국회의원은 충원 양상에서부터 사회적 배경, 성향, 정치적 경륜 등의 여러 면에서 다양한 양상을 나타낸다.

장관의 고령화 추세

국회의원과 달리 장관은 상당히 많은 면에서 유사한 특징을 공유한다. 첫째로 이들이 갖는 공통된 성향은 보수적이고 체제 유지적이며 또한 현상 유지적이다. 이런 성향은 대통령제에서 장관이 갖는 속성이기도 하지만 군 출신 지도자가 통치하는 권위주의정권이 계속되면서 더욱 강화되었다. 내각제에서는 다양한 배경을 가진 국회의원들이 장관이 되기 때문에 다양성을 띠지만 대통령제에서는 유사한 성격의 인물이 충원될 가능성이 높아진다.

장관이 갖는 공통된 특징은 연령 면에서도 나타난다. 정부수립 이후 노태우정권 말까지 장관을 역임한 6백96명 중에서 40대와 50대가 82%를 차지했다. 특히 50대는 전체의 52%로 절반 이상을 차지했다. 장관의 연령은 정권에 따라 상당한 차이를 보였다. 이승만정권에서는 50대가 제일 많았고 40대와 50대가 86%를 차지했으나 허정과도 정부에서는 60대가 80%를 차지했다. 장면정권에서는 40대와 50대가 80%로 다시 연령층이 내려왔다.

5·16군부쿠데타 이후의 군사정부는 우리 정치사에서 특이한 경우로 30대 장관이 43%로 가장 많았고 30대와 40대가 79%를 차지했다. 박정희 정권의 전반기에는 40대가 55%, 40대와 50대가 88%를 차지했고, 후반기에는 50대가 65%로 연령이 더욱 상승했다. 전두환정권과 노태우정권에서는 50대가 각기 64%와 75%로 장관의 평균 연령이 더욱 높아졌다. 이런 변화는 초기에 50대 중심으로 이루어지던 장관의 연령이 군부쿠데타로 30대와 40대로 내려갔다가 점차 50대로 회복되었음을 나타낸다. 장관 연령의 고령화 추세는 경륜과 전문 영역에서의 경험 축적이라는 긍정적 면이 있으나 새로운 사고와 과감한 추진력을 바탕으로 하는 개혁이라는 면에서는 부정적인 면도 있다.

각 정권별로 장관에 충원된 사람들의 연령이 기복을 보인 것은 우리 정치에서 나타나는 특별한 특성으로 이것은 우리 정치의 파행적 면과 연관되어 있다. 즉 장관의 평균 연령이 당시 집권자의 연령에 비례해서 결정된 것으로 허정과도정부에서는 60대 장관이 가장 많았는데 당시 허정과도정부 수반의 나이가 60세였다.

군사정권에서 장관 연령이 30대와 40대가 주를 이룬 것은 당시 박정희 소장이 44세였고 쿠데타 주동세력인 육사8기들이 30대 중반이었던 것과 일치한다. 박정희 정권의 전반기에 대통령의 나이는 47세부터 55세였는데 장관들은 40대와 50대가 주를 이루었다. 박정희정권 후반기에는 대통령의 나이가 50대 후반에서 62세였으며 장관들은 50대가 주를 이루었다.

전두환 대통령은 49세부터 56세까지 집권했고 50대 장관이 65%를 차지했다. 노태우 대통령도 56세부터 60세까지 집권했고 이 기간 50대 장관들은 75%를 차지했다. 이처럼 어떤 연령의 지도자가 집권하느냐에 따라 장관의 연령이 기복을 보이는 것은 바람직한 현상이 아니다.

서울대학교와 육군사관학교 출신 압도적

장관의 공통된 특징은 학력 배경에서 더욱 두드러진다. 전체 장관들 중 대학졸업자는 82%이며 이들의 고학력 경향은 박정희정권 후반부터 두드러져 95%가 대학졸업자였다. 대학졸업자 장관들 중에서

56%는 국내 대학을 졸업했고 44%는 외국에서 대학을 졸업해 외국에서 교육을 받은 비율이 상당히 높았다. 특히 박정희 정권 초기까지는 50% 이상의 장관이 외국에서 교육을 받았으며 이들의 대다수가 식민지 통치 아래 일본에서 유학했다. 이런 학력 배경은 한국정치에 직접 간접으로 영향을 미쳐 우리의 제도, 생활방식, 경제구조, 기업 경영방식 등에서 일본의 영향을 많이 받는 요인이 되었다.

외국에서 교육받은 장관들의 유형은 박정희정권 후반기를 기점으로 변화를 보여 그 이후에 충원된 장관들은 주로 미국에서 교육을 받았고 또 박사학위까지 취득한 경우가 주를 이루어 그 이전과 큰 차이를 보였다. 이것 또한 우리의 정책 결정과 집행 과정에서 미국의 영향이 직접 간접으로 전달되는 통로로 작용하는 데 기여했다.

장관의 학력 배경에서 나타나는 또 하나의 특징은 국내에서 대학을 졸업한 사람들에서 찾아볼 수 있다. 국내에서 대학을 졸업한 3백7명 중 서울대학교 졸업자는 44%였고 경성제국대학 졸업자는 8%, 육군사관학교 졸업자는 24%, 기타 대학교 졸업자는 24%였다. 경성제국대학 출신을 서울대학교에 합칠 경우 이들의 비율은 52%로 늘어나며 이외에 경성법학전문학교, 경성의학전문학교들과 서울대학교를 졸업하고 외국대학에서 박사학위를 받은 사람들을 합치면 서울대학교 출신이 역대 장관에서 차지하는 비율은 60%를 넘는다.

정권별로 보면 박정희정권 전반기에 서울대학교 출신 장관이 22%이던 것이 후반기에 46%로 급격히 증가했고, 전두환정권에서는 50%, 노태우정권에서는 55%로 계속 증가했다. 이런 현상은 국내 최고 대학인 서울대학교 출신들의 우수성 인정, 혈연·지연과 함께 한국정치를 규정짓고 있는 학연의 작용, 정통성이 부족한 군부 출신 정권 지도자들의 학력 콤플렉스 보상심리 작용 등이 복합된 결과로 분석할 수 있다.

장관의 학력 배경에서 볼 수 있는 또 하나의 특징은 육군사관학교 출신이 높은 비율을 차지하는 점이다. 이들의 비율은 군사정부에서 55%를 시작으로 박정희정권 전반기 25%, 후반기에 20%, 전두환정권에서 29%, 노태우정권에서 17% 등으로 매우 높았다. 민간정부의 형식을 갖춘 박정희·전두환·노태우정권들에서 육군사관학교를 졸업한 군 출신이 20% 이상 30%에 가깝게 장관이 된 것은 이들 정권이 민간정부라기보다는 의사 군부정권의 성격을 벗어나지 못했음을 보여 주는 것이다.

장관의 학력 배경에서 나타나는 이런 특징은 한국의 장관이 서울대학교와 육국사관학교를 나온 사람으로 구성된 배타적 집단의 성격이 강함을 나타낸다. 서울대학교 출신들이 장관직에서 차지하는 비율은 계속해서 증가해 왔고 육군사관학교 출신은 문민정부 출범과 함께 장관 기용 비율이 급격히 감소했음을 볼 때, 앞으로 장관직에서 서울대학교 출신의 비율은 더욱 높아질 것으로 보인다. 하나의 대학 출신이 국가의 행정부 지도층을 주로 차지하는 양상이 계속되면 필연적으로 학연 관계가 작용할 가능성이 높으며, 이것은 앞으로 한국 행정에서 부정적 요소로 작용할 가능성이 있다.

경상도 출신 지나치게 우대

장관 충원 때에는 전문 지식과 능력이 중요한 요소로 고려되겠지만, 그 이외에도 여러 가지 정치적 고려가 복합적으로 작용하게 되며 그 중의 하나가 출신 지역이다. 경상도 출신 대통령이 30년 이상을 통치해 오는 동안 '경상도 우대'와 '전라도 푸대접' 외에도 충청도·강원도 '무대접'이라는 불만이 팽배해 왔다.

정부수립 이후부터 노태우정권까지를 대상으로 장관의 출신 지역을 보면 경남·경북 30%, 서울·경기 24%, 충남·충북 13%, 전남·전북 11%, 강원 4%, 제주 1%, 이북 17% 등으로 경상도 출신이 차지하는 비율이 다른 지역에 비해 월등히 높았다. 박정희정권 이후만을 대상으로 보면 이 비율은 더욱 두드러져 경남·경북 출신 비율이 34%로 증가한다. 다음이 서울·경기의 21%, 전남·전북의 13%, 충남·충북의 12%, 강원 4%, 제주 1%, 이북 15%이다.

특히 경상북도 출신 장관은 이승만정권에서 9%, 허정 과도정부에서 13%, 장면정권에서 25%, 군사정권에서 5%이던 것이 박정희정권 전반기에 12%로 증가한 후 후반기에 27%로 증가했고 전두환정권과 노태우정권에서는 각기 22%를 차지했다. 정부 인사에서 경상도 특히 경북 출신 우대 현상은 장관에서 뿐만 아니라 사법부, 검찰, 군, 고위관료, 국영기업체의 장 등 사회 모든 분야에 팽배했던 것으로 이에 대한 비판은 전두환정권과 노태우정권에서 높게 나타났다.

그러나 경상도 출신 장관의 비율은 박정희정권 초기에 29%, 후기에 38%, 전두환정권에서 34%, 노태우정권에서 37%로 나타나, 여론의 비난에도 불구하고 경상도 출신 장관의 비율은 거의 변하지 않았음을 알 수 있다. 특히 노태우정권은 1987년 6월민주화운동 후 국민의 비판을 상당히 수용하는 것 같은 모습을 보였으나 경상도 출신에 대한 특별 고려라는 면에서는 오히려 전두환정권에서보다 3%가 증가해, 겉으로 내보이는 제스처 정치와 완전히 판이한 실속 차리기 정치임을 나타냈다.

전라도 푸대접의 서러움에 광주사태와 전라도 출신 대통령 후보자의 계속된 낙선이라는 한을 안게 된 전라도민들은 노태우정권에서 전라도 푸대접이 개선될지 모른다는 기대가 없지 않았으나, 전북 출신 장관 비율이 전두환정권에서 8%이던 것이 노태우정권에서는 4%로 줄어들었고 전남의 경우에도 박정희정권 후반기에 13%이던 것이 전두환정권에서는 6%, 노태우정권에서는 7%로 감소했다. 이것은 전두환·노태우정권에서 호남 푸대접이 더욱 심화되었음을 보여 준다.

전라도 출신에 대한 인사 푸대접의 계속은 전라도민들로 하여금 다른 면에서 해결책을 찾게 만들었고 그 결과는 13대와 14대 국회의원선거와 대통령선거에서 전라도 출신 후보자에 대한 몰표와 전라도 출신과 연관이 있는 정당에 대한 압도적 지지로 나타났다. 이런 현상은 지역감정과 지역 대립의 양상으로 전개되어 경상도에서도 비슷하게 나타났으나 몰표의 정도는 전라도 지역에서 훨씬 더 강했다.

출신 지역 정당이나 정치인에 대한 주민들의 편애 현상은 선진국에서도 흔히 나타나는 현상이지만 한국과 다른 점은 이런 현상이 감정의 차원에서 나타나고 논의되는 것이 아니라 지역주민의 이익과 관련된 정책적 차원에서 나타나는 점이다. 어쨌든 현재의 지역감정과 지역주의를 근간으로 하는 대립이 장관 충원에서 나타난 지역적 편애 현상 때문에 야기된 면이 없지 않으므로 이런 잘못된 관행은 조속히 시정되어야 한다.

엘리트 순환의 동맥경화 현상

한국정치를 왜곡시키고 있는 좋지 않은 현상 중의 하나는 기득권 세력의 권력 독점 현상이다. 이런 현상은 정치 분야만이 아니라 사회의 모든 분야에서 나타나고 있으나 정치 분야에서 그 정도가 심하다. 국무총리의 예에서도 언급한 바와 같이 30년 전에 이승만정권에서 장관했던 사람이 30년 후에 국무총리로 되살아나는 현상은 일단 권력을 장악한 세력들이 기득권 수호에 모든 수단을 동원하며, 이의 철폐와 개편이 매우 어렵다는 점을 시사해 준다.

이런 현상은 장관의 충원 면에서도 그대로 나타나는데 한 번 장관이 되면 동일한 사람이 몇 번이고 비슷한 자리를 차지하는 경우이다. 6백96명의 장관들 중에서 한 번만 장관직을 역임한 사람은 53%인 3백63명이고 나머지 47%인 3백30명은 2번 이상 장관직을 역임했다.

이중에는 5번까지 장관을 역임한 사람이 2명이고, 4번 역임한 사람이 11명, 3번 역임한 사람은 34명이었다. 2번 장관직을 역임한 사람은 87명이었다.

특정인이 여러 차례 장관직에 충원되는 이유는 두 가지 면에서 찾을 수 있다. 하나는 인물 됨됨이가 뛰어나고 자질이나 능력이 탁월하기 때문이며, 두 번째는 임명권자인 대통령과의 특별한 관계로 편애를 받는 경우이다. 첫 번째 경우는 한 정권에서 여러 번 장관으로 충원될 수도 있으나 진정 탁월한 인물이라면 정권에 관계없이 계속 기용될 수 있다. 이런 유형의 장관으로는 이승만정권에서 법무장관을 역임한 이호(李澔)를 들 수 있다. 그는 허정과도정부에서 내무장관으로 재발탁되었고 박정희정권에서 내무장관과 법무장관에 두 번 더 임명되었다.

이와 대조적으로 황종률(黃鍾律), 김윤기(金允基)는 군사정권부터 박정희 정권까지 4번씩 장관직을 역임했고 최광수(崔侊洙)는 전두환정권에서 세 번 장관을 역임했다. 한 정치지도자 밑에서 세 번 네 번씩 장관을 역임한 것이 능력에 대한 인정에서인지 정치지도자의 편애 때문인지는 엄밀하게 구분하기 어렵지만 전문영역이 다른 장관직에 계속해서 충원되는 것은 능력보다는 편애가 작용한 것으로 볼 수 있다.

여기서는 장관에 재임명된 경우만을 분석했으나 그들은 장관 이외에도 국회의원이나 은행장, 안기부장, 대통령비서실장, 대사 등의 정부 관련 고위직뿐만 아니라 국영기업체의 장이나 대기업의 사장 등 한국사회의 최고위급 자리를 번갈아가면서 정치·행정·경제 분야에서 막강한 권력을 행사했다.

이런 현상을 기득권의 유지와 보호로 볼 것인가, 아니면 능력 있는 인물의 계속된 중용으로 볼 것인가의 판단 기준이 명확하지는 않다. 그러나 정통성 낮은 정권과 결탁해 이를 합리화하는 데 앞장서거나 군 출신에 대한 특혜로 여러 차례 장관직과 정부 관련 고위직을 담당했던 사람들이 많았음을 감안할 때 장관 충원의 폐쇄성과 엘리트 순환의 동맥경화적 현상은 한국의 행정엘리트 충원에서 개선되어야 할 점이다.

김영삼정권 초대 내각의 성격

김영삼정권은 30여 년에 걸친 군부 출신 대통령 시대를 마감하고 문민정치 시대를 다시 시작한 정권으로 집권 초기 여러 분야에서 개혁을 실천했다. 이런 개혁 추진은 대통령 개인을 중심으로 진행되었기 때문에 초기 단계에서는 장관의 배경이나 성향과 크게 연관되어 있지 않았다.

그러나 30여 년에 걸쳐 누적된 권위주의정치의 폐해를 대통령 한 사람의 추진력만으로 해소하는 데에는 한계가 있다. 따라서 개혁의 지속적 추진은 제도적 장치를 통해 이루어져야 한다. 개혁이 제도를 통해 추진되는 단계에서는 정부 각 부처의 책임자인 장관직을 어떤 사람이 맡고 있는가가 중요하다. 따라서 김영삼정권의 장관들이 이전의 장관들이 가졌던 특징과 다른 양상을 보이는지 아니면 별 차이가 없는지를 보면 다음과 같다.

연령 면에서 보면 22명의 장관 중에서 50대가 77%를 차지하고 60대가 14%, 40대가 9%를 차지해 노태우정권에서 나타난 유형과 비슷한 양상을 보였다. 그러나 김영삼 대통령이 60대 중반임에도 장관은 50대가 주를 이루어, 과거 정권에서 나타났던 국가지도자의 연령에 따라 같은 연령층이 장관으로 주로 충원되는 양상은 더 이상 나타나지 않고 있다.

서울대학교 출신 증가, 육군사관학교 출신은 감소

장관의 학력 배경을 보면 22명 전원이 대학졸업자이며 이들 중에서 박사학위 소지자도 9명으로 41%를 차지해 높은 학력 수준을 보인다. 출신 대학을 보면 서울대학교가 15명으로 68%를 차지했고 고려대학교가 3명으로 14%, 육군사관학교가 2명으로 9%, 한국외국어대학교와 미국 대학 출신이 각 한 명씩이었다. 장관의 학력 배경에서 나타나는 특징은 서울대학교 출신이 55%를 차지해 가장 높은 비율을 보였던 노태우정권 때보다 13%나 더 높아져 장관의 3분의 2 이상을 한 대학 출신이 독점하는 편중 현상을 보이고 있다.

반면에 1960년대 이래 최소 17%에서 최고 29%를 차지했던 육군사관학교 출신의 비율은 9%로 줄어들어 군부정권의 잔재가 일소되었음은 긍정적으로 평가할 수 있다. 서울대학교 출신의 정부 고위직 독점 현상은 한국사회의 학벌 중시 현상과 결부되어 그 선후를 구별하기가 힘들지만 이런 현상의 심화는 긍정적 면보다는 부정적 면이 더 많다고 할 수 있다.

장관의 출신지역 배경을 보면 경남과 경북 출신이 가장 많아 32%이며, 다음이 서울과 경기 23%, 전남과 전북 18%, 충남과 충북 14%, 강원 5%, 이북 9%의 순서이다. 이런 비율을 노태우정권과 비교하면 경남과 경북 출신이 비율로는 5%, 숫자로는 1명이 감소했으며 전남·전북과 충남·충북 출신이 각 1명씩 더 충원됐다. 장관의 이런 출신 지역 비율은 경남과 경북 출신에 대한 인사 특혜로 비판을 받은 노태우정권과 비교해서 큰 차이가 없는 것으로 아직까지도 경상도 출신이 장관 충원에서 혜택을 보고 있다.

이외에도 김영삼정권의 장관 충원에서는 몇 가지 긍정적 면과 부정적 면을 볼 수 있다. 첫째는 군 출신 대통령 정권에서 계속되어 오던 군 출신에 대한 특혜가 일소된 점이다. 이것은 문민정부의 속성상 당연한 현상이기도 하지만 지금까지의 한국정치 폐해를 일소했다는 점에서 긍정적으로 평가할 수 있다.

또 하나는 특정 영역에서 오랫동안 쌓은 경륜과 경험을 바탕으로 충원된 관료 출신 비율이 높아 행정 전문성 발휘를 통한 국정의 효율성 가능성이 높아진 점이다. 여성장관을 3명 충원해 여성인력의 활용에 긍정적 조치를 취한 점도 눈에 띄는 대목이다.

그러나 취임 이후 장관직 수행에서 드러난 바와 같이, 장관직을 수행하기에 부적절한 능력을 소유한 인물들이 장관에 임명되어 국민의 기대를 받고 있는 문민정부에 부담을 주고 있는 점은 부정적 측면으로 지적할 수 있다.

17

정계개편으로 개혁2기 추진하라

〈동화(同和)〉 1994년 1월호

김영삼정권 출범 후 6개월 동안 추진한 개혁 조치들은 이전에는 어느 정부도 하지 못했던 중요하고 획기적인 것들이었다. 그중에서도 가장 중요한 것은 정치를 군(軍)으로부터 완전히 분리시킨 것이었다. 12·12군부내반란을 '쿠데타적 사건'으로 규정한 이후, 군부내반란에 참여한 공로로 군과 정치권에서 승승장구하며 권세를 누리던 인물들이 모두 축출되었으며, 군부 내에 파벌을 형성해 중요 보직과 진급에서 배타적 특혜를 누려 오던 하나회의 핵심 장교와 장성들이 대부분 전역되거나 진급에서 제외되었다.

장성 진급을 미끼로 공공연히 돈을 받아 치부했던 육·해·공군 참모총장 출신들이 모두 구속되었고 군 장비 현대화 사업에서 뇌물을 받아 치부를 한 군 수뇌의 상당수가 형무소 생활을 하고 있다.

5·17군부쿠데타와 광주사태 이후 우리 사회를 공포에 떨게 했던 군부의 위세를 생각하면, 정치군인들을 군에서 축출하고 정치권에서 쿠데타 주동세력들을 축출한 것은 실로 혁명적 개혁이었다.

이런 조치는 우리 사회 곳곳에 남아 있던 군부정치의 잔재를 일소하는 데 큰 기여를 했을 뿐 아니라, 앞으로 다시 군부가 총칼을 무기로 정권을 장악할 소지를 제거하는 데 크게 기여했다.

대통령의 리더십만으로 추진된 개혁

김영삼정권 초기에 이룩한 두 번째 중요 개혁은 금융실명제 실시였다. 금융실명제는 마음만 먹으면 못 하는 것이 없었던 전두환정권에서조차 실시하지 못했던 것이었고 노태우정권 5년 동안에도 기득권 세력의 눈치를 보느라 실시하지 못한 것이었다. 전두환정권이나 노태우정권이 국민이 원하지 않는 것을 쾌도난마처럼 해치웠으면서도 금융실명제를 실시하지 않았던 것은, 정권의 지지 기반을 이루고 있던 기득권 세력이 자기 이익을 침해받지 않으려고 집요하게 시도했던 로비에 발목을 잡혔기 때문이다.

비밀장부와 탈세, 불법 정치자금 제공과 정경유착 등으로 엄청난 부당이익을 얻어온 기득권 세력은 '경제의 파탄'이니 '증권시장의 붕괴'니 '외화의 대량 해외 유출'이니 등의 불모성 협박과 명분으로 금융실명제 실시를 방해해 왔다.

그러나 정작 금융실명제가 실시되고 5개월이 지난 현 시점에서 볼 때, 기존에 지속되어 오던 경제적 어려움을 제외하면 금융실명제 실시 때문에 우리 경제가 타격을 받을 조짐은 보이지 않는다. 금융실명제가 아직은 제도화되어 정착된 단계는 아니지만, 그동안 탈세를 통한 부당이익으로 호화 낭비를 일삼던 부류들이 더 이상 과거와 같은 불법 행위를 되풀이하기 어렵게 되었으며, 건전한 경제 생활을 통한 부의 축적을 지향할 수 있는 기반을 마련했다.

김영삼정권 초기 6개월 동안 이룩한 세 번째 중요 개혁은 공직자의 재산 등록 및 공개 조치였다. 이 조치는 그동안 정치권과 공직사회에서 부정과 비리를 통해 축재를 한 사람들이 상상 외로 많았고 또 그들이 축재로 이룬 재산의 규모도 일반 국민들로서는 상상을 초월하는 규모임을 밝혀냈다.

이 과정에서 수많은 국회의원, 판사, 검사, 고위공무원이 공직에서 물러났다. 이것은 정통성이 부족한 권위주의정권과 결탁해 권력을 남용하고 축재해 오던 세력들이 제거되었다는 점 외에도, 앞으로 한국사회에서 공직을 이용한 축재가 허용되지 않는다는 것을 법 제정을 통해 제도화했다는 데 큰 의의가 있다. 대표적으로 언급한 세 가지 개혁조치 외에도 수많은 개혁조치들이 있었으나 이들의 정치·사회적 영향은 위의 세 가지에 비하면 그 중요성이 뒤지는 것들이다.

그러나 이런 개혁조치들은 건국 이후 어느 정권도 해내지 못했던 중요한 것이지만 김영삼정권 초기 6개월 이후에는 그 이상의 후속조치가 뒤따르지 않고 있다는 점에서 김영삼정권의 개혁에 한계가 드러난다.

그동안 김영삼정권의 개혁에 관해서는 많은 평가들이 이루어져 왔다. 비판적 측면에서 가장 핵심적인 것은 김영삼정권의 개혁이 법이나 제도를 통한 성격이 약하고 대통령 개인에 의해 개혁이 추진되어왔다는 점이다. 위에서 예로 든 금융실명제나 공직자 재산 등록 및 공개 제도는 물론 법의 제정을 통해 제도적으로 시행될 기반을 마련했으나 군부쿠데타 관련 세력을 군으로부터 전역 조치한 것이나 '자발적' 재산 공개와 사정, 공직자의 퇴진 조치 등은 김 대통령 개인의 힘에 의해 이루어진 성격이 강하다.

지금까지 우리 사회에서는 정권이 바뀔 때마다 혁명적이거나 개혁적인 조치들이 많이 시도되어 왔다. 그러나 이런 조치들이 궁극적으로 성공하지 못하고 단기적이거나 일시적인 조치로 끝나 버린 것은 그것이 제도화되지 못하고 권력을 장악한 자들이 남용한 힘에 의해 이루어졌기 때문이다. 이런 면에서 볼 때 김영삼정권 개혁의 성공 여부는 법과 제도를 통한 개혁으로 발전할 수 있느냐에 달려 있다.

개혁의 지속이냐, 안정 추구냐

집권 2년을 맞는 김영삼정권이 이 시점에서 결정해야 할 것은 개혁의 지속이냐 아니면 안정의 추구냐를 선택하는 것이다. 물론 이 두 가지는 김 대통령이 대통령선거 유세 때에 제시했던 '안정 속의 개혁'이라는 구호처럼 동시에 추진될 수도 있다. 그러나 현실정치에서는 두 가지 중의 어느 것에 정치적 우선순위를 두느냐에 따라 두 번째 내용은 크게 위축될 수 있다.

김영삼정권 10개월을 두 시기로 구분한다면 첫 6개월 동안은 개혁에 중점을 둔 시기였고, 그 이후는 안정에 보다 중점을 둔 시기라 할 수 있다. 또한 첫 번째 시기가 김 대통령 개인의 주도적 리더십에 의해 개혁이 추진된 시기라면 두 번째 시기는 개인적 리더십보다 제도를 통한 개혁이 시작된 시기이다. 또한 두 번째 시기는 전 사회에 큰 영향을 미치는 금융실명제라는 혁명적 조치가 취해진 상태에서 그 이전 6개월 동안에 취해졌던 사정(司正)형의 개혁조치가 불가능해진 시기이기도 했다. 어쨌든 두 번째 시기는 첫 번째 시기와 비교할 때 개혁조치가 지지부진했고 국민들도 이제 개혁은 끝났고 세상이 다시 과거와 같은 상태로 되돌아가는 것 아니냐는 의구심을 갖게 되었다.

실제로 김영삼정권 개혁의 백미라 할 수 있는 금융실명제는 계속된 양보 조치로 인해 애초에 기대했던 개혁적 내용이 크게 퇴색되었다. 만일 금융실명제가 법과 제도로 보다 구체적으로 완비되지 않는다면 우리 경제는 과거와 같이 불법과 비리와 탈세가 만연했던 시대로 되돌아갈 위험도 없지 않다.

김영삼정권의 두 번째 시기에 개혁이 부진한 이유는 김 대통령의 개인 주도에 의한 개혁조치가 중단된 이후 이를 이어 개혁을 지속화해 나갈 능력과 힘을 갖춘 개혁 집단이 존재하지 않는다는 데 있다.

법을 통한 개혁의 제도화는 정치권과 국회를 통해 이루어져야 하며, 개혁의 제도화는 내각과 관료와 국가공무원, 그리고 더 나아가서는 국민에 의해 성취되어야 한다. 그러나 문제는 국회도, 내각도, 관료도 개혁을 제도적으로 추진해 나갈 여건이 되어 있지 못하다는 점이다. 여당인 민주자유당에서는 3당합당 후 계파별 분열이 아직도 해소되지 않고 있다. 어떤 면에서 보면 민주정의당 계파와 신민주공화당 계파 세력의 다수는 개혁의 대상이 되어야 할 인물들로 이들은 개혁의 주도세력이 되기 어렵다.

김영삼정권 초기 6개월 동안 사정의 대상이 되어 정치생활이 끝나는 것처럼 보였던 이들 중의 다수는 환골탈태하기보다 오히려 개혁이 실패로 끝나서 과거의 정치가 회생되기를 기다리는 듯한 모습을 보여 주고 있다.

야당인 민주당은 대통령선거의 패배를 거울삼아 새로운 시대에 맞는 선진형 정당으로 탈바꿈하려는 노력보다는 당내 파벌주의만 지속하면서 권위주의정치의 유산인 투쟁 일변도의 생리를 견지하고 있다.

김영삼정권은 내각 구성에서 권위주의정권에 유착해 왔던 만년 여당형 인물들과 퇴역군인들을 일소하는 데는 성공적이었다. 그러나 장관의 충원이 김 대통령과 개인적 친분관계에 있는 인물을 중심으로 이루어짐에 따라 능력 면에서는 크게 뒤떨어지는 속성을 보여 주었다. 김 대통령 개인의 일인 주도적 사정형 개혁 이후에 이를 뒤이어 개혁을 이끌어 나갈 인물이나 세력이 부상되지 않은 것은 김영삼정권 1기 내각이 안고 있는 치명적 약점이다.

정계개편으로 개혁세력 결집해야

김영삼정권 2년 차에도 개혁은 계속되어야 하며, 그 성격은 법과 제도를 바탕으로 제도화된 개혁이어야 한다. 이런 법적·제도적 개혁은 한 사람의 지도력만으로 추진될 수 있는 것은 아니며 개혁세력 집단을 기반으로 계획하고 입안하여 실행해야 한다. 이를 위해 여권 내 개혁세력들이 소수파의 위치를 벗어나 주도적 다수 세력으로 확대되어야 한다. 그러나 현재와 같이 개혁 대상 세력이 오히려 다수를 이루고 있는 여당체제에서는 그것이 불가능에 가깝다. 따라서 해결책은 정치권을 전면 재편성하는 것이다.

여야를 초월한 개혁 추진세력을 구성하기 위해서는 여권 내의 개혁세력이 야권 내의 개혁세력과 힘을 합해 새로운 개혁세력으로 집단화해야 한다. 이것은 여당 내의 반개혁세력을 도태시키고 야당과 재야의 개혁세력을 대거 영입하는 방법이 될 수도 있고 또 여당과 야당을 통폐합하면서 개혁세력 중심의 새로운 정당을 형성하는 방법이 될 수도 있다. 만일 이런 정계개편이 지금 이루어지지 않고 15대 국회의원선거를 앞두고 이루어진다면 그때까지 개혁의 가능성은 극히 불투명하다.

개혁 추진세력의 집단화라는 면에서 김영삼정권 집권 2기에 이루어야 할 또 하나의 과제는 '쌀개방 파동' 이후 전격 취임한 이회창(李

率름) 내각이 심기일전해서 개혁을 뒷받침하는 것이다. 제도적 개혁의 과제는 관료들의 무사안일이나 보신주의를 용인하는 한 불가능하다. 만일 장관이 관료들의 조종에 좌우되면서 장관 자리의 유지에만 연연한다면 개혁의 지속 가능성은 무산되고 만다.

김영삼정권 2년 차에서 개혁의 핵심은 정계개편으로 시작되어야 하며 이것은 김영삼정권 6개월 이후에 지지부진한 상태로 답보하고 있는 개혁에 새로운 전기를 마련하게 될 것이다. 이와 동시에 정계개편을 통한 개혁세력의 집단화는 반개혁세력들이 가로막고 있는 법적·제도적 개혁을 일사불란하게 추진할 수 있는 시발점이 될 것이다.

현재 우리 사회에는 과거 권위주의정권 아래서 만들어진 비민주적이고 반개혁적인 법들이 1천4백여 개를 넘고 있다. 6월민주화운동 이후의 노태우정권이나 김영삼문민정권에서 이런 권위주의정치의 잔재가 해소되지 않고 있는 것은 국회에서 비개혁적 내지 반개혁적 세력이 다수를 차지하고 있고 이들의 다수가 여당에서 중요한 직위를 차지하고 있기 때문이다. 따라서 김영삼정권개혁의 성패는 정계개편을 통한 개혁세력의 집단화를 이루어나갈 수 있는가에 따라 결정될 것이다.

18

권력형 부정 · 부패 방지를 위한 방안

〈인권과 정의〉 1997년 9월호

I. 서론

우리는 현재 우리 사회가 총체적 부정 · 부패 상황에 처해 있다는 이야기를 자주 듣고 있다. 실제로 부정과 부패는 우리 사회의 특정 분야에서만 행해지는 것이 아니라 정도의 차이만 있을 뿐 사회의 거의 모든 분야에 만연되어 있다. 일부에서는 우리 사회는 어느 것 하나 썩지 않은 것이 없으며, 심지어 방부제까지도 썩었다는 이야기가 나온다. 필자는 몇 년 전 외국에서 열린 '한국에 투자를 원하는 기업인을 위한 오리엔테이션'이라는 회의에 참석한 바 있다. 그 회의는 한국에 근무했던 외교관이나 기업인이 한국에 투자하기를 원하는 자기 나라

기업인에게 도움이 될 점들을 알려 주기 위한 회의였다. 이 회의에서 한국 근무를 한 적이 있는 그 나라의 외교관은 "한국에서 사업을 잘하기 위해서는 관리들에게 뇌물을 주는 방법을 잘 배워야 하며, 이것을 제대로 못 하면 사업은 성공할 수 없다"고 이야기하는 것을 들은 적이 있다. 그 회의에 참석한 한국인으로서 심히 창피하고 모욕적인 이야기였지만, 그것이 우리 사회의 현실이기에 항의하거나 비판하기도 어려웠다. 최근 언론에 보도된 바에 의하면 우리나라의 부패 수준은 52개 주요 국가들 중에서 34위로 나타났다. 이것은 우리 사회의 부패 상황이 국제적으로도 광범위하게 알려져 있음을 나타내는 것이다.

이런 부정 · 부패 상황의 원인을 어느 한 곳에서만 찾는 것은 지극히 어려운 일이지만, 사회에 팽배한 부정 · 부패의 근원을 정치권의 부패에서 찾는 것은 무리가 아닐 것이다. 국가의 최고 정치지도자가 청렴결백해서 부패와 연관되어 있지 않을 때 그 밑에서 일하는 장관을 비롯한 고위 관리가 부정 · 부패에 연루될 가능성은 크지 않다. 국가의 고위관리가 부패하지 않을 때는 그 밑에서 일하는 중위 또는 하위관리들도 부정한 방법으로 축재하기 어렵다. 이와 반대로 국가최고지도자가 공공연하게 부정과 부패를 자행한다면 그 아래 국가 관리들에게 부정을 하면 안 된다는 말을 하기 어렵고, 또한 그런 지시를 한다 해도 이를 따르는 관리는 많지 않을 것이다.

국가의 관리가 부패했다면 그들은 일반 국민 수준에서 자행되는 부정이나 부패를 규제하기보다는 이에 결탁해서 축재를 하려 할 것이다. 또한 행정부를 견제하는 것이 국회의 역할임을 고려할 때 국회가 부정이나 부패에 얼마나 물들지 않았는가에 따라 행정부의 부정이나 부패 수준이 결정될 것으로 생각할 수 있다. 모든 국가는 부정·부패를 규제하는 법을 가지고 있지만, 국가지도자나 고위 공직자 그리고 정치인이 그런 법을 어길 때에는 부정·부패 방지를 위한 법들이 제대로 집행될 수 없을 뿐만 아니라 제대로 지켜지지 않아 부정·부패가 만연할 수밖에 없다. 이런 점에서 볼 때, 정치권에서 발생하는 권력형 부정·부패는 파급 효과가 그만큼 심각하고 또 권력형 부정·부패를 불식시키지 않는 한 사회에 만연된 부정·부패 척결도 기대하기 어렵다.

정치권의 권력형 부정·부패는 정부수립 이후부터 계속되어 오는 현상이며, 근래에는 전두환·노태우 두 전직 대통령이 부정·부패 때문에 옥살이를 할 정도에 이르렀다. 김영삼 대통령은 취임 직후 기업인으로부터 한 푼의 정치자금도 받지 않을 것이며, 정치권에 만연된 정경유착의 폐해를 근절시키겠다면서 개혁을 추진했지만 자신의 아들과 최측근 정치인들이 부정·부패에 연루되어 뇌물수수와 비리로 구속됨에 따라 권력형 부정·부패 근절에 대해 회의(懷疑)를 갖게 만들고 있다. 이런 권력형 부정·부패를 방지하기 위해서는 어떤 조치들이 필요한가를 논하기에 앞서 정부수립 이후 계속되어 온 권력형 부정·부패가 어떤 유형으로 전개되어 왔는가를 살펴본다. 또한 권력형 부정·부패가 근절되지 않고 있는 원인은 무엇인가를 고찰한 후 이를 바탕으로 권력형 부정·부패 방지를 위한 제도적 및 행태적 방안을 논의한다.

II. 역대 정권의 권력형 부정·부패 유형

　정치에서 권력형 부정·부패의 가장 직접적 원인으로 매개되어 왔던 것은 불법 정치자금의 수수와 이에 얽힌 정치비리였다. 불법 정치자금이란 정치자금을 규제하는 법률에 위반되는 자금을 의미하며, 이런 비합법적 정치자금은 해방 이후부터 지금까지 여러 형태로 계속되어 왔다. 한때는 해외로부터 자금을 유입해 들여오기도 하고 또 어떤 때는 국·공유 재산을 불법으로 매각하거나 불하해서 그 이익을 업자들과 나누기도 했다. 국가가 주도적으로 경제발전을 추진하는 과정에서는 기업에게 금융 특혜, 관급 공사나 정부 구매 물자의 조달권, 차관 도입 알선, 각종 개발권을 부여하는 등의 대가로 일정 비율의 커미션이나 리베이트를 받기도 했다. 국민경제 규모가 확대된 유신체제 이후부터는 일정액의 정치자금 할당액을 국내 재벌 기업인들에게 정기적으로 헌납하게 하는 등 불법 정치자금은 권력 창출, 권력 유지, 권력 확대 과정에서 정치환경에 걸맞은 형태로 변화해 왔다.

　경제성장이 미진하여 불법 정치자금의 제공원이 거의 없었던 시기에 정치인들이 정치자금을 만드는 대표적 방법은 국·공유 재산을 매각하는 것이었다. 이승만 정권은 국유재산을 민간에 불하해 정치자금으로 이용했다. 정부 재산 불하는 거의 전 산업 분야에서 이루어졌으며, 적산(敵産)을 민간에게 불하하는 과정에서 이들의 80%는 정당 및 정파에 필요한 정치자금을 위해 불법으로 거래되었다.

1952년 3월에 발생한 중석달러 불하사건은 우리 정치에서 부정한 정치자금 조달의 모델이었다. 이 사건은 정부가 보유한 20만 달러를 대한중석 노무자의 식량 수입용으로 불하한 것을 계기로 고려흥업 등 민간업자들에게 소맥분과 비료 수입용으로 약 400만 달러를 공정 환율(1달러 6,000원)로 불하한 것이었다. 당시의 시장 환율이 공정 환율의 4-5배였던 점을 감안하면 중석달러를 불하받은 업자는 당장 3-4배의 환차익을 얻을 수 있었으며, 소맥분과 비료를 수입한 후 다시 3-4배의 비싼 값으로 판매함으로써 환차익만으로도 533억 원, 소맥분과 비료 수입 판매 이익금까지 계산하면 약 1,500억 내지 2,000억 원의 부당이득을 취했다. 이것은 1953년도 정부 예산 9,820억 원의 15~20%에 해당하는 금액으로 당시의 경제 규모를 감안할 때 엄청난 금액이었다.

중석달러 불하사건은 자유당 조직과 1953년의 정·부통령선거를 앞둔 이승만정권이 선거에 필요한 막대한 정치자금을 마련하기 위해 시중업자를 동원해서 정부가 보유한 달러를 부정으로 불하하고 그 대가로 거액의 정치자금을 조달한 사건이었다. 정부가 직접 업자를 사주해서 부정한 정치자금을 조성한 것이다.

5·16군부쿠데타 이후 군사정부에서 민정이양을 앞두고 민주공화당을 창당하는 과정에서 중앙정보부가 주축이 되었던 증권파동은 농협중앙회가 보유한 한전 주식 12만8천 주를 중앙정보부가 강제로 민

간 증권사에게 헐값에 매각하도록 해 그 차익을 정치자금화한 사건이다. 그 과정에서 부정한 방법으로 증권 거래 질서를 교란해 선의의 투자자들에게 큰 손실을 입혔다. 증권파동 사건은 단순히 국·공유 재산을 매각해 그 금액을 정치자금화한 것이 아니라, 국유재산이던 한전 주식을 불법으로 매각한 후 해당 주식의 주가를 조작해 그 시세 차익을 정치자금화했다는 면에서 더욱 고도화된 불법 정치자금 조달 방법이었다. 이 사건은 새나라자동차 사건, 워커힐 사건, 빠징코 사건 등과 더불어 중앙정보부가 민주공화당 창당 자금을 마련하기 위해 주도한 4대 의혹 사건이었다.

국·공유 재산 매각이 1950년대에 집권여당이 주도한 권력형 부정·부패의 유형이었다면 1960년대 중반 이후에는 정부가 고도의 산업 성장을 주도하면서 민간기업과 결탁하는 권력형 부정·부패가 일반화되었다. 정부가 민간기업의 경제 활동에 필요한 특혜를 주는 대가로 그 민간기업이 정부 및 집권여당에 이권의 일정 부분을 상납하는 리베이트 형식의 권력형 부패가 이 시기의 특징이었다.

시중금리와는 비교할 수 없을 정도의 유리한 조건으로 제공되는 정부 특혜 금융으로 1965년 판본, 삼호, 화신, 개풍, 삼성, 금성 등 6개 업체에 60억 원이 부정 대출되었고, 이와 관련해 판본 7억 원, 삼호 5억 원, 화신 3억 원 등 15억 원이 청와대에 정치자금으로 헌납되었다. 또 다른 예로는 정부 관급공사, 혹은 정부 조달 물자의 수주 과정을 통해 이루어지는 권력형 부패였다. 1970년대 초반에 재정투융자 부문에서 정부가 발주하는 거의 모든 공사 및 개발 계획에 참여하는 민간업체는 총 공사 금액에서 적게는 2~3%, 많게는 10%에 이르는 정치자금을 헌납하도록 함으로써 조성된 불법 정치자금의 규모는 정부 예산의 0.6~3%에 달했다.

권력형 부정·부패는 유신체제 때부터는 권력자로부터 유무형의 압력을 받고 이를 거역하면 보복 받을 것이 두려워 불법자금을 헌납하는 형태로 바뀌었다. 기업인들에 의한 강제 헌납금은 유신체제를 유지하기 위한 대통령의 정치자금으로 쓰였으며 1970년대 말에 민주공화당이 청와대로부터 받은 금액은 매달 1억5백만 원이었다. 그리고 민주공화당 및 유신정우회 소속 국회의원들에게는 매달 50만 원씩 청와대의 지원금이 지급되었고 연말과 추석 때면 1,000여 명에 이르는 관리 대상 인원들에게 100만 원 내외의 대통령 하사금을 지급했다. 그 이외에도 야당을 회유하기 위한 공작자금, 사안별로 지급된 금일봉 등을 합해 1970년대 말 청와대의 비공식 지출 규모가 연 100억 원에 달했다.

기업인의 강제성 헌납 형식의 권력형 부정·부패는 5공화국에서도 변함없이 지속되었다. 5공화국에서 통치성 정치자금은 거의 전적으로 기업의 강제 헌금으로 충당되었다. 전두환 대통령은 재임 중 42개 기업체 대표들로부터 2,159억 5천만 원의 뇌물을 받아 퇴임 후 특정범죄가중처벌법의 뇌물수혐의로 구속되었다. 그는 1980년부터 1988년 3월까지 대통령 재임 중 기업인들로부터 7천억 원을 거두어들였으며, 새마을성금 1,495억 원, 일해재단기금 598억 원, 새세대육성회 찬조금 223억 원, 심장재단기금 199억 원 등 각종 성금과 기금

2,515억 원을 합하면 전 씨가 재임 중 받은 불법자금 총액은 9,500억 원에 이르렀다. 특정범죄가중처벌법과 12·12군부내반란 및 5·18 군부쿠데타와 병합해서 무기징역을 언도받은 전두환 전 대통령은 퇴임 시에 1천6백억 원을 개인 재산으로 가지고 있었다.

전두환을 뒤이은 노태우 대통령은 재임기간 중 기업대표 35명으로부터 2,838억 9,600만 원을 뇌물로 받은 혐의로 구속 기소되어 특정범죄가중처벌법과 12·12와 5·18병합으로 22년 6개월의 징역형을 선고받았다. 그는 대통령 재임 중 4,500억 원을 조성해 이중 3,690억 원을 사용했으며 대통령 퇴임 시에 1,909억 원을 소지하고 있었다. 노 씨는 재임 중 현대, 삼성으로부터 각 250억 원, 대우 240억 원, 동아 230억 원, LG 210억 원, 한진 170억 원, 한보 150억 원, 롯데 110억 원 등을 뇌물로 받았다. 노 씨는 이런 뇌물을 한전발전소 공사, 상무대 이전 사업, 수서 택지 개발, 해군기지 건설 등 대형 사업 추진 과정에서도 챙겼다. 노 씨는 4,500억 원의 비자금 가운데 정치자금의 성격으로 1,400억 원을 사용했고 2,291억 원은 부동산 및 기업 대여 금융 자산 등 개인 재산으로 남겨 놓았다. 그 나머지인 800~900억 원은 정당 운영비, 국가 조직 운영의 활성화 비용 등으로 썼다. 노 씨는 1988년 13대 국회의원선거와 1992년 14대 국회의원선거 때 여당 후보자의 당선을 돕기 위해 각각 7백억 원과 1,400억 원을 썼다.

권력형 부정·부패는 김영삼정권에서도 계속되었다. 김 대통령은 대통령 취임 직후부터 자신의 재산을 공개하고, 기업인을 포함한 누구로부터도 정치자금을 받지 않겠다고 공언했지만 대통령 주변에서는 계속해서 권력형 부정·부패가 행해졌다. 1996년에는 대통령 가신 중의 한 명인 장학로 청와대제1부속실장이 청와대 근무 이후 18억 원을 뇌물로 받았으며, 이중 20여 개 기업으로부터 5억여 원을 받은 혐의로 구속되었다. 이 사건에서 검찰은 "알선수재액 5억 원을 제외한 13억 원은 장 씨가 기업인 및 고급공무원, 정치인들로부터 구체적 청탁 없이 수백 차례에 걸쳐 받은 떡값인 만큼 법리상 처벌이 불가능하다"고 밝혀 권력형 부정·부패를 검찰이 정치적으로 처리하는 양상을 보였다.

김영삼정권에서 권력형 부정·부패 사건의 두 번째는 한보 특혜대출 비리사건으로 신한국당의 홍인길, 황병태, 정재철 국회의원과 새정치국민회의의 권노갑 국회의원, 그리고 당시 내무부장관이던 김우석 등의 정치인들이 한보에 대한 특혜대출 청탁을 해 주거나 국정감사 때 한보에 대한 선처를 대가로 1억 원부터 8억 원을 뇌물로 받아 구속되었다. 김영삼정권에서 세 번째 권력형 부정·부패 사건은 대통령 아들인 김현철이 140억 원의 비자금을 조성하고 2개 기업체로부터 32억 2천만 원을 뇌물로 받아 구속된 것이다. 장학로비리, 한보비리, 김현철비리 사건 등은 아직 재판이 진행되고 있으나, 현재까지도 권력형 비리와 부정·부패는 계속되고 있음을 보여 준다.

정치권력의 최상부에서 일어나는 이런 정경유착과 부정·부패는 그 자체의 비윤리성뿐만 아니라 사회구조의 전반적 부패라는 파급효과를 낳아 정치의 구조적 부패를 만연시킨다. 대통령은 전국 규모의 재벌들로부터 불법 정치자금을 거둬들이고, 국회의원 또한 대기업이나 지역 기업 혹은 상임위원회 관련 기업들에게 정치자금을 강요하며, 공무원은 업무 관련 업체로부터 부당한 뇌물을 기대하는 부패의 연결고리가 형성된다.

III. 권력형 부정 · 부패를 초래하는 정치구조

지금까지 본 바와 같이 역대 정권이 권력형 부정 · 부패를 계속 자행해 온 것은 집권자들이나 정치지도자들의 개인적 치부(致富)를 위한 것도 없지 않았지만, 보다 더 근본적으로는 정치자금과 선거자금을 충당하기 위해 불법 정치자금을 마련한 것이었다. 오랜 기간에 걸친 권위주의정권 아래서 국민의 지지기반을 갖지 못한 정권은 불법으로 마련한 자금으로 야당을 매수하고 선거에서 막대한 선거자금을 풀어 정권연장을 추구했다.

이런 과정에서 돈이 많이 드는 정치구조가 정착되어 부패정치를 더욱 조장했다. 정당이나 정치인이 정치를 하는 데 필요한 만큼의 돈을 가지고 있지 않거나 그 돈을 합법적 방법으로 모금할 수 없을 때에는 불법적 방법으로 모금하게 되며 불법 정치자금을 수수하는 대가로 이권을 알선함으로써 부패정치를 초래했다. 이런 정치구조는 김영삼 정권 들어 일부분 개선되었으나 아직도 정치구조와 정치관행은 정당과 정치인이 많은 돈을 쓰지 않고는 정치를 할 수 없게 만들고 있다. 이런 점에서 볼 때 권력형 부정·부패를 방지하기 위해서는 일차적으로 현재와 같이 많은 정치자금이 소요되는 정치구조를 개편하는 것이 필요하다. 현재 정치권에서 과다한 정치자금을 필요로 하는 상황을 선거 시기와 선거가 없는 시기로 나누어 보면 다음과 같다.

1. 선거시기의 정치자금

지금까지 정당의 핵심 선거전략은 조직을 이용하는 것이었다. 조직선거는 다른 말로 표현하면 돈에 의존하는 선거이며 돈이 투입되지 않으면 조직은 가동되지 않는다. 조직 가동비는 주로 선거운동원의 수당, 식대, 교통비 등의 인건비와 조직을 가동하기 위한 활동비(지구당 간부들이나 선거꾼들을 통해 아래로 내려가는 뭉칫돈)가 주종을 이루었다. 기존 선거 전략의 또 한 가지 핵심은 세(勢)를 과시하기 위한 세몰이 전략이다. 13대 대통령선거와 14대 대통령선거에서 세몰이를 위해 수십만 명 또는 1백만 명을 동원하는 대규모 군중집회를 여러 차례 실시했고, 전국의 정당 지구당은 청중을 조직적으로 동원했다. 13대 대통령선거에서 여당인 민주정의당은 여의도 집회 한 번에 200억 원 정도를 썼으며, 그 대종을 이룬 것이 당원 및 청중을 동원하기 위한 동원 비용이었다. 대규모 유세뿐만 아니라 합동연설회나 정당연설회, 그리고 개인연설회 등 모든 유세에도 청중을 동원했고 이를 위한 비용이 선거경비의 대종을 차지했다. 이외에 현수막, 소형 인쇄물 비용도 홍보비에서 큰 부분을 차지했다.

2. 선거가 없는 시기의 정치자금

선거가 없는 시기에 정치자금의 상당 부분을 차지하는 것은 중앙당과 지구당의 유지 비용이다. 중앙당 유지 비용은 1993년에 여당인 민주자유당이 한 달 경비로 28억 원을 사용했고 유급 직원만도 860명이었다. 야당인 민주당의 한 달 경비는 10억 원이었으며 이 금액의 절반은 국고보조금으로 충당했다. 지구당 유지비는 사무실 임대료, 직원봉급, 사무국장 수당, 사무실 유지비 등 최소 월 1천만 원 정도가 들어가며, 보통 2천만 원 정도, 그리고 일부 의원의 경우에는 3천만 원 정도를 사용하고 있다. 지구당 유지비는 이미 노태우정권 당시에 수서비리로 구속된 의원이 월 4천만 원을 사용한 것이 밝혀진 바 있다.

이외에도 개별 정치인은 개별 지구당별로 다음의 경비를 지불해야 한다. 여당은 1993년에 동책과 총무 17명, 투표구책 64명, 통책 362명, 반책 1,638명 등 지구당별로 2-3천 명의 당원을 관리했으며, 야당도 대의원급 간부당원 30명, 투표구별 핵심 당원 300명을 유지했다. 235개 지구당의 이런 당원 관리는 현재도 그대로 계속되고 있다. 이 외에도 국회의원이나 지구당위원장은 선거구 귀향 활동비, 경조비, 행사 찬조금 등의 경비를 추가로 지출해야 한다.

이런 소요 정치자금을 충당하는 수입원을 보면, 선거 시에는 정치자금법에 따른 합법적 선거자금 모금(후원회비, 당비, 기탁금 등) 외에 여당의 경우 노태우정권 때까지는 당 총재가 마련한 정치자금을 중앙당에 지원했다. 또한 국회의원선거 때는 중앙당이 지구당별로 선거자금을 지원했다. 이런 모든 항목은 비용의 차이는 있으나 여당과 야당에서 공통된 현상이었으며, 야당은 전국구 국회의원 헌금이 선거자금 수입의 큰 몫을 차지했다.

이 외에도 정치자금법에 의거하지 않은 불법 정치자금의 수수가 이루어진다. 김영삼정권 수립 이후부터는 여당은 당 총재인 대통령이 정당 지원금이나 선거자금을 지원하는 일은 없어졌다. 또한 노태우 전 대통령의 뇌물수수 및 비자금으로 인한 구속과 한보비리에 관련된 현역 국회의원을 포함한 정치인의 구속, 김현철 구속 등으로 과거에 관례화되었던 정치인의 불법 정치자금 수수와 정치권과 재벌 사이의 공공연한 정경유착은 어느 정도 감소되었다. 이런 면에서 권력형 부정·부패는 감소할 것으로 기대할 수 있으나, 최근의 한보비리사건에서 보는 바와 같이 개혁이나 사정이 진행되는 중에도 일부 정치인은 계속해서 기업으로부터 불법으로 정치자금을 수수해 왔다. 이처럼 정치인의 불법 정치자금 수수와 이권 개입을 통한 부정·부패가 근절되지 않는 것은 본질적으로 정치를 하는 데 과도한 정치자금이 필요하기 때문이며, 이에 대한 제도적 개선 없이는 권력형 부정·부패의 근절은 불가능하다. 따라서 먼저 고비용 정치풍토를 개선하기 위한 방안을 제시한 후 권력형 부정·부패를 감소시키기 위한 방안을 제시해야 한다.

IV. 고비용 정치풍토 개선을 위한 방안

1. 과다한 선거자금의 축소

권력형 부정·부패를 초래하는 고비용 정치풍토를 개선하기 위한 단기적 방안의 첫 번째는 과도하게 지출되는 선거자금을 줄이는 것이다. 이를 위해서는 지금까지 과다한 선거비용의 주요 원인이 되어 온 조직에 의존하는 선거 전략과 세몰이식 선거 전략을 벗어나야 한다. 이를 위해 대통령선거에서 대규모 청중을 동원하는 유세를 금지하고 그 대신 TV 등 대중매체를 이용한 대통령 후보자들의 토론을 의무화함과 동시에 언론매체를 이용하는 선거광고를 활성화해야 한다. 또한 현재 당원 중심으로 행해지고 있는 선거운동을 자원봉사자 중심의 새로운 선거 전략으로 전환해야 한다. 당원이나 사조직은 돈이나 선물을 주면서 정성껏 관리하면서도 자원봉사자는 앉아서 찾아오기만을 기다리고 있는 것에서 벗어나 현재 당원과 조직 관리에 쏟는 노력의 일부만이라도 자원봉사자 확보에 쏟는다면 선거자금의 축소가 가능할 것이다.

과다한 홍보 비용 문제를 해결하기 위해서는 대통령 후보자들이 이미 언론매체를 통해 널리 알려져 있으므로, 전단형 소형 인쇄물과 명함형 소형 인쇄물 배포 제도를 폐지해서 인쇄비와 인쇄물 배포에 따른 경비를 절약해야 한다. 또한 현수막은 당사나 선거사무소 등

선거 관련 건물에만 제한적으로 게시하도록 바꾸면 경비를 절약할
수 있다.

2. 후보자나 선거운동원의 금품 제공 방지

후보자가 유권자에게 금품이나 향응을 제공하는 것은 후보자가
자발적으로 하는 경우와 일부 유권자의 요구에 의해 이루어지는
경우 두 가지가 있다. 유권자가 금품을 요구할 경우에는 후보자가
이를 거절하면 금권·타락선거는 발생하지 않겠지만, 당선이 급
한 후보자로서는 그 요구를 거부하기 힘들다. 그러나 후보자나 유
권자의 금품수수 행위가 적발되어 법적으로 처벌받게 된다면 이를
자제하게 될 것이다. 금품수수를 방지하기 위해서는 금품이나 향
응을 제공받은 유권자가 후보자의 불법 행위를 신고할 경우 신고
자에게는 면책특권과 소정의 보상금을 주는 방안을 제도화하는 것
이 필요하다.

3. 정당구조의 개혁

장기적으로 고비용 정치를 개선하기 위해서는 현재의 정당구조
를 개선해야 한다. 앞에서 지적한 바와 같이 현재 정당은 과다한 수
의 유급 당료들을 가진 중앙당을 상설 운영하는 구조이다. 여기에 드
는 과다한 경비와 235개에 달하는 지구당을 유지하기 위한 과다 경

비 지출은 정경유착이나 부패정치의 원인이 되고 있다. 이런 문제의 해결은 중앙당과 지구당의 두 차원에서 이루어야 한다.

　첫째는 정당 비용의 가장 큰 부분을 차지하는 인건비를 축소하기 위해, 중앙당은 최소한의 사무직원만 유지하면서 홍보 전담 부서나 정책 개발을 담당할 연구소 성격의 소규모 조직만 유지하도록 해야 한다. 선진국 정당들에서 중앙당의 역할은 전국 차원에서 정당 홍보, 지구당에 당원 모집 요령 전수나 모집한 당원의 훈련 교육 지원, 그리고 정치자금 모금방안 요령의 전수나 효과적인 선거 전략에 관한 교육 등이 주를 이룬다. 우리 정당도 이런 활동에 필요한 최소한의 전문 인력만 유지하는 수준으로 중앙당을 축소해야 하며, 이를 위해 정당 당료제를 폐지해서 선거 때에만 한시적으로 당원을 소집해서 활용하고 선거가 끝나면 그 당원들이 생업으로 복귀하는 형식이 바람직하다.

　둘째는 지구당 폐지다. 선거가 없는 시기에 정치자금 지출의 대부분은 지구당을 유지하는 비용이다. 사무실 임대료, 직원봉급, 사무실 유지비 등의 고정 지출과 당원 관리비, 경조비와 행사 찬조비 등을 근원적으로 해결하기 위해서는 지구당을 폐지해야 한다. 그리고 정당의 지방 조직은 광역시와 도 수준의 지부 사무실만을 둔다. 그러나 지구당 폐지는 현재와 같은 소선거구 국회의원 선출제도를 그대로 유지하는 한 사실상 불가능하다. 따라서 정당의 지구당 폐지는 아래와 같은 선거제도 개혁과 함께 이루어져야 한다.

4. 선거제도의 개혁

국회의원 선거제도는 현재의 소선거구제를 폐지하고 대선거구 비례대표제로 바꾸어야 한다. 모든 국가가 정치선진국인 서유럽의 경우 영국, 프랑스, 독일, 이탈리아를 제외한 국가들은 지역구 선거제도가 없으며 비례대표제만으로 의회를 구성한다. 대선거구 비례대표제를 실시하면 지금과 같이 정당의 지구당을 둘 필요가 없으며, 국회의원들은 지구당을 유지하는 데서 생기는 정치자금 관련 문제에서 해방될 수 있다. 일부 학자들은 대선거구 지역구제를 주장하기도 하지만, 우리의 정치풍토를 감안할 때 후보자와 유권자가 직접 대면하는 선거가 실시되는 한 금권 · 타락선거의 폐습은 해소하기가 힘들다. 대선거구 비례대표제는 여러 방안으로 생각할 수가 있으나, 광역시와 도를 선거구 단위로 하고 유권자는 정당이 제시하는 명부 중에서 자신이 원하는 후보자를 선택하는 개방형 제한연기제(制限連記制: 이 제도는 1960년 참의원선거에서 이미 실시한 바 있다)가 적절하다. 이 제도는 유권자가 정당 명부에 있는 후보자들 중에서 자신이 원하는 후보자를 명부에 기재된 순위에 관계없이 선택할 수 있기 때문에 정당의 지도자가 자의(恣意)적으로 결정해 놓은 후보자 명단의 순위를 그대로 받아들인 상태에서 정당투표를 하는 데서 오는 폐단을 막을 수 있다. 유권자는 자신이 원하는 후보자에 대해 여러 정당의 후보자들 중에서 선택할 수 있기 때문에 자신을 대변할 대표를 직접 선택하는 소선구제와 별로 다르지 않다는 생각을 갖게 된다. 이때 선거운동은 개별 후보자보다는 정당 중심으로 하게 된다.

당선자의 결정 방법은 단일 선거구에 출마한 동일 정당의 후보자들이 얻은 표를 모두 합한 후 각 정당의 득표 비례에 따라 그 선거구에 배당된 의석수를 각 정당에 배정한다. 각 정당은 자기 당의 후보자들 중에서 많은 표를 얻은 순서로 배정된 의석수만큼의 당선자를 결정한다. 무소속 후보자는 모든 무소속을 하나의 무소속 그룹으로 간주한 후 정당에게 적용하는 것과 똑같은 배분 방식을 적용하면 된다. 이렇게 당선된 국회의원은 자신이 관리할 지역구가 없기 때문에 지역구 문제에 신경을 쓸 필요가 없으며 전국적 문제에 전념할 수 있다. 지역문제는 이제 지방의원들이 관리하도록 해야 한다.

이런 대선거구 비례대표제선거에서 유권자의 후보자 선택 기준은 정당이나 후보자의 자질을 고려하게 된다. 이때 후보자의 자질은 현역의원의 경우 중앙정치나 국회에서 얼마나 활발한 활동을 했는가를 고려해야 한다. 유권자가 이런 판단을 할 수 있게 하기 위해서는 국회가 상시 국회로 활성화되고 국회의원은 국회활동을 통해 자신의 업적과 자질을 유권자에게 증명해야 한다. 이를 위해 상임위원회의 상시 개회가 제도로 보장되고 국회에서의 표결도 기록투표를 실시해 국회의원이 개별적으로 평가받을 수 있는 정치 여건을 마련해야 한다. 또한 국회의 위상, 국회의원의 위상, 정치인의 위상을 높이려는 스스로의 노력이 있어야 한다. 예를 들어 국회의장이나 부의장, 상임위원회 위원장의 선출은 대통령의 지명이 아닌 의원 스스로의 결정에 따라 이루어져야 하며, 의원 스스로가 이런 권리를 회복하기 위해 노력해야 한다.

5. 권력형 부정·부패 행위 억제를 위한 방안

과거 정권에서는 대부분의 권력형 부정·부패나 비리가 국민에게 알려지지 않았고 또 야당이나 언론이 문제를 제기하더라도 이런 사건들이 축소되고 정치적으로 무마되는 경우가 일반적이었다. 특히 장학로 비리사건이나 한보 특혜 대출 비리사건에서 국민의 분노를 자아내게 한 것은 한보로부터 5천만 원을 받은 정치인들을 "구체적 청탁 없이 받은 돈이기 때문에 정치자금으로 인정한다"면서 처벌하지 않고 무혐의 처리한 것이다.

정치자금법에 합법적으로 정치자금을 모금할 수 있는 길이 열려 있음에도 불구하고 불법으로 정치자금을 수수하는 이유는, 불법 정치자금 제공자에게는 이권을 보장하면서 불법자금 제공을 비밀로 한다는 묵계가 존재하기 때문이다. 이런 불법 정치자금의 수수를 법적으로 처리하지 않으면 권력형 부정·부패는 방지할 수 없다. 또한 검찰의 위와 같은 조치는 부패 행위에 연루된 정치인을 정치적 의도에 따라 선별적으로 기소하면서 정치적 반대세력에 대해서는 탄압하는 수단으로 악용할 소지가 있다. 따라서 현행 정치자금법의 관련 조항을 개정해 정치자금법에 규정한 방법이 아닌 다른 방법으로 정치자금을 마련하는 것을 위법화하고 이를 위반할 때에는 법에 의거해 처벌하게 함으로써 검찰이 자의적 결정에 따라 기소 여부를 결정하지 못하도록 해야 한다.

역대 정권의 권력형 부정·부패 사건에서 검찰은 독립성을 갖춘 사법기관의 역할을 제대로 하지 못했고 집권세력의 하수인 역할을 하거나 또는 정치권의 눈치를 보는 양상을 보여 왔다. 이런 검찰의 태도는 권력형 부정·부패를 억제하는 데 부정적 역할을 해 왔다. 정치인에게는 부정·부패나 비리를 자행해서 사법처리의 대상이 되더라도 정치적으로 잘 해결될 수 있다는 인식을 갖게 만들어 권력형 부정·부패가 지속되는 풍토를 조성했다. 따라서 권력형 부정·부패의 억제는 검찰이 권력으로부터 독립해 정치권의 부정·부패를 '정치적'이 아니라 '법적'으로 처리할 때 가능해질 것이다.

권력형 부정·부패의 근절을 저해하는 요인으로는 검찰의 '정치적' 처리 외에도 이에 관련된 자들에 대한 사법부의 특별 고려를 들수 있다. 한보비리사건에서도 나타나듯이 권력형 부정·부패로 구속·기소된 정치인들의 다수는 병보석이나 형 집행 정지 등의 결정으로 형기를 제대로 마치지 않는 경우가 흔하다. 이런 관행은 권력형 부정·부패로 크게 한탕 한 뒤에 잠시 감옥에 들어가 쉬다가 오면 된다는 잘못된 인식을 갖게 만들게 되며, 국민에게는 권력형 부정·부패사건은 항상 용두사미로 끝난다는 불신을 갖게 만든다.

권력형 부정·부패를 감소시키는 데 기여할 수 있는 또 한 가지 요인으로는 변호사의 역할을 들 수 있다. 권력형 부정·부패 사건으로 재판을 받는 사람들은 대부분 다수의 유능한 변호사들을 고용하며, 이들의 역할에 힘입어 상식적으로 예상되는 형량보다 낮은 형량을 받고 얼마 후에는 출소하는 경우가 많다. 권력형 부정·부패를 일소하는 것이 바람직하고 또 이런 사건들이 국민적 분노를 일으키는 것임을 고려할 때, 이들을 변호하여 범법 행위에 합당한 벌을 받는 것을 어렵게 만드는 변호사의 역할은 지양돼야 한다. 사회정의를 실현하고, 깨끗한 정치풍토를 확립하며, 전 사회적인 부패 만연의 원인이 되고 있는 권력형 부정·부패의 일소에 변호사들이 기여할 수 있는 길은 권력형 부정·부패 사건에는 변호를 자제해 관련자들이 준엄한 법의 심판을 받도록 만드는 것이다.

VI. 결론

우리 정치에서 권력형 부정·부패는 정부수립 이후부터 지금까지 계속되고 있다. 그러나 1987년 민주주의가 회복되어 언론의 자유가 확보되고 야당의 정치활동이 제한받지 않게 됨에 따라 정치권의 부정·부패는 상당한 제한을 받게 되었다. 즉 과거 권위주의정권에서와 같이 집권자가 청와대에서 재벌들로부터 불법 자금을 받고 있어도 그것을 당연한 것으로 인식하며 누구도 문제 삼지 않았던 상황은 이제 더 이상 존재할 수 없게 되었다. 또한 김영삼정권이 시작한 이후 지속되고 있는 권력형 부정·부패 근절을 위한 제도적 보완과 지도자의 의지는 부정·부패 감소에 기여하고 있다.

제도적으로는 공직자재산등록법에 따라 부정·부패를 통해 재산을 증식시키는 것이 어렵게 되었으며, 금융실명제의 실시 또한 권력형 부정·부패를 어렵게 만들고 있다. 이에 더해 공직선거와 선거부정방지법의 제정은 과거와 같이 선거 비용 제한을 초과해서 사용할 경우에 당선무효까지 가능하게 해 과다한 선거자금의 사용을 억제하고 있다. 김영삼 대통령이 취임한 이후 불법 정치자금을 받지 않겠다고 공언한 것은, 전두환이나 노태우 전 대통령이 청와대 집무실에서 재벌그룹 회장들로부터 몇 10억 원씩을 받던 것을 감안하면 권력형 부정·부패 해결에 큰 전환점을 만든 것이다. 그러나 이런 제도적·행태적 변화에도 불구하고 정치권에서는 국회의원, 장관, 청와대 비서관 등이 이권에 개입하고 불법 정치자금을 수수하고 있다.

여러 가지 변화에도 불구하고 아직도 권력형 부정·부패가 계속되는 원인은 몇 가지로 볼 수 있다. 첫째는 아직까지도 많은 정치인들이 과거 권위주의정권 시대에 정착된 정치행태를 되풀이하고 있기 때문이다. 이것은 근래에 새로 제정된 법들, 예를 들면 공직선거 및 선거부정방지법이나 공직자재산등록법 등이 제대로 정착되지 않고 있기 때문이다. 기존의 법들을 엄격히 적용해 권력형 부정·부패행위로 치부를 하거나 법을 어긴 사람들은 그에 합당하는 처벌을 받게 하고 또 정치생명이 끝나게 만든다면 권력형 비리나 부정은 감소하게 될 것이다. 중요한 것은 엄격한 법 적용을 통해 법치주의를 확립해서 권력형 부정·부패를 근절하는 것이다. 또한 기존의 법들 중에서 미비한 부분들을 보완함으로써 법의 미비점을 악용해 권력형 부정·부패를 계속하는 것을 근절시켜야 한다. 예를 들면 정치자금법을 개정해서 정치인의 불법 금품수수를 '떡값'이라는 명분하에 사법

처리를 하지 않는 관례를 없애야 한다.

두 번째는 기존의 고비용 정치풍토를 개선해, 정치인이 정치에 소요되는 자금을 마련하기 위해 권력형 부정·부패에 개입하는 것을 막아야 한다. 정치인이 정치활동을 하는 데 합법적 소득이나 모금만으로는 충당할 수 없을 때 자연히 불법적 방법으로 정치자금을 마련할 가능성이 커지고, 여기에서 권력형 부정·부패가 조장될 가능성이 커진다. 따라서 선거법을 개정해 선거자금을 대폭 축소하고 정당조직에서는 지구당을 폐지하며 선거제도에서는 국회의원 선거제도를 대선거구 비례대표제로 바꾸는 것이 필요하다. 이런 제도적 변화는 선거자금과 정치자금의 지출을 급격히 감소시켜 정치인이 불법 정치자금을 모으기 위해 권력형 부정·부패에 연루되는 것을 줄일수 있을 것이다.

정치권의 권력형 부정·부패는 그 자체가 비윤리적일 뿐만 아니라 전체 사회의 부패를 촉진시키는 파급 효과를 낳게 된다. 또한 행정부를 감시하는 역할을 하는 국회의원들 사이에 권력형 부정·부패가 만연되면 국회는 행정부의 부정·부패를 규제할 수가 없다. 행정부의 부정·부패가 일반화될 때에는 일반 사회에서 행해지는 부패를 규제할 수 없다. 이처럼 정치권 또는 권력 최상부에서의 부패와 비리는 전 사회 부패의 근원이 된다. 김영삼 대통령의 개인적 결심에도 불구하고 권력형 부정·부패가 근절되지 않고 있지만, 전두환 노태우 전직 대통령들이 비리로 수감되고 현직 대통령의 아들과 최측근이 수감되고 사법 처리되는 것은 정치권에서 권력형 부정·부패를 감소시키는 데 크게 기여할 것이다. 권력형 부정·부패의 관행은 최고 권력자의 의지, 검찰과 사법부의 법치주의 확립, 언론과 시민사회의 계속된 감시 등을 통해 해소해 나갈 수 있다.

19

저비용선거 가능성 열었다

〈WIN〉 1998년 1월호

역대 대통령선거와 비교할 때 15대 대통령선거는 여러 면에서 새로운 국면을 보였으며 그중에서도 선거과정이 과거 선거에 비해 크게 개선된 것이 가장 중요한 변화였다. 과거에는 대통령선거, 국회의원선거, 지방자치선거를 막론하고 불법·금권·타락선거로 점철되었던 것에 비해 이번 선거는 이런 고질적 병폐들이 크게 개선되었다. 특히 금권선거가 거의 사라져 이전에는 생각조차 할 수 없었던 저비용으로 선거를 치른 것은 우리 선거역사에 새로운 이정표를 만드는 고무적 변화였다.

5년 전의 14대 대통령선거만 하더라도 천문학적 선거자금을 쓴 대표적 선거로, 금권선거는 망국병의 하나로 비판되었다. 선거가 끝난 후 김영삼 후보자는 284억 8,465만 원, 김대중 후보자는 207억 1,825

만 8000원, 정주영 후보자는 222억 5,005만 8,000원을 선거비용으로 사용했다고 중앙선거관리위원회에 신고했으나 이 신고 금액이 사실이라고 믿는 국민은 하나도 없었다. 14대 대통령선거에서 후보자와 정당이 사용한 실제 금액은 확인할 수 없으나 야당은 민주자유당이 사용한 선거자금이 수천억 원에서 1조원에 이른다고 주장했으며 야당에 대해서도 사용한 선거비용이 1천억 원이 넘는다는 주장이 나왔다.

역대 선거에서 선거 관련 보도는 금품살포나 향응제공, 선심관광 등의 금권·타락선거에 관한 보도가 줄을 이었으나 이번 15대 대통령선거 기간 중에는 이런 불법과 관련된 보도는 4~5건에 불과했다. 선거일을 며칠 앞두고는 한나라당이 천안연수원을 담보로 500억 원의 사채를 융통해 금권선거를 기도했다는 야당의 비난이 제기되었으나 한나라당은 당이 진 빚과 당료들의 월급을 마련하기 위해 사채시장에서 기업어음을 할인하려 했다고 반박했다. 이 사건은 정당 사이의 선전 공세 차원에서 끝났지만, 과거의 집권당인 한나라당이 선거자금 마련을 위해 정당 재산을 담보로 사채까지 마련하려 했다는 것 자체가 정당들이 선거자금 마련에 어려움을 겪었음을 잘 나타내는 것이다.

15대 대통령선거에서 금권·타락선거가 개선된 것은 서울대학교 정치연구소가 정치학자 200명을 대상으로 한 설문조사에서도 잘 나타나고 있다. 이 조사는 선거운동이 시작되기 전인 1997년 11월 21일부터 5일 동안 실시한 것이기 때문에 공식 선거운동기간 동안에 나타났던 금권선거의 부재 상황을 제대로 반영하지 못한 점도 없지 않으나 이번 대통령선거를 특징짓는 저비용 선거의 상황은 잘 보여 준다. 정치학자들은 선거에서 금권 개입에 대해 5.1%가 '아주 심각하다'라고 응답했고 29.1%가 '약간 심하다'라고 응답한 반면에 62.8%는 '별로 심각하지 않다', 4.1%는 '전혀 심각하지 않다'라고 응답했다. 선거 과정에서 나타난 문제로 93.4%가 흑색선전을 가장 심각한 것으로 지적한 반면에 33.2%인 금권 개입은 정책 대결 부재(87.3%), 지역감정(86.9%)에 이어 네 번째 문제로 지적되었다.

역대 선거에서 가장 고질적 문제의 하나였던 금권선거가 15대 대통령선거에서 크게 약화된 원인은 크게 두 가지로 볼 수 있다. 첫째는 법적·제도적 차원으로 선거법 개정을 통해 금권선거의 가능성을 대폭적으로 없앤 것이다. 1997년도 정기국회에서 통과된 공직선거 및 선거부정방지법의 개정안 중에서 저비용 선거에 기여한 중요한 내용 두 가지는 정당의 옥외 대중 유세를 금지한 것과 사조직의 선거운동 참여를 금지한 것이다.

역대 선거에서 정당은 세의 과시를 위해 적게는 수십만 명에서 많게는 1백만 명까지 동원하는 대규모 정당연설회를 경쟁적으로 개최했다. 동원된 청중들에게 지출한 일당, 식사비, 교통비용 등의 경비는 선거비용을 대폭 상승시켰으며 1백만 명의 청중이 동원된 대중 유세의 경우 정당연설회 한 번에 드는 비용이 200억 원 정도가 되어 선거유세 한 번에 선거관리위원회가 정한 총 선거운동 비용의 거의 대부분을 사용한 경우까지 있었다. 이런 옥외 대중 유세의 금지는 이번 대선의 전반적 분위기를 차분하게 가라앉히고 또 선거비용의 규모를 대폭 감소시키는 데 결정적으로 기여했다.

사조직의 선거 참여 금지는 과거 선거에서 정당의 공조직 못지않게 후보자의 외곽 단체인 사조직들이 중심이 되어 선거운동을 진행했고 특히 선거비용도 사조직이 불법으로 사용한 선거자금이 정당이나 후보자의 공식 지출에 못지않을 만큼 엄청난 수준이었음을 감안할 때 이번 선거의 비용 감소에 크게 기여했다.

두 번째 법적 · 제도적 요인은 후보자의 TV토론을 선거법에 강제 규정으로 넣은 것이다. 우리 정치에서 부정 · 부패의 근원으로 작용해 온 고비용 · 저효율 정치를 타파하기 위한 방안은 1997년 5월 이후 정당과 사회단체들에 의해 지속적으로 연구되었다. 이런 방안의 하나로 과거와 같은 세몰이식 선거운동을 지양하고 유권자가 안방에서 차분하게 후보자의 정견을 듣고 판단하도록 만들기 위해 TV를 비롯한 언론매체 중심으로 선거운동 방식을 전환해야 한다는 여론이 제고되었다. 또한 신한국당의 대통령 후보자 경선 과정에서부터 TV와 신문들이 후보희망자들을 초청해 토론회를 갖는 것이 정착되면서 언론매체 중심의 선거운동이 핵심 위치를 차지하게 되었다. 이에 따라 정당은 TV를 중심으로 한 토론에 가장 많은 신경을 쓰게 되었으며 이런 사회 분위기는 정기국회에서 이 방향으로 선거법을 개정하게 만들었다.

세 번째 법적 · 제도적 요인은 후보자의 명함형 소형 인쇄물 제작과 배포를 폐지하고 책자형 인쇄물도 선거관리위원회가 후보자로부터 원고를 받아 우편 송부하도록 변경한 것이다. 이것은 소형 인쇄물을 배포하는 데 동원되었던 인력과 경비의 낭비를 불식하는 데 기여했다. 역대 선거에서 소형 인쇄물의 배부가 자원봉사자를 사칭하는 운동원들에 의해 행해지고 이들에 대한 인건비 지불이 선거비용 초과 사용의 한 원인이 되었던 점을 고려할 때 이런 선거법 개정은 저비용 선거의 실현에 크게 기여했다. 또 다른 면에서는 가두 곳곳에서 후보자 소개 인쇄물을 배부하던 것이 선거분위기를 들뜨게 만드는 데 크게 작용했던 것에 비해 이를 폐지함으로써 선거 분위기를 차분히 가라앉히는 데도 기여했다.

위와 같은 법과 제도의 개선은 고비용 선거의 관행을 불식시키는 데 크게 기여했지만 이에 못지않게 기여를 한 것은 현실 상황 여건의 변화였다. 고비용 정치와 고비용 선거를 개선하는 데 결정적인 기여를 했던 첫 번째 상황은 한보비리와 이에 연루된 김현철 및 현직 장관, 국회의원, 그리고 청와대 수석비서관의 구속과 실형 언도였다. 이 사건은 현역 정치인의 다수가 재벌의 이권을 보호해 주는 대가로 뇌물을 받아 이를 정치자금으로 쓰거나 개인이 착복한 부정·부패 사건으로 정치권의 부정·부패와 정경유착에 대한 국민의 비판 여론을 고조시켰다. 특히 대통령 아들 김현철이 관리한 엄청난 액수의 비자금이 밝혀지면서 그중 상당한 자금이 김영삼 후보자가 14대 대통령선거에서 쓰고 남은 선거자금을 비자금으로 관리한 것이 아닌가라는 의혹이 증대되었다. 독자적인 사법적 판단보다는 집권자와 정치권의 눈치를 보는 데 이력이 난 검찰은 김현철 비자금과 14대 대통령선거자금과의 관계는 전혀 수사하지 않은 채 넘어갔지만 14대 대통령선거자금의 규모와 이의 사용처, 그리고 남은 대선자금의 행방을 둘러싸고 오랫동안 김영삼 대통령을 비판하는 여론이 비등했다.

이런 국민적 분위기는 결국 정치권 전체에 대해 과거처럼 누구의 눈치도 보지 않고 선거에서 금전을 살포하거나 공공연하게 정경유착을 자행하던 행태를 더 이상 되풀이하기 어렵게 만들었다. 이에 더해 전두환·노태우 전직 대통령에게 비자금을 제공해 사법처리를 받았던 재벌기업들이 한보사건에서 다시 사법처리의 대상이 되어 여론의 지탄을 받게 되자, 재벌들도 과거에 공공연하게 정치자금을 제공하거나 선거자금을 제공하던 것과 달리 이런 비리를 자제하게 되었다. 이에 정치권은 과거 선거 때 재벌들로부터 풍부한 선거자금을 손쉽게 마련하던 것과는 다른 상황에서 선거를 치르지 않으면 안 되었다.

고비용 선거의 불식에 크게 기여한 두 번째 상황은 김대중 후보자의 비자금에 대한 한나라당의 폭로 결과였다. 김대중 후보자가 노태우 대통령에게 받았다고 자백한 20억 원에 더해 수많은 재벌들로부터 고액의 정치자금을 불법으로 받았다는 한나라당의 폭로와 고발조치는 청와대의 압력을 받은 검찰총장이 이에 대한 수사를 하지 않겠다고 결정함에 따라 제대로 밝혀지지 않았다. 그러나 이 사건은 결과적으로 금권선거가 재연될 수도 있었던 15대 대통령선거를 저비용의 선거로 변화시키는 데 긍정적 기여를 했다. 한나라당은 상대 정당 후보자의 정경유착과 비자금 의혹을 폭로하고 김대중 후보자에게 정치자금을 제공한 기업의 명단과 액수까지 발표한 상태에서 선거자금 조달을 위해 재벌들에게 손을 벌리는 것이 불가능하게 되었고 또한 상대 정당의 비자금 의혹은 폭로하면서 자신은 불법 선거자금을 만드는 것이 불가능하게 되었다. 새정치국민회의는 비자금 의혹이 제기되어 비판을 받는 상태에서 불법 선거자금을 모금하는 것이 불가능했다. 이처럼 주요 정당이나 후보자들이 불법 선거자금을 받는 것이 어려워짐에 따라 자연히 선거자금 모금은 합법적 방법에 의존할 수밖에 없게 되었으며 이런 상황은 과거와는 전혀 다른 선거운동을 하게 만들었다.

고비용 선거의 불식에 기여했던 세 번째 상황은 선거기간 중에 발생한 우리 정부의 국제통화기금(IMF)에 대한 구제금융 신청이었다. 대통령 및 경제부처 공무원의 무능과 무책임에서 야기된 경제파탄 상황은 대기업의 연쇄부도, 주가폭락, 환율폭등을 거쳐 결국은 국제기구로부터 긴급 구제금융을 받지 않고는 국가가 파산할 지경에 이르렀다. 역대 선거에서 나타난 바와 같이 금권선거와 무분별한 금품 살포는 투표일을 며칠 앞둔 막바지에 절정을 이루었다. 그러나 IMF의 구제금융 결정에도 불구하고 환율이 1달러당 1천5백 원을 상회하고 증권회사와 종합금융회사들이 연속적으로 영업정지를 당하는 등 경제계 전체가 파산상태에 직면했다. 대기업의 잇단 부도와 대규모 해고, 그리고 국민의 내핍과 희생이 강요되는 상황에서 정당이나 후보자는 재벌이나 기업으로부터 선거자금을 끌어들이는 것이 불가능하게 되었으며 돈이 있다 하더라도 금품살포에는 쓸 수 없는 분위기였다. 이와 같이 선거 막바지에 돌출한 경제 상황은 금권선거가 행해질 가능성을 원천적으로 봉쇄해 버렸다.

　이번 대통령선거가 과거에는 생각할 수 없었던 저비용으로 치러졌다는 선례를 남긴 점은 우리 선거풍토 개선에 큰 기여를 했다. 그러나 저비용정치와 저비용선거의 실현이라는 면에서 보면 앞으로 개선해야 할 점이 있다. 첫째는 TV와 라디오를 이용한 선거방송이나 광고에 드는 비용이 너무 많다는 점이다. 각 정당이 TV와 라디오 이용에 지불한 선거비용을 보면 한나라당은 TV 및 라디오 연설에 72억 원을 사용했다. 광고방송 제작비는 편당 500만 원 정도밖에 들지 않으므로 방송연설 비용의 98%는 결국 방송국에 낸 비용이었다. 새정치국민회의도 TV와 라디오광고 그리고 후보자 연설 및 찬조 연설을 위한 시간을 방송사로부터 사는 데 90억 원을 들였다. 이에 더해 상대 후보자와의 경쟁이 심해지면서 수준 이하로 제작되어 폐기한 광고와 연설프로그램을 감안하면 총 제작 비용은 수십억 원에 이른다. 고비용선거를 청산하기 위해 미디어선거를 도입했지만 TV유세비용이 너무 비싸 여전히 돈이 많이 드는 선거가 된 것이다. 이를 개선하기 위해서는 공영방송인 KBS는 일정 시간을 모든 후보자에게 무료로 제공해야 한다. 프랑스에서는 2개의 공영TV와 2개의 공영라디오 등 4개의 방송이 방송시간을 정당별로 무료로 제공한다. 의회에 의석을 보유한 정당은 20일 동안 3시간, 의석이 없는 정당은 7분이 주어지며 1차 투표와 2차 투표 사이의 1주일 동안은 의석 보유 정당에게는 5시간, 의석이 없는 정당에게는 5분을 부여한다. 영국의 경우에도 공영방송인 BBC는 선거 기간 동안 무료로 선거방송 시간을 후보자에게 제공하고 있다. 우리나라에서도 공영방송에서 무료 선거연설 시간을 제공해 선거경비를 감축시켜야 한다.

두 번째는 이번 대선에서 저비용정치가 가능했던 것이 법적·제도적 요인 못지않게 상황적 요건이 크게 작용했다는 점이다. 만일 다음 선거에서 여당 후보자가 저비용정치에 대한 강한 의지가 없거나 또는 경제 상황이 호황이 되면 정경유착의 폐해가 재발할 가능성도 없지 않다. 이런 폐해의 재발을 막기 위해서는 법적·제도적 보완을 강화하는 것이 바람직하며 보다 근본적으로는 새 대통령이 정치권을 비롯한 사회 전체의 부정·부패를 척결하고 정경유착의 가능성을 뿌리 뽑아 앞으로의 선거는 최소의 비용으로 실시할 수 있는 제도적 기반을 마련해야 한다.

20

15대 대통령선거를 통해 본 선거문화의 변화와 전망

〈국회보(國會報)〉 1998년 1월호

선거 과정과 결과 면에서 15대 대통령선거는 과거 선거와는 큰 차이를 보였다. 근래에 실시된 모든 선거가 불법·금권·타락선거로 점철되었던 것에 비해 이번 선거는 이런 고질적 병폐들이 크게 개선되어 선거혁명이 이루어졌다. 선거의 정통성을 훼손해 왔던 관권개입은 완전히 없어졌으며 과거의 대통령선거에서는 생각조차 할 수 없었던 저비용으로 선거를 치러 선거사에 금권선거를 일소하는 새로운 계기를 만들었다. 선거 결과 면에서는 50년 헌정사에서 처음으로 선거에 의한 정당 사이의 정권교체가 이루어져 우리 정치에 새로운 이정표를 만들었다.

15대 대통령선거에서 법정한도액을 초과하는 선거자금을 사용했다는 비난은 선거중이나 선거가 끝난 후에 어느 정당이나 후보자에게서도 제기되지 않을 정도로 금권선거나 고비용선거는 관심의 대상이 되지 않았다. 불법선거도 과거 선거에 비해 대폭 감소했다. 15대 대통령선거에서 선거법위반 사례는 238건으로 14대 대통령선거 때의 715건보다 훨씬 줄었다. 검찰은 선거법위반으로 240명을 입건하고 이중 18명을 구속했는데 이 숫자는 14대 대통령선거 때 구속 1백37명을 포함해 1천8백78명을 입건한 것의 12.7%에 불과했다. 이중에서 금품이나 음식물 제공, 선심관광 등 금권선거사범은 22건에 불과했는데 14대 대통령선거 때는 149건에 달했다.[1]

15대 대통령선거의 공정성에 대한 평가는 선거 후의 여론조사에서 잘 나타나는데 선거의 공정·공명성에 대해 '공정했다'라는 응답이 86.4%(매우 공정 35.6%, 상당히 공정 50.8%)였으며 '공정하지 못했다'고 응답한 유권자는 10.7%(전혀 공정치 못함 1.3%, 별로 공정치 못함 9.4%)에 불과했다.[2] 이와 비슷한 평가는 170명의 여·야 국회의원을 대상으로 한 설문조사에서도 나타났는데 35.5%는 '어느 선거보다 공정했다'고 평가했으며 56.5%도 '비교적 공정했다'고 평가해 전체 응답자의 93%가 공정하고 깨끗한 것으로 평가했다. 이에 비해 '역대 선거와 다를 바 없다'는 응답은 4.7%, '어느 때보다 불공정했다'는 응답은 1.8%에 불과했다.[3]

---

1) 〈조선일보〉, 1997년 12월 18일
2) 〈한국일보〉, 1997년 12월 22일
3) 〈동아일보〉, 1997년 12월 23일

15대 대통령선거는 여러 면에서 긍정적 현상을 나타냈다. 정당의 입장에서는 신한국당이 여당 사상 최초로 실질적 경선을 실시해 후보자를 결정했다. 역대 여당에서 사전에 대통령이 후계자를 지명했던 방식을 벗어나 완전히 자유로운 경선을 통해 대의원이 후보자를 결정한 것은 우리 정치사상 초유의 경험으로 이것은 앞으로의 여당 후보자 결정에 좋은 선례를 남겼다. 또 다른 긍정적 현상은 여론조사가 활성화된 점이다. 전문 여론조사 기관들과 TV·신문 등의 언론매체가 중심이 된 여론조사 결과들은 국민이 선거에 대해 관심을 갖게 만드는 데 기여했으며 특히 최종 선거 결과가 여론조사 결과들과 거의 일치해 여론조사의 신뢰성을 유권자에게 확인시키는 계기도 되었다. 선거 결과의 면에서는 유효 투표의 1.6% 차이에 의한 당선이라는 치열한 접전과 근소한 차이에도 불구하고 선거에서 패배한 이회창 후보자가 깨끗하게 선거 결과에 승복한 것도 선거문화의 개선에 크게 기여했다. 역대 선거에서 패자가 선거 결과에 승복하기를 거부한 것이 일반적이었던 것을 감안하면 이 또한 민주정치가 어느 정도 성숙했음을 보여 준 것이었다.

15대 대통령선거가 여러 면에서 선거문화를 한 단계 격상시키는데 기여한 선거였음에도 불구하고 아직까지도 개선해야 할 점들이 남아 있다. 첫째는 여당의 경선에 출마했던 후보자들이 경선의 결과에 승복하지 않은 점이다. 이런 행태는 우리 정치인의 낮은 수준을 나타내는 것으로 이런 정치인은 앞으로 우리 정치에 더 이상 발을 못 붙이게 만드는 것이 구시대 정치의 틀을 벗고 민주정치로 나아가는 발판을 마련하는 과제일 것이다. 둘째는 앞으로 선거에서 중요한 영향을 미칠 미디어선거에 대비해 후보자 TV토론 등을 보다 객관적이고 효율화하기 위한 개선책을 마련해야 한다. 여론조사는 선거 기간 동안에도 이를 공표해 유권자의 선택에 도움을 주는 방향으로 법을 개정해야 한다.

15대 대통령선거에서 가장 문제가 되었던 것은 정책을 중심으로 하는 긍정적 선거 전략보다는 상대 후보자의 약점을 폭로하고 비방하는 부정적 선거 전략이 기승을 부린 것이다. 정당이 상대 후보자에 대한 비방, 폭로, 흑색선전에 앞장서서 유권자의 판단에 혼란을 야기했고 유권자의 상당수는 이런 부정적 선거 전략에 영향을 받았다. 흑색선전이나 근거 없는 비방 등에 대해서는 선거법에서 처벌 기준을 강화해 앞으로의 선거에서는 이를 일소하는 것이 필요하다. 셋째, 유권자의 투표 행태 면에서는 영남 출신 후보자가 없었음에도 불구하고 지역감정을 바탕으로 한 지역주의가 과거 선거에 비해 나아진 점이 없었던 점이다. 특히 과거 선거에서는 영남과 호남만이 지역주의의 주연이었던 데 비해 15대 대통령선거를 계기로 충청지역이 지역주의의 확고한 주역으로 자리 잡은 것은 지역주의 극복이라는 점에서 매우 우려되는 현상이다.

이번 대통령선거가 과거에는 생각할 수 없었던 저비용으로 선거를 치른 선례를 남긴 점은 우리 선거풍토 개선에 큰 기여를 했으나, 아직도 정당이나 후보자 그리고 유권자의 선거문화에서는 개선해야 할 과제가 많이 남아 있다. 이런 과제는 법적·제도적 개선을 통해서 해결해 나가야 하겠지만 보다 근본적으로는 새 대통령이 정치권을 비롯한 사회 전체의 부정·부패를 척결하고 정경유착의 가능성을 뿌리 뽑아 앞으로의 선거가 최소의 비용으로 실시될 수 있는 제도적 기반을 마련하는 것이 필요하다. 유권자 또한 금품제공이나 지역감정, 또는 흑색선전에 넘어가 후보자를 선택하는 수준에서 벗어나도록 끊임없이 시민교육을 실시할 필요가 있다.

선거결과 면에서 15대 대통령선거는 50년 헌정 사상 처음으로 선거를 통해 정당 사이의 정권교체가 이루어진 점에서 우리 정치에 큰 전환점을 이루었다. 만년 여당의 불패신화는 이제 더 이상 존재하지 않으며 집권세력이 정치를 잘못해 국민의 지지를 잃으면 정권을 내놓게 된다는 선례가 정립되었다. 우리 정치에서 혁명이나 쿠데타를 통해서는 정권이 교체되었지만 선거를 통해서는 정권교체를 이룰 수 없다는 그동안의 정치 콤플렉스도 이번 선거를 통해 완전히 해소되었다. 그러나 여당과 야당 사이의 정권교체가 우리 정치가 안고 있는 많은 문제들을 자동적으로 해결해 주는 것은 아니다. 5년 전 32년 만에 처음으로 민간 정치인이 대통령으로 당선되었을 때 많은 국민은 군부 출신 대통령의 시대가 끝나고 민간 출신 대통령의 문민정치 시대가 열렸기 때문에 모든 것이 좋아지고 새로워질 것이라는 기대를 가졌다. 그러나 5년이 지난 지금 국가경제를 파탄 위기에 직면하게 만들어 놓음으로써 국민에게 좌절감만 안겨 준 문민정부는 막을 내리고 있다. 지난 5년 동안의 경험은 여당과 야당 사이의 정권교체가 과연 정치적·경제적 문제들을 제대로 해결해 줄 계기가 될 것인가에 대해 의구심을 갖게 한다. 평화적 정권교체가 우리 정치풍토를 쇄신하는 새로운 계기가 되도록, 새 대통령과 새 정권이 진정 국민을 위하는 각오로 5년 동안 국정을 수행해 주기를 바라는 마음 간절하다.

21

의회정치와 정당정치의 후퇴

DJ정부 2년을 평가한다

〈폴리비전 21〉 2000년 2 · 3월호

서론

2년 전 김대중정권으로 정권교체가 이루어진 것은 우리 정치를 변화시킬 수 있는 계기였다. 1960년 선거를 통해 민주당정권이 새로 성립된 이후, 38년 동안 선거를 통한 정당 사이의 정권교체를 경험하지 못했던 한국에서는 김대중정권의 등장이 선거를 통한 오랜만의 정권교체라는 사실 이외에도 김대중 씨가 1972년 유신체제 성립 이후부터 1987년까지 15년 동안 권위주의정권에 의해 억압받은 희생자였다는 점과 36년 동안의 영남정권 후에 첫 호남 출신 대통령이라는 점 등에서 특별한 의미가 있었다.

오랜 기간 계속된 권위주의정치가 1987년 6월민주항쟁으로 종식되고 노태우정권이 등장했지만 민주화의 실천에서는 국민의 기대를 충족시키지 못했고, 31년 만에 민간인이 대통령이 된 김영삼정권도 개혁의 실패와 경제파탄으로 끝을 맺었기 때문에, 김대중정권의 등장은 민주화의 성취와 민주주의의 공고화에 대한 국민의 기대를 고취시켰다. 이런 기대 속에 집권한 김대중정권이 지난 2년 동안 정치분야에서 어떤 성과를 이루었는가를 민주정치의 핵심인 의회정치와 정당정치를 중심으로 고찰한다.

비민주적 의회정치의 지속

1988년 노태우정권이 들어서면서 권위주의정치는 더 이상 우리 정치에서 존재할 수 없다는 것이 국민의 기대이자 희망이었다. 실제로 노태우정권과 김영삼정권을 거치면서 권위주의정권에서 자행되었던 반정부세력에 대한 탄압이나 이들에 대한 자의적 투옥이나 고문은 사라졌다. 이처럼 정권에 의한 억압과 탄압은 사라졌으나 그것이 곧 정상적인 민주정치의 실현으로 나타난 것은 아니다.

과거 권위주의정치의 특징은 대통령 개인, 청와대, 그리고 중앙정보부, 안전기획부, 보안사령부 등의 정보기관들이나 검찰, 경찰 등이 권력의 핵심세력으로 정치를 이끌어 간 것이었다. 따라서 민주정치의 핵심인 국회는 주변적 존재로 밀려났고 집권세력의 하수인 격인 존재로 전락할 수밖에 없었다.

노태우정권 성립 후에도 오랜 기간 권위주의 통치 시대의 의회정치에 길들여졌던 국회의원들은, 국회의 권한을 회복해서 민주화시대의 정치주체가 되는 데에는 관심이 없었다. 또한 1988년 이후의 대통령들은 권위주의시대에 행하던 것과 똑같은 통제를 국회와 국회의원들에게 행해 왔다.

노태우정권과 김영삼정권에서 계속되던 국회의 정치행태가 김대중정권에서도 전혀 개선되지 않은 채 되풀이되고 있다. 국회의 대표인 국회의장이 국회의원들의 자율적 의사에 따라 선출되는 것이 아니라 대통령이 지명하면 여당의원들은 이를 무조건 추인하는 구태를 재연하고 있다. 대통령의 지명을 받은 사람이 국회의장이 되면 그는 입법부의 대표로서 행정부의 대표인 대통령과 동등한 위치에서 정국을 운용해 나갈 수가 없다. 그는 국회의 대표라는 의식보다는 자기의 임명권자인 대통령의 지시를 이행하는 존재에 불과하게 되고 국회를 집권자의 시녀로 만드는 데 앞장서게 된다.

이것이 지금까지의 우리 국회였는데 김대중 대통령도 이를 되풀이해 제3당인 자유민주연합의 박준규 의원을 국회의장 후보자로 지명했고, 그의 당선을 위해 국회법까지 위반하는 비민주적 처사를 재연했다. 지명 당시 야당인 한나라당의 의원 수가 전체 의석의 과반을 넘어 박준규 의원의 국회의장 선출이 불가능해지자 15대 국회 후반기의 원 구성을 몇 달씩 지연시키면서 국회 본회의장을 봉쇄했고, 그동안 막후공작으로 야당의원을 빼가서 여권이 과반수를 확보한 후에야 국회의장 선출 표결을 실시하여 박준규 의원을 국회의장으로 만들었다.

김대중 대통령의 이런 행동은 자신이 직접 국회의장을 임명하고 그를 무리하게 당선시키려는 욕심에서 초래된 것이다. 이것은 국회의 자율성을 박탈한 것일 뿐만 아니라 국회를 몇 달 동안 공전시켜 산적해 있는 시급한 민생법안들의 심의와 통과를 지연시켰으며 야당의원 빼가기라는 권위주의정치 시대의 비민주적 행태를 답습한 것이다. 이런 행태들은 김대중 대통령이 야당 지도자였을 때는 극렬하게 비판하던 것들이었다. 특히 15대 국회의 전반기 구성 때는 김영삼 정권의 야당의원 빼가기에 항의해서 원 구성까지 지연시켰던 김대중 대통령이 자신이 집권하자 권위주의정권에서 일반화되었던 비민주적 책략을 답습하고 있는 것이다.

김대중정권이 의회정치를 파행으로 몰고 간 또 다른 예는 김종필 국무총리 지명에 대한 인준투표 과정을 들 수 있다. 첫 번째 인준투표가 통과될 가능성이 희박해지자 여당의원들은 투표함에 올라 앉아 투표 진행을 방해했고, 그 후 투표 계속이나 투표함 개표 없이 6개월을 보내면서 야당의원 빼가기를 추진한 후, 의석의 다수를 확보하자 인준투표를 실시했다.

이처럼 대통령 개인의 생각을 관철시키기 위해 국회의 규정을 무시하면서 국회 활동을 파행시킨 것은 김대중정권에서의 국회 위상을 잘 보여 주는 것으로 의회정치의 틀이 권위주의시대의 관행에서 조금도 개선되지 못했음을 확인할 수 있다.

김대중정권의 야당의원 빼가기는 과거에는 비판했다가 자신이 정권을 잡게 된 뒤에는 자신도 되풀이했다는 점에서 비난받아야 한다. 그러나 그보다 더 본질적인 문제는 이런 작태가 우리 정치의 후진성을 탈피하지 못하게 만들어 왔고 또 국민들의 정치혐오와 정치불신을 야기한 근본 원인임을 김대중정권이 제대로 인식하지 못하고 있다는 점이다.

과거에 권위주의정권이 야당을 약화시키기 위해 정보기관들을 동원해 야당의원들의 비리나 약점을 잡고 있다가 이를 이용해 여당으로 변절시켰던 공작정치의 희생자인 야당 출신 대통령이 자신이 집권한 후에는 거리낌 없이 그것을 되풀이하고 있다. 집권세력의 도덕성과 관련된 문제뿐만 아니라 우리 정치를 변절자들의 온상으로 만들고 있다는 점에서 김대중정권은 민주정치를 진전시키는 것이 아니라 오히려 후퇴시키고 있다는 비판을 받아야 한다.

김대중 대통령의 의회에 대한 인식은 여러 계기에서 밝힌 '국회에서 다수를 차지하지 못해 아무것도 할 수 없다. 집권당이 일을 할 수 있도록 국민이 다수 의석을 만들어 주어야 한다.'는 주장에 잘 나타나 있다. 역사적으로 보면 1950년대 초 자유당이 집권당으로 국회의 다수 의석을 차지한 이후 1988년의 13대 국회 이전까지 국회는 언제나 여당이 다수를 차지했고 대통령이나 집권세력은 국회에서 다수의 힘으로 밀어붙이는 독재를 계속했다.

이승만·박정희·전두환정권들을 독재정권이나 권위주의정권이라고 부르는 것은 그들이 불법적으로 정권을 장악하거나 연장했기 때문만이 아니다. 정권을 장악한 이후에 국민이나 야당이 반대하는 것을 국회에서 다수의 힘으로 밀어붙이면서 집권자 마음대로 법과 정책을 만들고 집행했기 때문이다. 야당정치인으로 전 생애를 보내면서 이런 문제의 심각성을 뼈저리게 느껴왔을 김대중 대통령이 자신이 대통령이 되자 '나도 국회에서 다수를 장악하지 않고는 아무것도 할 수 없다'고 한 주장은 과연 그가 무엇을 준비한 대통령인지를 의심하게 한다.

대다수 국민은 김대중 대통령을 포함한 김영삼, 김대중, 김종필의 3김정치를 청산하는 것이야말로 우리 정치가 새로운 정치를 시작하는 계기가 될 것으로 믿는다. 그 이유는 1950년대나 1960년대부터 50년 또는 40년 동안 정치를 해 온 3김이 그때 그 시절의 정치행태를 벗어나지 못하고 있고 그 시대에나 적절했던 정치의식을 아직도 버리지 못하고 있다는 인식을 국민들이 가지고 있기 때문이다. 여당이 국회의 다수를 장악해 온 국회만을 보아 온 김대중 대통령이 자신의 정권에서도 국회는 당연히 여당이 다수를 차지해야 한다고 생각한다면 그것이야말로 김대중 대통령이 권위주의 시절의 의식에서 벗어나지 못하고 있음을 보여 주는 것이다.

만일 김대중 대통령이 '나는 여당이 국회에서 소수인 정국에서는 리더십을 발휘할 수 없고 아무것도 할 수 없는 사람'이라는 생각을 가지고 있다면 이것은 국민을 너무 실망시키는 것이다. 자신이 생각하듯 김 대통령이 정말 뛰어난 정치지도자라면 누가 해도 손쉽게 정치할 수 있는 여대야소(與大野小) 상황이 아니라 오히려 여소야대(與小野

ㅊ) 상황에서 진정한 리더십을 발휘할 수 있는 지도자여야 한다. 김대중 대통령이 집권했을 때의 정국은 이미 야당이 국회의 다수를 차지하는 상황이었다.

김대중 대통령은 권위주의정권이 하던 폐습을 되풀이해 야당의원 빼가기나 하면서 '야당이 발목을 잡아서 아무것도 못 한다'는 근거 없는 푸념으로 2년을 보낼 것이 아니라 자신이 갈고닦은 정치력과 리더십으로 여소야대 정국을 헤쳐 나가야 했다. 특히 야당의원 빼가기로 공동정권인 자유민주연합 의원들을 합한 의석수가 국회의 과반을 넘긴 지가 1년이 지났음에도 불구하고, 집권 2년을 지나고 있는 지금까지도 야당의 반대로 정치개혁을 하지 못하고 있다는 주장을 펴고 있는 것이다. 이런 주장을 국민들이 '정치력 없는 지도자의 한심한 넋두리'로 인식할 것인지 아니면 공감할 것인지를 김 대통령은 깊이 생각해 봐야 할 것이다.

김대중 대통령이 정치현실을 제대로 파악해야 할 또 한 가지는, 1990년대 말과 2000년 초의 우리 정치에서는 여당이 선거에서 압도적 지지를 얻어 국회의 다수를 차지하는 일은 더 이상 쉽게 일어나지 않는다는 점이다. 1988년의 13대 국회의원선거부터 14대와 15대 국회의원선거까지 선거 결과에서 여당이 다수를 차지한 일은 한 번도 없었다. 13대 국회에서 3당합당으로 의석의 3분의 2 이상을 장악했던 민주자유당조차도 14대 국회의원선거에서는 의석의 과반수에서 1석이 모자라는 여소야대의 선거 결과를 경험해야 했다. 1988년 이전의 권위주의정권에서 여당이 의석의 다수를 차지할 수 있었던 것은 비민주적 선거제도를 통해 여당이 다수를 차지하도록 만들었기 때문이다. 한마디로 우리 정치에서 여당이 국민으로부터 높은 지지를 얻어 국회의 다수를 차지하는 선거는 기대할 수 없다는 것이 현실이다.

김대중 대통령은 이 점을 제대로 인식해야 하며 여소야대의 정국에서 어떻게 정치력을 발휘해 국민의 지지를 확보할 것인가에 관심을 가져야 한다. 여대야소의 정국이 안 됐다고 불평만 하거나 야당에 대한 비난만 하면서 남은 3년 임기를 보내서는 안 된다. 대통령제인 미국이든 이원집정제인 프랑스든 또는 내각제가 대부분인 유럽 민주국가들이든, 세계의 거의 모든 국가들은 여소야대의 정국 아래서 지도자들이 국가를 이끌어 가고 있음을 김 대통령은 제대로 알아야 한다.

정당정치의 후퇴

지금까지 우리 정치에서는 집권정당이 집권세력의 부산물이었다. 선진국에서는 정당이 선거를 통해 정권을 잡는 정치의 주체임에 비해 우리 정치에서는 어떤 방법을 통해서든 정권을 장악한 지도자가 정권을 유지하기 위한 수단으로 정당을 만들었다. 또 이런 정당은 그 지도자가 권력을 상실하면 해체되는 과정을 되풀이해 왔다. 이 점은 이승만의 자유당, 박정희의 민주공화당, 전두환의 민주정의당, 노태우의 민주자유당, 김영삼의 신한국당에서 변함없이 나타났다. 이런 방식에 의한 집권당의 탄생과 소멸은 우리 정치에서 정당이 제대로 뿌리를 내리지 못하게 만들었고 민주정치의 바탕을 이루는 정당정치가 제대로 발전할 수 없게 만들었다.

야당도 마찬가지이지만 집권정당의 끊임없는 소멸은 국민들로 하여금 특정 정당에 일체감을 갖고 지지하는 것을 불가능하게 만들었고, 결과적으로 국민들이 특정 인물이나 지연, 학연, 혈연 등의 전근대적 기준에 의거해서 투표하게 만들었다. 이것이 우리 정치의 병폐인 '3김정치'를 초래했고 지역주의가 선거를 결정하는 최대 변수가되게 만들었다. 정당이 정치의 주도세력이 되지 못하고 선거에서 정당 중심의 선택이 이루어지지 않을 경우 3김정치와 같은 인물 중심 정치나 지역주의 같은 우리 정치의 병폐들은 해소되기 어렵다.

이런 점에서 보면 김대중정권이 집권정당이었던 새정치국민회의를 없애고 새천년민주당이라는 새 정당을 만든 것은 우리의 정당정치와 민주정치를 또 한 번 후퇴시키는 조치였다. 가깝게는 노태우·김영삼 전 대통령의 예에서와 같이 집권 중인 대통령이 만든 정당은 그가 권좌에서 물러나면 덧없이 소멸하는 우리 정치의 생리를 똑똑히 보아 온 김대중 대통령이 똑같은 전철을 밟는 이유가 무엇인지 이해하기 어렵다.

어차피 김대중 대통령은 여러 차례 정당을 만들고 해체시켜 왔기 때문에 김 대통령에게 정당의 제도화나 정당정치의 공고화를 기대할 수 없다고 생각할 수도 있겠으나 그렇다면 정당제도와 의회제도에 바탕을 두지 않는 '김대중식 민주주의'란 도대체 무엇인지 의심하지 않을 수 없다. 민주정치가 제대로 되려면 정당이 독립성과 자율성을 가지고 정치를 주도해 나가야 한다. 그것이 아니라 정당이 집권자의 권력 유지를 위해 만들어진 도구에 불과한 것으로 전락하면 그런 정당으로는 민주주의의 실현이나 민주정치의 확립을 기대할 수 없다.

새정치국민회의가 우리 정치사상 처음으로 야당의 위치에서 정권을 창출한 정당이라는 점을 김대중 대통령이 제대로 인식했다면, 집권 2년 만에 그 정당을 없애고 새 정당을 만드는 어리석음을 범하지 않았어야 했다. 새정치국민회의가 가지고 있는 지역적 한계와 인적 자원의 열세를 극복하면서 하락일로에 있던 국민의 지지를 전환시켜 2000년 4월 13일에 실시하는 17대 국회의원선거에서 선전하는 계기로 삼고자 한 의도를 이해할 수 없는 바는 아니다. 그러나 국민의 지지 획득과 선거에서의 승리는 2년 동안의 집권 기간에 쌓은 업적을 통해 기대해야지 정당 이름만 바꾼다고 해서 이루어지는 것이 아니다.

결론

이 글에서는 지면의 제약 때문에 김대중정권이 지난 2년 동안 보여 준 의회정치와 정당정치의 난맥상만을 중점적으로 다루었다. 그러나 민주정치의 실천이나 민주정치를 실현하기 위한 바탕의 설정이라는 측면에서 볼 때 김대중정권은 어느 것 하나 제대로 이루어 놓은 것이 없다. 민주정치나 제대로 된 정치를 위해 반드시 필요하다면서 야당시절에 일관되게 주장해 오던 국가정보원의 정치개입 금지, 도청이나 감청과 같은 인권침해의 근절, 검찰의 정치적 중립 확보 등은 개선하지 않고 있다. 야당시절에 일관되게 주장했던 인사청문회와 특검제도의 도입에 대해서는 집권과 동시에 받아들일 수 없다는 입장으로 급선회했다.

옷 로비 사건과 검찰의 파업 유도 사건에서는 특별검사제가 어렵게 성사되었지만, 이 사건들에 대해 '만일 여권이나 정부에 불리한 것이 있었으면 특검제에 합의를 했겠느냐'라는 청와대의 인식에서 나타난 바와 같이 집권세력에 문제가 있는 것에 대해서는 추호도 이를 받아들일 수 없다는 입장을 고수하고 있다.

선거에서는 여권 후보자가 법으로 정해 놓은 선거비용을 수십 배나 더 쓰는 금권·타락선거를 재현한 일부 재·보궐선거에서 나타난 바와 같이 준법선거나 공명선거의 개념은 김대중정권에서 실종되었다. 앞에서 지적한 바와 같이 '국회에서 다수 확보 없이는 아무것도 할 수 없다'는 김 대통령의 인식 하에 치러질 4월 13일의 17대 국회의원선거가 수단과 방법을 가리지 않는 불법·탈법선거로 전락한다면 김대중정권은 돌이킬 수 없는 길로 들어서게 될 것이다.

김대중정권은 앞으로 남은 3년의 기간을 정도(正道)의 정치로 임해야 하며 야당 시절 민주정치를 위해 주장했던 바를 집권 기간 동안 실현시키려는 노력을 해야 한다. 여당은 야당에 대한 비판이나 공허한 빈말로 승부하는 것이 아니라 집권 기간에 실천한 업적으로 승부를 가려야 한다는 점을 김대중정권은 빨리 인식해야 한다.

김대중정권은 남의 탓만 하는 비판이나 실천할 수 없는 빈말로 세월을 보내는 것을 야당이 되었을 때의 과제로 남겨두고 앞으로 3년 동안은 야당이 되지 않기 위해 국민에게 어떤 업적을 보여 줄 것인가에 몰두해야 한다.

신명순의

한국정치 보기

신명순의 한국정치 보기

초판 1쇄 인쇄 2018년 01월 31일
초판 1쇄 발행 2018년 02월 10일

지 은 이 신명순
펴 낸 곳 아현
펴 낸 이 권준성
편집책임 전정숙
디 자 인 엔터디자인
출　　력 판코리아
인　　쇄 벽호
주　　소 413-200 경기도 파주시 한빛로 43(야당동 501-59)
대표전화 031.949.5771
팩　　스 031.946.0986
등록번호 1999.12.3. 제66호

ISBN　　**978-89-5878-252-0(93340)**

값 13,000원

CIP 2018003226